教育の思想と原理

古典といっしょに現代の問題を考える

酒井健太朗　著

晃洋書房

は し が き

　本書では「教育とは何か」というテーマに，教育思想（史）と教育原理から迫っていきます．詳しい説明は序章に譲りますが，ここでは本書そのものについて少しだけご説明します．

　本書は，大学の教職課程における「教育の基礎的理解に関する科目」のうち，「教育の理念並びに教育に関する歴史及び思想」に関連する授業のテキストとして用いられることを想定して執筆されました．「教育の理念」と「教育に関する歴史及び思想」それぞれに関連する授業（たとえば，前者については「教育原理」，後者については「教育思想史」のような授業）で使用できるのは当然のことながら，とりわけ，両者を一度に教えなければならない授業（たとえば，本書のタイトルである「教育の思想と原理」のような授業）でこそ，その真価が発揮されると思います（また，大学以外の高等教育機関におけるこれらの授業でも，もちろんテキストとして用いていただけるはずです）．ただし，序章や本書全体から示されるように，教育という営みは教職に関わる人たちの占有物ではありません．ですから，教育という事柄に関心を持つ方々すべてが本書の想定読者となります．

　そして，サブタイトル「古典といっしょに現代の問題を考える」が示すように，本書では，教育に関する現代的な問題について，古典の力を借りて考察していくという手法を取っています．ある事典の説明を借りれば，「古典」とは，「それが生み出された時代を越えて普遍的な模範性をもつものとして評価の定まった学問・芸術上の諸作品」のことです（教育思想史学会 2017: 322）[1]．このような古典を生み出した人たちのことを，本書では哲学者も心理学者も社会学者も他の様々な領域の専門家たちも一括して「教育思想家」と呼ぶことにします．

　1）その一方で，古典の内容は時代的制約を受けるものでもあります．すぐ後で確認するように，この時代的制約は特定の人々への差別意識のようにネガティブな仕方で現れることがありますが，次のようにポジティブに捉えることもできます．現代に生きる私たちも，当然，現代の時代環境に制約された思考を行っています．現代の問題について現代的な観点のみから考えると，考察が行き詰まるかもしれません．そこで，私たちとは異なる時代環境のもとで思考した人々の議論を参照することは，私たちの思考を刺激し，現代の問題を多角的に考察することへ繋がる可能性があるのです．

ですから「古典といっしょに考える」ということは「過去の教育思想家たちといっしょに考える」ということでもあります．本書には，この教育思想家たちの著作からの引用が多く含まれます[2]．

　この「引用」について，本書の方針を説明しておきます．しばしば見受けられることですが，特定の思想家の特定の言葉のみがひとり歩きすることがあります．たとえばルソーの「人は子どもというものを知らない」やデューイの「子どもが太陽となり［……］」という言葉を聞いたことのない教育学者は存在しないでしょうし，教育学を学んでいく皆さんも必ず聞くことになります（もちろん，これらの言葉は本書中でも登場します）．私は，これらの言葉を細切れの部分ではなく，より大きな「文章」という全体から理解する必要があると考えています．そのような理由から，思想家たちの思想が凝縮された文章を精選し，それを丸ごと引用することにしました（ただし，紙幅の制約上，私の判断で適宜省略しながら引用した箇所も少なくありません．読者の皆様には，本書で学習し終わった後には，私の引用や省略が全体から見て適切だったか否かも判定してもらえればと思います）．ちなみに，古典となっている著作は基本的に難しいものですので，引用されている文章を一度読んで理解できなくても問題ありません．引用の後にはその文章についての私の解説を付けていますので，それを参考にしつつ，何度か読み直してみることをお勧めします．

　最後に，本書を読む際の注意点について触れておきます．

　古典となるような作品を生み出した教育思想家たちは，現代の教育思想史に関するテキストにおいてもしばしば参照されます．本書も，いわゆる「有名どころ」の教育思想家は可能な限りカバーするようにしましたが，その弊害として，女性の教育思想家の割合が少なくなってしまいました．もちろん，教育思想家の「有名どころ」にその割合が少ないこと自体が，女性に対する差別的な扱いの歴史に由来します．また，私が不勉強なだけで有名な人物を知らない可能性もありますし，有名でないことと重要でないことが同じわけでもありません．それらのことを踏まえたうえでなお，本書の目的に沿う教育思想家たちを

2）12-2で参照するサンデルの著作『実力も運のうち』は2020年の出版物であり，「古典」と呼ぶにはあまりにも新しすぎると感じる人もいるかもしれません．しかしこの著作は，今後，メリトクラシーや教育格差の問題を考える際の重要な文献となることが予測されるため，本書では「将来的な古典」と捉えています．

選択した結果，現在の構成になりました（この問題に加えて，ほとんど同じ理由から西洋の教育思想家の割合が多くなっていることも申し添えておきます）．

　また本書では，教育思想家たちの思想に含まれる差別的な議論について，その人々の見解をより立体的に理解するために本文や注で言及ないし説明することがあります．読者の皆さんが教育思想家たちの議論を今後参照していく際，そこにいかなるネガティブな側面が含まれるのかを知っておくことは重要です．そこから目を背けるのではなく，しっかりと見据えたうえで，参照すべきところは参照すべきだと私は考えています．

　差別に関する問題の考察は教育思想史研究において重要です．私自身今後の課題としたいと思いますが，いずれにせよ，本書がいかなる差別にも賛同しないことをここで宣言しておきます．

　付記

　　本書をテキストとしてご採用された場合には，各章末の「取り組んでみよう！」を授業の中でぜひお役立てください．解答例がご入用の場合は，晃洋書房編集部宛（edit@koyoshobo.co.jp）に，氏名，ご所属，ご採用校とともにご連絡ください．

目　　次

第〈II〉部 教　　　師

第 ⟨Ⅲ⟩ 部　学　　校

第 ⟨Ⅳ⟩ 部　社　　会

凡　　例

・参照・引用をする際は，参考文献に挙げた文献から，著者名，出版年，ページ数を示しています．直接引用の場合は，「　」で括るか，長い引用の場合は「　」なしで全体のインデントを下げています（引用元の段落をなくす場合は，もともと段落が分かれていた箇所を／で示しています）．ただし，本書全体の表記の統一のため，断りなく，引用元から表記を変更している場合があります．原語は（　），補足は［　］，省略は［……］で表わしました．

・本書で参照する法令については，e-Gov法令検索のものを引用しました（https://elaws.e-gov.go.jp）（最終閲覧日2024年2月4日）．

・児童の権利に関する条約（子どもの権利条約）については，外務省ホームページ内に掲載されている政府訳を用いました（https://www.mofa.go.jp/mofaj/gaiko/jido/zenbun.html）（最終閲覧日2024年2月4日）．

・その思想を紹介する前に，教育思想家たちの簡単な紹介文を付けています．これは，基本的に今井（2009）のコラムや本文の紹介を参照して作成しました（そこに記載されていない情報や異なる情報を含むこともあります．また，この本に載っていない教育思想家については他の文献を参照し，その旨を紹介文への注で示しました）．煩瑣を避けるため，この紹介文については，直接引用をした場合でも「　」等でそれを示していません．

・本書に登場する教育思想家や他の人々の生没年および書籍の出版年については，今井（2009）と教育思想史学会（2017）を中心に，本書の「参考文献」内の他の文献なども参照しながら記載しています．なお，特に古代ギリシアの人々の生没年に関しては納富（2021）に従っています．

・引用文を中心に，読み方が難しい漢字にはルビを振っています．

序　章
「教育とは何か」

0-1　「教育とは何か」という問いの難しさ

　「教育」は私たちの身近にあります．読者の皆さんの多くは，おそらく大学の教職課程の授業の中でこのテキストを使った教育を受けていることでしょう．現在は大学という高等教育機関で学んでいるとしても，それまで，小学校で初等教育を，中学校と高等学校で中等教育を受けてきたことと思います（小中一貫校や中高一貫校，小中高一貫校の出身者の方もいらっしゃるかもしれません）．また，小学校入学以前にも，保育所（保育園）や幼稚園，そして認定こども園では幼児教育（保育）が行われています．部活や塾，各種習い事の場にも教育はありますし，また，以下の引用に示されている通り，そもそも現代日本では保護者が子どもの教育の責任者です．

> 教育基本法第10条第1項[1]
> 父母その他の保護者は，子の教育について第一義的責任を有するものであって，生活のために必要な習慣を身に付けさせるとともに，自立心を育成し，心身の調和のとれた発達を図るよう努めるものとする．[2]

---

1) 現行の教育基本法は，1947年に制定されたものを2006年に改正したものです．この改正の経緯やそれの含む問題点については，汐見，伊東，髙田，東，増田（2011: 63-65）を参照してください．
2) 子どもに対する保護者の教育責任については，児童の権利に関する条約第18条第1項の「締約国は，児童の養育及び発達について父母が共同の責任を有するという原則についての認識を確保するために最善の努力を払う．父母又は場合により法定保護者は，児童の養育及び発達についての第一義的な責任を有する．児童の最善の利益は，これらの者の基本的な関心事項となるものとする」という記述も参照してください．

これは，皆さんが学校以外の家庭等の場で教育を受けてきたことと同時に，これから先，自分の子どもを教育する必要があることも意味します．また，学校や家庭以外にも，勤務先の職場で上司や先輩から教育を受け，部下や後輩を教育することもあるでしょう．さらに，現代社会ではその存在や維持が危ぶまれているとはいえ，地域社会等のコミュニティでも，教育を受けたり教育をしたりする機会はあると思います．

　さて，ここで次の問いを読者の皆さんに投げかけてみたいと思います．それは，「教育とは何か」というものです．おそらく，考え込みすぎなければ誰しも何らかの答えを示すことができると思います．同じように抽象的な「時間とは何か」や「存在とは何か」のような哲学的な問いと違って，「教育とは何か」という問いは答えやすいものでしょう．ですが，その答えやすいことこそがここでは問題になります．つまり教育については，それが何であるかについて，あまりにも多くの人が，あまりにも多くの異なる回答を持っている可能性があります．それは，先にも述べた通り教育が私たちの身近にあり，日々それについて経験し続けているからです．この本を読んでいる皆さんも，自分の経験に基づき様々な教育観を持っていることでしょう．[3]

　何かについて考えるとき，経験は大事なものです．しかし，人間一人ひとりはあらゆることを経験できるわけではないため，私たちの経験には限界があります．仲間内で談笑する程度であれば，自身の経験のみに基づいた教育観を披露してもあまり問題ありません．他人の経験から学ぶことも多いでしょう．しかし，これからこの本で皆さんに行ってほしいのは，教育について学問的に学ぶということです．「学問」では基本的に，個々の経験を超えた一般性を追求します．つまりここで皆さんに求められているのは，「教育とは何か」という問題に誰もが理解し納得できるような一般的なかたちで答えることです．[4]

　いかがでしょう．「教育とは何か」という問題がよく分からないものになってきたのではないでしょうか．この問いは見かけほど単純なものではありません．

3）教育の「語りやすさ」の問題については，様々な論者が指摘しています（e.g. 広田 2003: 4，松岡 2021: 347-348）．適切なデータと研究に基づく「教育論」を学ぶには，このうちの松岡（2021）を特に参照してください．

0-2 「教育とは何か」という問いの重要性

　しかし，難しいからといって「教育とは何か」という問いを放っておくことはできません．少なくとも，この本の学習を通じて教員になろうとしている方々にとってはそうです．免許状に基づいて教育することが許可されている教員（教育職員免許法第3条第1項）[5]は教育の専門家です．専門家が，専門としている当の事柄について知らないというのはおかしくないでしょうか．私たちは病気になったり怪我をしたら病院に行きます．その病院に，医行為が何であるかを知らない医師がいることを想像してみてください．そのような医師の診療や治療を受けようと思う人はほとんどいないでしょう．そうであれば，教員も「教育とは何か」ということについて，確かな知識に基づいて考えておく必要があります．

　医師は人の命と健康を守りますが，教員も子どもたちの人生に強い影響を与えます．大学教員として，そして将来の教員を養成する教員として，私が常に参照しているものがあります．本書で後に何度も登場する古代ギリシアの哲学者プラトンの『プロタゴラス』という本の中に出てくる次の文章です．

　　「実際，食べ物を買うときよりも，知識を買うときのほうが，はるかに危
　　険が大きいのだよ．というのも，小売商人や貿易商人から買った食べ物や
　　飲み物は，［持参した］別の容器に入れて持ち帰ることができる．だから，
　　飲んだり食べたりして体の中に取り入れてしまう前に，それらを家に置い

4）もちろん，自分の経験を手がかりとすることで学習へのモチベーションが上がることもあるでしょう．また，そもそも教育にとって経験が重要であることは言うまでもありません．しかし，教育学という学問はその特性上，他の学問と比較しても「経験」や「実践」をことさらに重視する傾向があります．「バランス」を取るため，私は本書で理論の重要性をこれ以降も強調していくことになると思います．この問題については終章であらためて触れます．また，教育学において経験概念を論じるためにはデューイの議論はぜひとも押さえておかねばなりません（→6-2，9-2）．

5）免許とは，本来禁止されていることを例外的に認めることを意味します（車の運転と同じく，学校で教育を行うことも本来は禁止されているのです）．ですから教育職員免許法第22条では，免許状なく教育を行なった者もそれを任命ないし雇用した者も罰せられることが定められています．

ておき，専門家を呼んできて相談することができるのだ．食べたり飲んだりしてもよいのはどれで，だめなのはどれか，またどのくらいの量を，どのようなときに，食べたり飲んだりすればよいかについてね．だから，こうしたものを買うときには，危険はそれほど大きくないわけだ．／ところがこれに対して，知識は別の容器に入れて持ち帰ることができない．いったん代金を払うと，君はその知識をただちに魂（プシューケー[6]）の中に取り入れて，学んでしまってから帰らねばならない．そしてそのとき，君はすでに損害を受けているか，利益を手にしているかのいずれかなのだ」（プラトン 2010: 35-36）

これは，近くに来ている有名なソフィスト（当時の職業教師）プロタゴラス（前490頃-前415頃）に教わりに行こうとしている，（有名な医者コスのヒポクラテス（前460頃-前370頃）とは別人の）ヒポクラテスという若者に対して，哲学者ソクラテスが忠告している場面です（ソクラテスについては第6章で紹介します）．買った後に持ち帰ってそれを摂取してよいか相談できる食べ物や飲み物と違い，知識は，教育を受けるとすぐに魂に取り込まれてしまいます．

　『プロタゴラス』からの上の引用は，もともとは学習者であるヒポクラテスに向けられたものです．学習者はまず，自分がどのような教師から何を学ぶのかを慎重に吟味しなければなりません．しかしその一方で，ここで述べられていることを教育者の側の問題として捉えることもできるでしょう．教員になった後，皆さんは多くの児童生徒に無数回の授業をしていくことになります．そこで皆さんが教育したことは，児童生徒の魂にすぐに取り込まれてしまいます．つまり，専門家として教育をするということは，その都度，ある意味で取り返しがつかないことを繰り返していくということでもあるのです．教員は子どもたちの人生に大きな責任を負っています．

　そうすると，私たちは，教育について探究して「教育とは何か」という問いに答えなければなりません．何かを専門にするというのはそういうことだと思います．

6）引用元では「心」と訳されていますが，ここでは今後の引用との整合性も考えて「魂」と訳し直しました．両者は異なるものですが，本書ではほぼ同じような意味で捉えておいてください．

0-3　「教育とは何か」という問いへの応答に必要な教育思想と教育原理

　では，それほど重要な問いに経験以外から答えるためにはどうすればよいのでしょうか．私が提案するのは「教育思想」と「教育原理[7]」に助けを求めることです．ここではひとまず，前者を「それぞれの教育思想家が有する見解の全体」と，後者を「教育に関する物事を考える際に拠るべき重要な事柄」と捉えておきましょう[8]．

　ここから先の議論は本書全体の見取り図を描くためのものですが，少し難しくなります．しかし，見取り図が頭に入っていれば皆さんの学習もグッと楽になりますので，頑張ってついてきてください．

　「目次」を見てもらえばわかる通り，本書は「子ども」「教師」「学校」「社会」を学ぶ4部に分かれています．この4つが，本書の定める教育原理です[9]．教育について真剣に考えようと思えば，この4つの原理を無視することはできません．したがって，「教育とは何か」という問いに答えるという目的のため，皆さんにはこれらの教育原理について学習してもらいます．

　しかし，その教育原理をどのように学ぶのでしょうか．現今の法令は重要です．本書では，教育基本法や学校教育法を代表とする様々な法令をたびたび参照することになります．しかしそれだけではなく，本書では，教育原理を学ぶために過去の教育思想家たちの思想を参照します．学習を進めていくうちに分かりますが，本書で扱う4つの教育原理そのものが，過去の教育思想家たちの

7）「原理」と聞いて，「子どもとは自由な存在である」のような主語と述語から成る命題を想定する人がいるかもしれません．私はこのような命題に含まれる「子ども」のような要素の方を原理だと考えています（色々な要素の中でも特に重要なものを「原理」と呼んでいます）．たとえば，しばしば最初の哲学者とされる古代ギリシアのタレス（前625頃-前548頃）は万物の原理（アルケー）を「水」であるとしたと伝えられており（アリストテレス 1959: 32-33），ここでは原理が命題として捉えられているわけではありません．

8）議論を進めるために，自分の使う言葉が何を意味するかをあらかじめ示しておくという方法はしばしば用いられます．これは「定義」と呼ばれます．このような問題に関心がある人は，倉田（2022）の補論Iをぜひご覧ください．

真剣な思索の結果として生じているものです．したがって，過去の教育思想に関する知識を持たない人の教育原理に関する理解は空虚なものに過ぎません．

　ただしここで注意すべきなのは，多くの教育思想家の議論を参照しなければならないということです．個々の人間には限界がありますので，歴史に名を残す偉大な教育思想家であったとしても，その人の議論だけですべてが解決することはありません．また，その人の思想の意義を適切に理解するには，他の人の思想と比較検討し，相対化するというプロセスが必要です．したがって，本書でも多くの教育思想家に登場してもらっています．4つの教育原理それぞれについて3つのテーマを通じて学習していきますが，そのテーマごとに3人の教育思想家をセレクトしました．重複して登場する人もいますので，およそ30人の教育思想家の思想を本書では学ぶことになります．

　このように教育思想家たちの思想を手助けとして用いることで，読者の皆さんは個々の教育原理について一定の見解を持つことができるようになると思います．「子ども」や「学校」の中身について，自分自身で主張することができるようになるのです．しかし，それだけではそもそもの目的であった「教育とは何か」という問いに答えることはできません．教育という概念を適切に捉えるためには，4つの教育原理についての知見を組み合わせる必要があります．そして，それこそが教育思想家たちのやっていたことです．この人々は，「子ども」や「学校」のような個々の原理それだけを切り離して考察していたわけではありません．「教育」という全体を捉えるため，個々の原理の考察を部分として用いていたのです．ですから，教育思想家たちの議論では重要な概念同

9）4つの教育原理のうち，「教師」以外の3つについては，教職課程コアカリキュラムの在り方に関する検討会（2017）の「教育の理念並びに教育に関する歴史及び思想」の説明内容から私が抽出しました．教職課程の各科目が教示すべき内容を示すこのコアカリキュラムの中には「教師」ではなく「教員」という言葉が含まれています．しかし，教育思想史を重視する本書では近代学校制度成立以前の思想家たちの議論も参照することになり，そこでの教育者は教員ではなく教師と呼ぶ方がより自然です．私は，「教師」という言葉を「教員」よりも外延の広いものと理解しています（また，医師や弁護士，はては政治家までもそう呼ばれることがある「先生」という言葉は，「教員」よりもさらに外延が広いものでしょう）．ですから，本書における教育原理は「教員」ではなく「教師」なのです．ただし本書の記述の中では，両方の言葉を柔軟に使い分けることがあります．あらかじめ大体の方針をお伝えしておくと，専門職としての性格を込める際には「教員」という言葉を用いることが多くなります．

士が有機的に接続されています．それが思想です．つまり，「教育とは何か」という問いに答えるには教育思想を提示する必要があり，教育思想とは個々の教育原理を全体の中に位置づけることで獲得されるのです．

　ですから読者の皆さんは，4つの教育原理について学んだ後は，それらを組み合わせることで自分だけの教育思想を作り上げてください．つまり，皆さん一人ひとりが教育思想家になってほしいのです！　大げさに聞こえるかもしれませんが，それぐらいの覚悟がなければ「教育とは何か」という問いにうまく答えることはできません．本書はそのために書かれています．教育原理についての確かな理解に基づけば，その目的を達成することは十分可能です．

　それでは，ともに学んでいきましょう．

取り組んでみよう！

① 「教育とは何か」ということについて，自分の家族や友人たちと話し合ってみましょう．その際，それぞれの意見の共通点と相違点に注意してください．

② 0-2で，プラトンの『プロタゴラス』の引用から，「教育を受けると知識はすぐにその人の中に取り込まれてしまう」という主張を読み取りました．しかし，この主張は正しいものでしょうか．もし誤っているとしたらそれはどの点で誤っているでしょうか．考えてみてください．

③ 本書では，教育原理として「子ども」「教師」「学校」「社会」の4つを挙げています．これら以外に「教育に関する物事を考える際に拠るべき重要な事柄」はあるでしょうか．また，それは本書で扱う4つの教育原理とどのような関係にあるでしょうか．議論してみてください．

第Ⅰ部

子 ど も

おとなは，だれも，はじめは子どもだった．（しかし，そのことを忘れずにいるおとなは，いくらもいない．）
——サン＝テグジュベリ「星の王子さま」
（サン＝テグジュベリ 2000: 9）

第Ⅰ部では，教わり学ぶ存在である「子ども」について考えます．第1章では「子どもと家族」，第2章では「遊び」，第3章では「保育」を論じます．

第1章
子どもと家族

1-1　未成年＝子ども？

　私たちは，大人と「子ども」が区別されることを当たり前と考えています．しかし，子どもとはそもそもどのような存在なのでしょうか．「未成年」のことでしょうか．民法には以下のようにあります．

　　民法第4条
　　年齢18歳をもって，成年とする．

現在の日本では，18歳未満が未成年，18歳以上が成年となります．つまり，本書を授業のテキストとして用いて学んでいる人は基本的に成人ばかりだということになります．しかし，少し前までは，未成年とは20歳未満のことでした（2022年4月1日以降，成年年齢が20歳から18歳に引き下げられました）．実際，現在でも成人式は20歳のときに行われます（ちなみに現在では，筆者の住む岡山市のように成人式を「二十歳の集い」と呼ぶ自治体もあるようです）．さらに，元服のような制度が存在したときにはより若い段階で成人とみなされたことでしょう．このように，成年と未成年の境界は時代によって変化します．

　どうやら，子ども概念を未成年という観点から考察することは難しそうです．むしろ，事態は逆であると考えるべきでしょう．つまり，未成年だから子どもだということではなく，むしろ，子どもだから未成年とみなされているということです．20歳未満や18歳未満，あるいは12歳未満が未成年だというのは，それぞれの時代において，その年齢までが子どもだからです．ここで話は振り出しに戻ります．「子ども」とは何でしょうか．

　民法とは別の法令も参照してみましょう．たとえば児童福祉法では，「子ども」と同様の意味で用いられることの多い「児童」という言葉が次のように定義さ

れています.

> 児童福祉法第 4 条第 1 項
> この法律で,児童とは,満18歳に満たない者をいい,児童を左のように分け
> る. ／一 乳児 満 1 歳に満たない者／二 幼児 満 1 歳から,小学校
> 就学の始期に達するまでの者／三 少年 小学校就学の始期から,満18歳
> に達するまでの者.

この法律では「児童」が満18歳未満の者であると明確に定義され,その中の乳
児,幼児,少年の区分も示されています[1).

　しかしここでも,言葉が定義されているだけであって,なぜ18歳未満が児童
(子ども)なのかは定かではありません.私たちが今知りたいのは子どもを成人
から分ける根拠であり,単なる年齢の問題ではないのです.このように概念そ
のものについて思考したいとき,助けになるのは過去の思想家たちの議論です.
本章では,ジャン＝ジャック・ルソー,エレン・ケイ,フィリップ・アリエス
という 3 人の教育思想家の見解を取り上げることにします.

1-2　教育思想史における子どもと家族

○子どもの発見——ジャン＝ジャック・ルソー

┌─ **ジャン＝ジャック・ルソー (1712–1778)** ─────
│ 啓蒙時代フランスの思想家.社会制度や政治問題の追究者,人間本性に関心を
│ 寄せるモラリスト,想像力豊かな作家などの幅広い顔を持つ.『学問芸術論』(1751)
│ がディジョン・アカデミーで金賞を受賞したことで思想界にデビューする.主
│ 著として『社会契約論』(1762)や『エミール』(1762)などがある[2).
└──────────────────────────

　ジャン＝ジャック・ルソーは教育哲学史のヒーローの 1 人です(もう 1 人のヒー
ローであるジョン・デューイは第 6 章で登場します).子どもについて論じる際には,
彼の思想を参照することが欠かせません.というのも,ルソーは子どもを発見

---

1) 1-3で参照する「児童の権利に関する条約」の中でも,その第 1 条で「この条約の
　適用上,児童とは,18歳未満のすべての者をいう」と述べられています.
2) 教育思想史学会(2017)の「ルソー」の項目を参照して作成しました.

したと言われる人だからです（もちろん，この「子どもの発見」とは，子どもという「概念」を発見したことを意味します[3]）．それがどういうことかを，彼の『エミール』という著作を参照することで明らかにしましょう．

『エミール』とは，「私[4]」が，架空の生徒である「エミール」を幼少期から結婚に至るまで教育するという体裁の本です（ルソー 1962: 61-62[5]）．ルソーはその「序」で，「子ども」について次のように述べます．

> 人は子どもというものを知らない．子どもについて間違った観念を持っているので，議論を進めれば進めるほど迷路に入り込む．このうえなく賢明な人々でさえ，大人が知らなければならないことに熱中して，子どもには何が学べるかを考えない．彼らは子どものうちに大人を求め，大人になる前に子どもがどういうものであるかを考えない．この点の研究に私は最も心をもちいて，私の方法がすべて空想的で間違いだらけだとしても，人は必ず私が観察したことから利益を引き出せるようにした．何をしなければならないかについては，私は全然見損なっているかもしれない．しかし，はたらきかけるべき主体については，私は十分に観察したつもりだ．とにかく，まず何よりもあなた方の生徒をもっとよく研究することだ．あなた方が生徒を知らないということは，まったく確実なのだから．そこで，こ

3）ルソーの「子どもの発見」については，アリエスによる次の評価を参照してください．「まずはじめに，ルソーがいた．おそらく，人々が長いこと信じていたように，ルソーが子どもを発明したというわけではあるまい．そうではなくて，ルソーは，人々が子どもというものをすでによく知っていたので，子どもとは何かを探し求めていた人々に対して，それを発見させてやることができたのである．彼は子どもに，子ども自身の天才の力をふきこみ，断片的な観念を体系化し，広く普及していた意見に説明を与え，そしてまた，好奇心を喚起し，探究を促し，道を拓いたのである」（アリエス 1983: 187）．

4）この「私」がルソー本人かどうかという点については議論が存在します．この問題について，たとえば桑瀬（2010: 123-124）を参照してください．

5）ただし，『エミール』がその副題（「教育について」）そのまま，単なる教育論の本であるかどうかは難しい問題です．『エミール』の訳者である今野一雄は，ルソー自身が『エミール』について，「実用的な教育論としてではなく，新しい人間を解明した書物として読まれることを期待している」と述べています（ルソー 1962: 514）．また，「『エミール』という書物がわれわれにつきつけているのは，教育がなぜ必要となるのか，なぜ教育という営みが困難になるのか，という問題なのである」という意見もあります（桑瀬 2010: 143）．

うした見地に立ってこの書物を読まれるなら，あなた方にとって，これは
無用な書物だとは私は思わない．（ルソー 1962: 22-23）

文章自体は非常に明晰ですが，解説します．ルソーによれば，人々は子どもに
ついての正しい考え方（「観念」）を持っていません．それが「人は子どもとい
うものを知らない」という印象的な宣言によって示されています．間違った考
え方から始めた議論は間違った結論に行き着きます．ここでルソーが子どもに
ついての間違った考え方と見ているのは，「子どものうちに大人を求め，大人
になる前に子どもがどういうものであるかを考えない」というものです．そこ
から議論を始めると，最も優れた人々すら，「大人が知らなければならないこ
とに熱中して，子どもには何が学べるかを考えない」ということになります．
そのような人々にとっては大人と区別される子どもなどないので，子どもに特
有の学習内容など無視されることになります．他方，ルソーは子どもをよく「観
察」し，「研究」することを読者（「あなた方」）に勧めています．それは彼自身
が選んだ方法であり，そうしたことでルソーは，もし教育方法（「何をしなけれ
ばならないか」）については間違った考えを持っているとしても，教育対象（「は
たらきかけるべき主体」）たる子どもについては知っていると自信を持っているよ
うです．そして，子どもを知るという観点から読むことで，読者は『エミール』
という本を役立てることができると言われます．

　ルソーにとって子どもは大人とはっきり区別される存在です．そしてそれが，
「自然」という彼の鍵概念を用いて説明されます（→ 6-2[6]）．

　　自然は子どもが大人になる前に子どもであることを望んでいる．この順序
　をひっくり返そうとすると，成熟してもいない，味わいもない，そしてす
　ぐに腐ってしまう速成の果実を結ばせることになる．私たちは若い博士と
　老い込んだ子どもを与えられることになる．子どもには特有のものの見方，
　考え方，感じ方がある．その代わりに私たちの流儀を押し付けることくら
　い無分別なことはない．そして私は，10歳の子どもに判断力があるなら，
　身の丈も5尺［約150cm］ぐらいあっていいのではないかと思う．実際，そ
　んな年頃の子どもに理性が何の役に立つというのか．理性は力のブレーキ

6）教育学における「自然」概念とは，「自ら動き成長する原理を持つ有機体的自然」と
　説明されるようなものです（教育思想史学会 2017: 360）.

となるものだが，子どもはそういうブレーキを必要としていない．（ルソー 1962: 162）

大人の前に子どもであることは自然の順序であり，子どもの年齢の中に大人を求めてはいけません．というのも，「子どもには特有のものの見方，考え方，感じ方がある」からです．現代では，大人にはない子ども独特の感性のようなものが存在することが当たり前のように述べられます．しかし，子どもと大人が区別されていない時代では，そのようなものの存在はあまり認められないか，認められたとしても強調されることはなかったでしょう．そして，理性に基づく判断力のようなものは，子どもの役には立たないと述べられます．ルソーにとって理性とは「力のブレーキとなる」[7]ようなものであり，子どもにはそもそもブレーキをかけるべき力が十分発達していないからです[8]．

　最後に，ルソーにとって子どもの教育者ないし養育者が誰であったかを確認しておきましょう．彼の1つ前の時代の有名人であり，彼の思想に大きな影響力を与えたジョン・ロックは，子どもの教育者として父親か，その代理人である家庭教師しか認めていませんでした（→2-2）．しかしルソーは違います．

　　　[……] 本当の乳母は母親であるが，同じように，本当の教師は父親である．父と母とはその仕事の順序においても，教育方法においても完全に一致していなければならない．（ルソー 1962: 56）

ルソーはこの時代のフランスで，母親も父親も我が子の育児や教育をあまり行っていないことを批判しています．（ルソー 1962: 43-51, 60）[9]．彼はそのような

7）教育思想史や哲学史において「理性」は非常に重要な概念です．本書では紹介しませんが，ルソーの次の時代の人物であるドイツの哲学者イマヌエル・カント（1724-1804）は特に，この概念を重視しました．詳しく知りたい方は，ひとまず御子柴（2020）を読んでみてください．

8）ここではルソーの子ども観のネガティブな側面を挙げましたが，『エミール』の中には「子どもの心には活動力があふれ，外へ広がっていく」，「自然は子どもを人から愛され，助けられる者として作った」，「自然はあらゆる種類の印象を受け取れるような柔軟性を子どもの頭脳に与えている」というような子どもについてのポジティブな見解もあります（ルソー 1962: 104, 157, 223）．

9）なお，ルソー自身も自分の5人の子どもを孤児院に送っています（cf. 永見 2021: 53-55）．

時代の中で，父親と母親が共同して教育を行う必要性を強調したのです[10]．

○世界を発展させる子ども——エレン・ケイ

> **エレン・ケイ（1849–1926）**
> スウェーデンの文明評論家．ミシェル・ド・モンテーニュ（1533–1592）の自然
> 主義とハーバート・スペンサー（1820–1903）の後天遺伝説の影響を強く受ける．
> その活動の中で恋愛結婚の重要性も主張した．主著として『児童の世紀』（1900）
> がある[11]．

　子どもという概念について考える際，エレン・ケイを無視することはできません．彼女の主著『児童の世紀』は，現代の子ども理解へ大きな影響を及ぼしたことで知られています．ケイにとって，子どもとはどのような存在だったのでしょうか．

　ケイの生きた時代では，技術発達による工場の増加と，そこでの児童労働が大きな問題となっていました．

> 　子どもの工場および街頭労働が原因で，肉体的，道徳的頽廃の脅威を受けていることを考えるとき，文化的な国民なら誰しも，子どもの工場労働と街頭労働をことごとく禁止すべきだという結論に達するだろう．これについては，最小限，児童保護基本法の実施には成功した．この法律も，他の類似の場合と同様に，はじめは経済的ならびに個人主義的理由から反対を受けた．特に父親は，自分の子どもの労働については自分で決めると言って親の絶対的権利を振りまわした．（ケイ 1979: 61–62）

工場や街頭で働くことで，子どもは「肉体的，道徳的」に「頽廃」する恐れがあります．そこで，ケイは「子どもの工場労働と街頭労働をことごとく禁止すべきだという結論」を皆が受け入れるべきだと考えるのですが，実際は，その

　10）ただし「本当の乳母は母親である」とか「本当の教師は父親である」という見解に，ロックや時代の影響力を脱しきれない女性差別的な思想が含まれることには注意しておきましょう．また，『エミール』第5編のほとんどはエミールの妻となるソフィーに関連した女性論・女性教育論ですが，そこでも性別役割を固定させるような議論が展開されます．この点については，眞壁（2020: 148–149）や永見（2021: 270–274）を参照してください．
　11）『児童の世紀』の「解題」を参照して作成しました（ケイ 1979: i–xii）．

ための「最小限」である「児童保護基本法」にすら反対意見が生じていました.
現代の私たちからすれば, きつい労働が子どもにとって望ましくないのは分か
り切ったことでしょう. しかし, ケイがここで証言しているのは, その子ども
たちの父親が, 子どもの工場労働や街頭労働を禁止する法律に強く反対してい
たということです. 子どもを守るべき父親自身が子どもの過酷な労働を後押し
していたということは, まったく異なる価値観を持つ私たちにとって理解が難
しいことかもしれません.[12] しかし現代の私たちが持つ価値観そのものが, ケイ
のような思想家たちの言論や行動による戦いから生み出されてきたものなので
す.[13]

　さて, ここでは子どもと関係する存在として父親が登場しました. ケイは母
親についてはどう考えていたのでしょうか. 彼女の女性についての見解は複雑
です. というのも, ケイの思想は女性についての保守的な見解と革新的な見解
の両方を含むからです.

> 婦人の最大の社会的任務と, その最高の幸福は母性の中にある. そのこと
> を理解する者なら, その任務を完全に果たし, その幸福を完全に享受する
> には, 男子とまったく同等の地位が必要であることもはっきりと理解でき
> るはずである. それにはまず第一に, 結婚生活の中で妻と夫は, その人格
> とその名前とその財産とその仕事とその子どもを, まったく同等に支配し
> なければならない. 子どもは父親の姓と同様に母親の姓を名乗ることも許
> されるべきである. 子どもについて争いが起こった場合には, 法律は原則
> としてその最終決定権を, 父親でなく母親に与えるべきである. 離婚の場
> 合には, 子どもの分け方について両者の善意の合意が得られないとき, 父
> 親が母親の養育不適格または養育不能を証明しえないかぎり, 母親が幼い
> 子どもを引き取る権利を持つべきである. （ケイ 1979: 121-122）

---

12) 日本国憲法第26条第2項では「すべて国民は, 法律の定めるところにより, その保護
　　する子女に普通教育を受けさせる義務を負ふ. 義務教育は, これを無償とする」とされ
　　ています. よく知られているように, 義務教育における「義務」は, 子どもではなく保
　　護者の義務なのです.
13) ただし, ケイは子どものすべての労働に反対していたわけではありません. あくまで
　　も, 工場労働のような過酷な労働は子どもにふさわしくないだけで, 子どもに適した仕
　　事や労働については認めています（ケイ 1979: 68）.

ケイは，子どものいる女性が「母親」としての役割を果たすことを強く主張します．その見解は，「婦人の最大の社会的任務と，その最高の幸福は母性の中にある」という主張の中によくあらわれているでしょう．この意味では，ケイの思想は現代的な観点から保守的であるとの誹りを免れません．他方，女性が母親としての役割を果たしそこから幸福になるためには，「男子とまったく同等の地位が必要である」ということになります．「結婚生活の中で妻と夫は，その人格とその名前とその財産とその仕事とその子どもを，まったく同等に支配しなければならない」という主張は，家父長制的な主張に真っ向から対立するものです．また，現代日本では夫婦別姓がいまだ認められていませんが，ケイは今から120年以上も前にそれが認められねばならないと考えていました．さらに，父親ではなく母親に子どもに関する決定権を多く与えるべきだとも述べられています．これらの主張については，革新的であるという評価が許されるでしょう．

　最後に，なぜケイが子どもを大事にしなければならないと考えていたのかを参照しておきましょう．

　　ある皮肉屋が，「子孫には何もしてもらえないのに，なぜ子孫のためにしてやらなければならないか？」と問いかけた．この問いは，私を若い時代から活発な思想活動に向かわせたものであった．私の認識では，子孫は先祖のために無限に多くの仕事をする，すなわち，子孫は先祖の日常の努力のはるか彼方の未来に，無限の水平線を与えるものである．いま人間はまだ，水平線の拡がりを見ていない．人々が子どもによって種族の新しい運命を予感するときには，人々は慎重に子どもの心に美しい糸を織り込むようになるであろう．それはやがて，世界の出来事の織物をいつの日にか仕上げるのは，この糸であることを人々が知るようになるからだ．そのとき人々は，1つひとつの石ころが子どもの心の鏡のような静かな水面を破れば，波紋が世紀から世紀へと拡がって，その影響を及ぼしていく後を追えることを理解する．私たちは，私たちの意志と選択とは無関係に，私たちの先祖を通して，私たちの生命の一番奥の基礎となる運命が決まっているのを知っている．私たちが自分で作る子孫を通して，私たちはある程度は自由な存在として，種族の運命を決めることができるのである．／人類がすべて，これをまったく新しい見方で認識し始め，これを発展の信仰の光

の中に見て，20世紀は児童の世紀になるのである．これは二重の意味を持っ
ている．1つは，大人が子どもの心を理解することであり，1つは，子ど
もの心の単純性が大人によって維持されることである．そうなってはじめ
て，古い社会が新しくなる．（ケイ 1979: 201-202）

ここでのケイの文章は少し分かりづらいですが，だいたい次のようなことを言
いたいのだと思います．人間には寿命があるので，子どもや孫はともかく，そ
のさらに先の子孫たちから，私たちが恩恵を被ることはないと通常は考えられ
ています[14]．しかし，実際には「子孫は先祖のために無限に多くの仕事を」して
くれます．つまり子孫たちは，先祖の努力を基盤として，世界をより発展させ
ていくのです．それが，子どもたち一人ひとりが「美しい糸」を心の中に持ち，
それらの糸から「世界の出来事の織物」が出来上がるという素敵な比喩によっ
て語られています．私たちの運命は先祖の行為によっておおよそ決まっていま
す．その一方で，私たちは子孫に美しい糸を織り込むことで，美しい織物を紡
ぎ上げることができます．つまり，私たちが運命から逃れ一定程度自由な振る
舞いができるとすれば，それは子孫を通じてだということです．そして，これ
を皆が理解するとき，「20世紀は児童の世紀になる」と主張されます．この児
童の世紀とは，「大人が子どもの心を理解すること」と「子どもの心の単純性
が大人によって維持されること」を意味します．子どもに美しい糸が織り込ま
れるためには，大人と子どもが別物であることを認識したうえで，両者が適切
な関係を取り結ぶことが重要なのです[15]．

---

14) このような問題意識は倫理学の一分野である環境倫理学の「世代間倫理」を想起させ
　　ます．環境倫理学について詳しく学びたい人は，まずは吉永，寺本（2020）を参照する
　　ことをお勧めします．

15) これまでの紹介で，ケイの議論の重要性が理解されたと思います．しかし残念なこと
　　に，彼女の思想には障害者および障害児への差別意識が含まれます（ケイ 1979: 40-43,
　　cf. 50-51, 94-95）．この差別意識の存在は，どれほど優れた思想家であったとしても完
　　璧ではないことを私たちに教えてくれます．だからこそ，私たちが教育について考える
　　ときには，1人だけではなく複数の思想家たちの思想を比較検討する必要があるのです．

○発見以前の子ども──フィリップ・アリエス

フィリップ・アリエス (1914–1984) ─────────

20世紀フランスの歴史家．ソルボンヌ大学で歴史学を学んだ後に研究を続ける
が，アカデミックな歴史学からは距離を取りつつ自身を「日曜歴史家」と称した．
主著として，『〈子ども〉の誕生』(1960) がある[16]．

本節で私たちは，それまで人々の意識にのぼらなかった「子ども」という存
在をルソーが発見したということからスタートしました．それでは，彼による
発見以前，子どもはどのようなものとみなされていたのでしょうか．私たちは
ここで，フィリップ・アリエスという研究者の手を借りなければなりません．

彼の主著『〈子ども〉の誕生』は，20世紀後半の著作でありながらすでに古
典と言って差し支えない確固たる地位を得ています．他の古典と同様に，この
著作も大部なものです（邦訳も二段組で400ページ近くもあります）．全3部のそれぞ
れの終わりで，アリエス自身が「結論」として自分の考えを要約してくれてい
ますので，そこから彼の考えのエッセンスを引き出すことにしましょう．

まず，第1部「子ども期へのまなざし」の結論では次のように述べられます．

> 私たちが出発点として取り上げている中世の社会では，子ども期という観
> 念は存在していなかった．このことは，子どもたちが無視され，見捨てら
> れ，もしくは軽蔑されていたことを意味するのではない．子ども期という
> 観念は，子どもに対する愛情と混同されてはならない．それは子どもに固
> 有な性格，すなわち本質的に子どもを大人ばかりか少年からも区別するあ
> の特殊性が意識されたことと符合するのである．中世の社会にはこの意識
> が存在していなかった．このことは，なぜ子どもがその母親，乳母，ある
> いはまた子守役の絶え間ない心遣いがなくても暮らしていくことができる
> ようになるとすぐに，大人の社会に属して大人とは区別されなくなってい
> たかという理由を説明している．この大人たちの社会は，現代の私たちの
> 目にはしばしば子どもじみて見える．それはおそらく精神年齢のゆえであ
> ろうが実に，また生理的な年齢のゆえでもあった．というのも，その社会
> は部分的に子どもとごく若い人々によって構成されていたからである．言

---

16) 教育思想史学会（2017）の「アリエス」の項目を参照して作成しました．

葉の上でも，子どもという言葉には，私たちが今日賦与しているような限定した意味は与えられていなかった．今日，日常的な表現で「あいつ」(gars)と言われるような感覚で，子どもという言葉が使われていたのである．年齢の上でこのように境界が不確定である状況は，遊び，職業，軍隊など，あらゆる社会活動にまで及んでいた．（アリエス 1980: 122）

　まず，前近代の中世ヨーロッパ社会では，「子ども期」という考え方はなかったと述べられます．そのような子ども期がないということは，子どもが愛情を持って育てられていなかったのではないかと私たちは考えがちですが，アリエスはそのような誤解を否定します．中世に子ども期がなかったということは，その時代，大人や少年から区別される「子どもに固有な性格」が「意識され」ていなかったことを意味するのです．そのような子どもも構成員として含まれる当時の大人社会は「生理的な年齢」も幼いので，「現代の私たちの目にはしばしば子どもじみて見え」ます．そのような時代風潮は言葉にも影響を与えており，中世での「子どもという言葉」には現代的な意味合いなど含まれていません．現代の私たちが子どものものと考えがちな遊びであれ，大人のものと考えがちな職業や軍隊であれ，中世の「あらゆる社会活動」の中で子どもと大人の境界は不確定でした．

　次に，第2部「学校での生活」の結論でアリエスは次のように述べます．

15世紀から，特に16世紀・17世紀以後，年齢に対し無関心でいる中世的な意識の残存にもかかわらず，学院は主として青年の教育と形成に努めるようになる．［……］つまり，規律の必要が発されるのだ．規律は恒常的，組織的なものであり，ほとんど尊敬されていない権威により行使される暴力とはまったく別のものである．法律家たちは，彼らが動かしている騒乱さわぎの好きな社会に厳しい一撃を加える必要があると知っていたが，規律はそれとはまったく別な伝統から来るのである．学校の規律は，教会ないし修道院の規律に由来する．それは支配強制の手段であるよりも道徳的かつ精神的完成の手段であり，それは効率性の理由から探究されたのである．というのも，規律は共同作業にとってのみでなく，教化と禁欲の価値にとっても必要な条件であったからである．教育者たちは，少なくとも理論上は，子どもたちを昼も夜も監視しておくために，規律を採用したのである．（アリエス 1980: 313）

15世紀以降，「学院」と呼ばれる場所は「青年の教育と形成」を主な任務とするようになります．その任務のために重要なものが暴力と異なる「規律」です．それらは教会や修道院で「支配強制の手段であるよりも道徳的かつ精神的完成の手段」として採用されていました．学校教育はその規律を取り込むことで，「子どもたちを昼も夜も監視しておく」ことを目指したのです．

　最後に，第3部「家族」の結論は次のようなものです．

　　しかしながらこの[近代的]家族は，社交関係の衰退とともに広まった．[……]以前は社会に常に交わっていくことが教育や名声，富の源泉であったのに対し，18世紀以降，人々は社会から身を守り始めた．以後，土台を揺るがす変動によって，主人と奉公人，大人と子ども，友人もしくは客人の間の旧来の関係が引き裂かれるのである．この変動は地理的もしくは社会的孤立のために減速されて，時には遅れをとることもある．それは他の都市よりもパリでいっそう急速に，また庶民層よりはブルジョワジーにおいていっそう急速に進行することだろう……それはいたるところで，近所付き合い，あるいは友人関係，あるいは伝統的な対人関係を犠牲にして，私的生活のプライバシーを増強していくであろう．私たちの習俗の歴史は，他人から隔絶されようとし，社会的圧力がもはや耐えがたいために社会から切り離されようとするこの長期にわたってなされた努力に，一部分集約されるのである．家は，クラブやカフェを利用することで，17世紀には場合によって有していた公的な場所という性格を失ってしまったのであり，今ではクラブやカフェが今度は人の入りが少なくなってきている．職業生活と家族生活は，かつては逆に生活全体に侵入していたあのもう1つの活動，社会的関係面の活動を窒息させてしまったのである．／家族意識と古い社交関係のあり方とは相容れないものであり，互いに他方を犠牲にすることでしか発展することができなかった，と考える誘惑にかられるのである．
　　（アリエス 1980: 381-382）

　さらに18世紀以降，近代的家族形態が広まっていきます．これは私たちが通常想像するような，子どもの健康や教育に気を配る「家族」のことです．アリエスは15世紀になるまで「家族は意識や価値としては存在していなかった」と考えています（アリエス 1980: 381）．ただし近代的家族の広まりは，社会における様々な関係の衰退と表裏一体のものでした．家は「私的生活のプライバシー」が守

られる場ですので，もはや中世と異なり，皆が集まる「公的な場所」ではありません．

　アリエスの議論をまとめれば次のようになるでしょう．中世では，子どもは大人とほぼ変わらないものとして扱われており，近代的家族は存在していませんでした[17]．しかし，15世紀以降，学校制度とそこでの規律が重視されるようになり，そこで，子どもは監視される存在として大人からは切り離されました．子どもにとって安心できる（プライバシーが守られる）場所は家庭ということになりましたが，それは，中世では当たり前に存在していた開かれた社会関係を犠牲にして成立した家族形態です．アリエスのこの考察は，子どもについての議論に大きな影響を与えました．

1-3　家族の中の子ども

　前節の3人の教育思想家たちの議論は，子どもの捉え方が時代によってまったく異なることを明らかにしたと思います．アリエスによれば，中世において子どもは大人と区別されていませんでした[18]．近代以降になると，ルソーが適切に示すように「子ども」という存在が発見されるようになりました．しかし，彼の願いとは裏腹に，子どもは大人とまったく違う存在であり，それに適した教育を行わなければならないという考え方は定着するまでに長い時間がかかりました．むしろ子どもは多くの国や地域で搾取の対象となっていたのであり，

17）それでは中世よりもさらに前の古代ギリシアにおいて，子どもはどのような扱いを受けていたのでしょうか．たとえば次の主張は参考になるかもしれません．「古代にあっては，幼児はきわめて愛らしい自発性を見せながら育っていった．幼児は自分の本能のままに自由に育ってゆき，周囲はそれを寛大に面白がっていた．要するにこれらはすべてまったく些細な問題でしかなかった．古代の人たちから見れば，現代の教育学者が懸命にやっているように，子どもを子ども自身のために子どものままで育てようとするのは，まったく余計なおせっかいであろう」（マルー 1985: 175-176）．マルーのこの本は，古代ギリシアからローマの教育までをカバーする大変重要なものです．

18）ただし，本書ではその影響力の大きさから「古典」として取り上げましたが，アリエスの議論には多くの反論が寄せられており，現代では彼の主張をそのまま受け入れる研究者はほとんどいないことには注意しておくべきでしょう（そしてそれは，アリエスのものに限らず「古典」の宿命でもあります）．彼の議論の影響力とそれに対する様々な批判を知るためには，岩下，三時，倉石，姉川（2020）の第1章をご覧ください．

ケイらの尽力があり，子どもにも大人と同様の権利を認めねばならないということがようやく世界的に気づかれるようになりました．子どもの権利条約という名で有名な児童の権利に関する条約（1989年に国連総会で採択）では，子どもには「表現の自由についての権利」（第13条第1項），「思想，良心及び宗教の自由についての児童の権利」（第14条第1項），「結社の自由及び平和的な集会の自由についての児童の権利」（第15条）が認められています．これらは世界人権宣言第18条―第20条を踏まえたものであり，すべての人に認められている人権が当然子どもにも認められていることを明示したものになっています．

さて，児童の権利に関する条約の前文では子どもについて次のように述べられています．

> 児童の権利に関する条約前文
> ［……］家族が，社会の基礎的な集団として，並びに家族のすべての構成員，特に，児童の成長及び福祉のための自然な環境として，社会においてその責任を十分に引き受けることができるよう必要な保護及び援助を与えられるべきであることを確信し，／児童が，その人格の完全なかつ調和のとれた発達のため，家庭環境の下で幸福，愛情及び理解のある雰囲気の中で成長すべきであることを認め［……］

家族とは「児童の成長及び福祉のための自然な環境」であり，そのための「保護及び援助」が必要なものです．また，子ども（児童）の健全な発達には家庭環境が欠かせません．つまり，大人と区別される子どもは，良い家族や家庭環境の中で適切に育てられる必要があります．

もちろん，家族や家庭が存在しなかったり，そこに問題を抱えている子どもも少なくないでしょう．しかし，同じ「児童の権利に関する条約」の中には次のような記述もあります．

> 児童の権利に関する条約第20条第1項
> 一時的若しくは恒久的にその家庭環境を奪われた児童又は児童自身の最善の利益にかんがみその家庭環境にとどまることが認められない児童は，国

19）児童の権利に関する条約以前にも，児童の権利に関するジュネーブ宣言（1924年に国際連盟で採択）や児童の権利宣言（1959年に国際連合で採択）などが存在しました（勝野，床井 2022: 69–71）（参照元の「子ども」表記を「児童」にあらためました）．

が与える特別の保護及び援助を受ける権利を有する.

家庭環境に何らかの問題がある場合には, 国が子ども（児童）を保護ないし援助することが定められています. 子どもの発達にとって家族や家庭環境がとりわけ重要だからこそ, それが不十分な場合の措置が示されているのです.

　子どもにとって家族がこれほど重要なものであれば, 前者について考えるためには後者を検討する必要があるように思われます. しかしここで, 先に見た児童の権利に関する条約で, 家族が「児童の成長及び福祉のための自然な環境」と規定されていたことに注意してください. 規定の中に「児童」（子ども）という言葉が入っています. つまり,「子どもとは何か」を考える際には「家族とは何か」に答えることが必要ですが,「家族とは何か」を考える際にも「子どもとは何か」に答えなければなりません. これを悪しき循環として捉えるのではなく, 子どもについて考える際の手がかりとみなすことが建設的な態度だと思います. 私たちは, 大人（≒成人）との対比で子ども（≒未成年）を捉えるのではなく, 家族との関係で子どもについて考えていくべきでしょう. 実際, 2023年4月1日には日本で「こども家庭庁」が発足しています[20]. これは, 子どもと家族ないし家庭が不即不離の関係にあることを示しているように思われます[21].

---

20) ただしこども家庭庁については,「当初「子ども庁」としての新設が計画されていたが, 保守系議員の反発により, 保護者に養育の一次的責任があるなどの理由から「こども家庭庁」に名称変更された経緯がある」ということに留意しておく必要があるでしょう（小国 2023: 285）.「家庭」という言葉は政治的文脈の中でしばしば利用されることがあります. また, 一口に家庭と言っても, そこに多様なかたちが存在することも私たちは忘れるべきではありません.

21) こども家庭庁と同時に施行されたこども基本法では, その第2条第1項で「心身の発達の過程にある者」として「こども」が定義されています. 年齢以外の要件で子どもが定義されており, 注目に値するものです. ただしこの定義は, 子どもでなければ心身が発達しないということを示唆しているようにも思われます. デューイの進歩主義教育と比較してみてください（→9-2）.

取り組んでみよう！

①現在の日本のように，18歳未満が未成年で18歳以上が成年というように区別することは妥当だと思いますか．もし妥当でないとすれば，年齢以外でそれらを区別する基準は存在するでしょうか．考えてみてください．

②ケイの箇所で参照した通り，現代日本では夫婦別姓がいまだに認められていません．夫婦別姓に反対する人たちはどのような理由でそうしているのでしょうか．調べてみてください．また，そのような反対する主張への反論を組み立ててみてください（反論の組み立て方については，野矢（2018）の第8章や香西（1995）を参照してください）．

③児童の権利に関する条約第7条第1項は，「児童は，出生の後直ちに登録される．児童は，出生の時から氏名を有する権利及び国籍を取得する権利を有するものとし，また，できる限りその父母を知りかつその父母によって養育される権利を有する」というものです．しかし現代では，技術革新の結果として，父母を知ることが妨げられるケースが存在するようになっています．そのケースについて調べたうえで，そこで挙げられている子どもが自分の父母を知ることを妨げられる理由について，納得できるかどうか議論してみましょう．

第 2 章
遊　　び

2-1　子どもの仕事は遊ぶこと？

　子どもを持つ親で，子どもの遊びについて頭を悩ませない人はほとんどいないでしょう．1-1でも示した通り，親には子どもの教育責任があります．教育といえばすぐさま「勉強」という言葉が連想されるわけですが，勉強が好きでたまらない子どもはめったにいません[1]．逆に，遊ぶことが嫌いでたまらない子どももそれほど見かけないでしょう．ですから，子どもは勉強を避け，遊びに流れます．勉強のために（「ゲームは1日1時間」などとルールを決めることで）遊びを制限しなければならないという考えもそこから生まれてきます．

　また，遊びの中にも様々なものがあります．戸外で「健全」な遊びをする子どももいれば，室内で「不健全」なゲームに興じる子どももいるでしょう（私自身もその意味で「不健全」な子どもでした）．そして，「健全」な遊びに比べて「不健全」な遊びは一般的にそれほど推奨されません．これはおそらく，戸外で遊ぶことが身体的発達に寄与したり，それが多くの場合集団での遊びになるため社会性の育成に役立つと思われているからでしょう．逆に，室内で行うゲームのほとんどは身体的発達に直接結びつきませんし，1人だけでできるものが多いと思われているので社会性の育成と関係ないと判断されているようです（もちろん，実際には身体を動かすことが必須のゲームや，オンラインでの仲間関係が重要な要素となるゲームも存在します）．つまり，広い意味での教育に有益な遊びが推奨され，そうでない遊びは忌避される傾向があります．

　1）たとえば8-2や9-2等で参照するアリストテレスも『政治学』の第8巻で「学びには苦痛が伴う」と述べています（アリストテレス 2018: 426）．はるか昔から，学習や勉強は辛いものだということは共通認識だったのでしょう．

　しかしここで、「子どもの仕事は遊ぶこと」という、よく聞く言い回しを思い出してください。子どもとは遊ぶことがその本来の役割なのではないでしょうか。実際、幼稚園教育要領では次のように述べられています。

　　幼稚園教育要領第 1 章総則第 1 幼稚園教育の基本
　　幼児の自発的な活動としての遊びは、心身の調和のとれた発達の基礎を培う重要な学習であることを考慮して、遊びを通しての指導を中心として第 2 章に示すねらい[2]が総合的に達成されるようにすること。（文部科学省 2017a: 3）

ここでは、幼児のその後の発達のために遊びが「重要な学習」であるとされ、「遊びを通しての指導」が求められています。そのため、遊ぶことと学習することはほとんど一体化していますし、遊びと教育（指導）には一定の関係がありそうです。これは幼児を対象として記された文書ですが、一般的に、「楽しい教育」や「楽しい学習」とは、遊びそのものでなくともその要素を取り入れたものが多いのではないでしょうか。また、そこで想定されている遊びは必ずしも戸外での遊びに限定されないでしょう。

　しかしそもそも、なぜ子どもと遊びはこれほど結び付けられるのでしょうか。本章では、遊びとはいかなるものかを考えることで、子どもと遊びの関係について検討することにします。ここで助けとなるのが、ジョン・ロック、ヨハン・ホイジンガ、そしてロジェ・カイヨワの 3 人です。

2-2　教育思想史における遊び

○遊びを通した教育──ジョン・ロック

ジョン・ロック（1632-1704）

イギリスの哲学者。ジョージ・バークリー（1685-1753）やデイヴィッド・ヒューム（1711-1776）とともに、しばしば「イギリス経験論」の哲学者と呼ばれる。政治家の秘書として現実の政策にも関わった。主著として『人間知性論』（1689）や『統治二論』（1689）がある。

　2）この「ねらい」とは、保育の 5 領域である「健康」、「人間関係」、「環境」、「言葉」、「表現」の指導によって達成されるものを指します。

　ロックは『教育に関する考察』(1693) で紳士階級の教育について語ります
が[3]，そこで教育における習慣づけの重要性に注意します．これはおそらく，彼
が「その生来の気質に幸運にもなにがしかの歪みをもって生まれてこなかった
アダムの子ども [人間] はほとんどありませんし，これを取り除き，あるいは
その埋め合わせをするのが教育の仕事だ」と考えていたからでしょう（ロック
1967: 219）.

　　自分の傾向性を克服し，欲望を理性に従わせることを教えなさい．これが
　　達せられ，絶えず実行して習慣となれば，その最も困難な課題は終わった
　　のです．子どもをここまでにするには，称賛と推賞を受けることを愛する
　　気持ちが，最も役に立ちますので，このような気持ちをあらゆる手段に訴
　　えて子どもに植え付けねばなりません．その子を評判と恥に，できるだけ
　　敏感にならせなさい．そうすれば貴下が目の前にいなくても，彼の行動を
　　左右する原理を彼に与えたことになりますし，これに比べると，鞭のわず
　　かな痛みに対する恐怖心は物の数ではありませんし，その原理は将来道徳
　　と宗教の真の原理を接ぎ木するに適した台木となるでしょう．（ロック 1967:
　　314-315）

ロックは，子どもがいずれ「道徳と宗教の真の原理」を把握することを望んで
います．これは道徳的発達を遂げた状態であると考えていいでしょう．そして
そのためには，「欲望を理性に従わせること」を教わったうえで，それを「絶
えず実行して習慣」としなければならないとされます．最初は父親や家庭教師
が監督していなければならないでしょうが，子どもが「評判と恥」に敏感にな
るにつれ，教師役が「目の前にいなくても」ひとりでにそのようなことができ

3）『教育に関する考察』におけるロックの教育対象は，紳士階級の男子に限られていま
　した（ロック 1967: 18）．また，彼はその男子の教育者として，父親か，その代理人た
　る家庭教師しか認めていませんでした（ロック 1967: 122-123）．つまり彼の教育論は女
　性差別的な見解を含んでいます（ただし，そこで論じられた教育論については，「たん
　なるジェントルマン向け子育て指南書にとどまらず，来るべき啓蒙の時代にふさわしい
　普遍的な教育のあり方を示したものとして受け止められた」という評価もあります（眞
　壁 2020: 101））．また，ロックは『救貧法論』(1697) において，貧民階級の子どもを保
　護し「真面目かつ勤勉にする」ための「就労学校」設立の法律を制定するよう提案して
　います（ロック 2007: 45-46）.

るようになっていきます[4]．そしてそのために体罰は必要ありません[5]．

　本書では今後，道徳的発達については第 8 章で，教育と宗教の関係について
は第11章で論じます．ここでは，道徳や宗教に関わる教育目的を達成するため
に習慣づけが必要だとされていることに注意してください（この習慣づけも道徳
的発達との関係のもと第 8 章で取り扱います）．その習慣づけのためには遊びが重要
です．なぜなら，「変化と自由は子どもたちを喜ばせるものであって，そのた
めに遊びは子どもたちに好まれる」からこそ，学習を遊びと認識させることが
子どもたちを習慣づけることに繋がるからです（ロック 1967: 201-202）．ですから，
ロックにとって子どもの遊びは「良い，役に立つ習慣がつくように指導されね
ばな」りません（ロック 1967: 208）．

　　　したがってわたくしが考えてきましたことは，もし遊び道具がその目的に
　　　合致していますと，現実には大抵そんなものは 1 つもないのですが，自分
　　　ではただ遊んでいると思っている間に，工夫すれば子どもたちに読み方を
　　　教えるようにすることができるだろうということです．たとえば，象牙の
　　　球をローヤル・オーク・ロッタリーの球のごとく32面，あるいは24面か25
　　　面のものにして，そのいくつかの面にAを，他のいくつかの面にはBを，
　　　さらに他の面にC，他の面にはDの文字を貼りつけてはどうでしょう．わ
　　　たくしは，最初はこの 4 文字か，あるいは，2 文字だけから始めてもらい
　　　たいと思います．そしてそれらの文字が完全にものになったら，次の一字
　　　を加え，そういうふうにして，各面に文字ができて，全アルファベットが
　　　貼りつけられるまで続けなさい．（ロック 1967: 240-241）

ロックにとっての理想は，遊んでいることが，知らず識らずのうちに学習になっ

　4）ただしロックは，習慣づけには限界があり，子どもが持って生まれた「気質」を完全
　　に変えることはできないと注意しています（ロック 1967: 79）．
　5）ロックの体罰反対論については，ロック（1967: 63-69）も参照してください．ただ彼
　　は，子どもが「強情」な場合には例外的に体罰を行うべきであると考えています（ロッ
　　ク 1967: 106-110）．体罰の「有効性」を一部認めてしまっているという点で，ロックが
　　単純な体罰否定論者ではないことに注意しておく必要があるでしょう．なお日本では，
　　学校教育法第11条で「校長及び教員は，教育上必要があると認めるときは，文部科学大
　　臣の定めるところにより，児童，生徒及び学生に懲戒を加えることができる．ただし，
　　体罰を加えることはできない」と定められています．

ているということです．そのような理想を叶えるための遊び道具について，「現実には大抵そんなものは１つもない」ので，彼は自分の想像している「読み方を教える」ためのものを紹介します．それは，多面体のサイコロのそれぞれの面にアルファベットを貼りつけ，それで遊ばせるということです．最初は少ない文字から始め「全アルファベットが貼りつけられるまで続け」ることを，つまり，このサイコロ遊びをすることで，出た目に貼られたアルファベットを徐々に記憶していき最終的には全アルファベット26文字をマスターすることをロックは想定しているようです．また，彼はこの引用の後，子どもが自発的にこのサイコロ遊びを行うように，まず大人がそれを楽しんで遊んでいることを示すべきだと述べます（ロック 1967: 241）．

　ロックはこのように遊びという手段を用いることで，子どもたちが学習のための良い習慣をつけられると考えています．そうすることによって，道徳的発達という教育目的が達成されるのです．

○遊ぶ人間──ヨハン・ホイジンガ

ヨハン・ホイジンガ（1872-1945）

オランダの文化史家．ライデン大学の歴史学教授．古代インドから西欧中世へと研究分野を転換し，数々の業績を残す．歴史学のみならず，民族学や言語学にも造詣が深い．主著として，『中世の秋』(1919) や『ホモ・ルーデンス』(1938) がある[6]．

　ホイジンガは遊び概念に関する現代の研究に大きな影響を与えました．ここでは，そのきっかけとなった著作『ホモ・ルーデンス』の議論を参照します．
　最初に，ホイジンガによる遊びの定義を確認しておきましょう[7]．

　　形式について考察したところをまとめて述べてみれば，遊びは自由な行為であり，「ほんとのことではない」としてありきたりの生活の埒外（らちがい）にある

6）『ホモ・ルーデンス』の「解説」を参照して作成しました（ホイジンガ 2018: 385-386）．
7）ホイジンガはこの定義とは別のもう１つの遊びの定義も挙げており（ホイジンガ 2018: 61-62），カイヨワはその定義を，本文中で引用した定義に比べて「より内容はとぼしいが，より広範囲にわたる別の定義がある」と評価しています（カイヨワ 1990: 31）．

と考えられる．にもかかわらず，それは遊ぶ人を完全にとりこにするが，だからといって何か物質的利益と結びつくわけではまったくなく，また他面，何かの効用を織り込まれているのでもない．それは自ら進んで限定した時間と空間の中で遂行され，一定の法則に従って秩序正しく進行し，しかも共同体的規範を作り出す．それは自らを好んで秘密で取り囲み，あるいは仮装をもってありきたりの世界とは別のものであることを強調する．
（ホイジンガ 2018: 36-37）

　遊びとは，①「自由な行為」で，②「「ほんとのことではない」としてありきたりの生活の埒外にあ」り，③「遊ぶ人を完全にとりこに」し，④「物質的利益と結びつく」のでも「何かの効用を織り込まれている」わけでもなく，⑤「自ら進んで限定した時間と空間の中で遂行され，一定の法則に従って秩序正しく進行し，しかも共同体的規範を作り出す」ものです．おそらくホイジンガは，この 5 つの条件をすべて満たすものが遊びだと考えているのでしょう．

　次に，ホイジンガがその書の中で重要なものとして参照する，プラトンの『法律』という対話篇の第 7 巻から以下の文章を引用しましょう．この文章は，新しく建設される国の教育制度についてアテナイからの客人とクレイニアスという 2 人の人物が対話する文脈のうちにあります．

　アテナイからの客人「私の言う意味は，真剣な事柄については真剣であるべきだが，真剣でない事柄については真剣であるなということ，そして本来，神はすべての浄福な［神聖な］真剣さに値するものであるが，人間の方は，前にも述べましたが，神の何か玩具として工夫されたものであり，そして実際このことが，人間にとって最善のことなのだということです．ですから，すべての男も女も，この仕方に従って，できるだけ見事な遊びを楽しみながら，その生涯を送らなければなりません，現在考えられているのとは正反対にね．」／クレイニアス「どういうふうにですか．」／アテナイからの客人「現在では一般に，真剣な仕事は遊びのためになされるべきだと考えられています．たとえば，戦争に関することは真剣な仕事であり，それは平和のために，うまくなされなければならないと考えられています．しかし事実は，戦争のうちには真の意味の遊び（パイディアー）も，私たちにとって言うに足るだけの人間形成（パイデイアー）も現に含まれてもいませんし，将来もないでしょう．しかし，私たちの主張からすれば，

　この人間形成こそ，私たちにとって最も真剣なことなのです．ですから，各人は，平和な生活をできるだけ長く，できるだけ善く過ごさなければならないのです．では，正しい生き方とは何でしょうか．人は一種の遊びを楽しみながら，つまり，犠牲を捧げたり歌ったり踊ったりしながら，生涯を過ごすべきではないでしょうか．そうすれば，神の加護をわが身に受けることができますし，敵を防ぎ，戦っては勝利を収めることができるのです．」（プラトン 1993b: 57-58）[8]

ふつう，真剣な戦争が遊びや平和のためになされると考えられています．しかしここで，アテナイからの客人は遊びの方に真剣さを割り振ります．というのも，戦争は「真の意味の遊び（パイディアー）」や「人間形成（パイデイアー）」を含んでおらず，この人間形成こそ重要なものだからです．ですから，戦争ではなく遊びが重視され，「すべての男も女も，この仕方に従って，できるだけ見事な遊びを楽しみながら，その生涯を送らなければなりません」とか「人は一種の遊びを楽しみながら，つまり，犠牲を捧げたり歌ったり踊ったりしながら，生涯を過ごすべきではないでしょうか」と述べられることになります．
　さてホイジンガは『法律』のこの文章を参照および引用することで（ホイジンガ 2018: 46-47），次のように述べます．

　このプラトン風の遊びと神聖さの同一視は聖なる行為を遊びと呼ぶことによってそれを卑俗化するものでは決してない．むしろ，遊びという概念を精神の最高領域にこそふさわしいものとすることによって，遊びを高めている．はじめに言ったように，遊びはあらゆる文化に先行して存在している．またある意味では，遊びはあらゆる文化を越えて漂うものであり，少なくとも文化から離れた立場にある．人は子どものように楽しみと休息を求め，真面目な生活の水準以下で遊ぶ．しかし同時に，彼はこの水準以上のところで，美と神聖の遊びを遊ぶこともできるのだ．（ホイジンガ 2018: 47, cf. 361）

ここでは，これがプラトン自身の正しい意図かどうかというより，ホイジンガ

8）プラトン（1993a）およびプラトン（1993b）からの引用では，元の文章にはない「　」
　で登場人物の発言内容を括っています．

がそのように解釈したということが大事です．さて，ホイジンガはプラトンが
「遊びと神聖さ」を「同一視」し，遊びを「精神の最高領域にこそふさわしい
もの」にしたことを高く評価しています．ホイジンガにとって，「真面目な生活」
の水準を超えたところであれ下回るところであれ，遊びは「文化から離れた立
場」にあるものなのです．[9]

　しかし，このことは遊びと文化が無関係であることを意味しません．両者の
関係について，ホイジンガは次のような主張をするに至ります．

　　社会生活を律するすべての偉大な形式の誕生にあたっては，遊びの要素が
　　最も活動的で，最も実り豊かであったと論証することは決して難しいこと
　　ではなかった．文化そのもののすべてに先んじた，社会生活の本能として
　　の遊びながら張り合う競争は古くから生を充実させ，さながら酵母のごと
　　く原始古代の文化の諸形式を育て上げた．祭礼は聖なる遊びの中で成長し
　　た．詩文の芸術は遊びの中で生まれ遊びの形で生きてきた．音楽と舞踏は
　　純粋な遊びだった．知恵と知識は奉納競技の中で言葉の使い方を見出した．
　　法律は社会的遊びから発展した．武器をもって行う争いの諸規定，貴族生
　　活の慣習などは遊びの形式の中で基礎づけられた．結論は次のようになる
　　はずだ．文化はその起源の段階においては遊ばれていた．文化は母の体か
　　ら自らを切り離して生まれ出る生命の実のように遊びから生まれ出るので
　　はない．それは遊びの中で遊びとして発展したのだ．（ホイジンガ 2018: 296）

「祭礼」も「詩文の芸術」も「音楽と舞踏」も「知恵と知識」も「法律」も「争
い」も「慣習」も，そのすべてが遊びの「中」で生じてきました．この「中」
ということが決定的に重要です．つまりホイジンガがここで述べている通り，
文化は「遊びから生まれ出」たものではなく，「遊びの中で遊びとして発展した」
からです．ですから，私たちが「文化」と呼んでいるものは，遊びが包摂する

　9）古代ギリシアにおける，遊びについての一般的な見解は次のようなものでしょう．「こ
　　うした遊びはすべてありふれたものにすぎず，ギリシア人にとっても〔……〕別にまじ
　　めに考えるべきことは何一つない．つまりそこにあるのは「子どもっぽさ」にすぎない．
　　古代の人たちなら，現代の幼稚園の専門家——フレーベルやモンテッソーリ夫人——が
　　幼稚きわまる遊びをものものしく吟味して，そこから教育の力になるものを引き出そう
　　としているさまを笑い飛ばしたことであろう．もちろんギリシアでは，固有の意味での
　　幼稚園など問題にならなかった」（マルー 1985: 175）．

遊びの一種だということがわかります.

　ホイジンガの主張は, 遊びは人間の文化と切り離されるものではなく, 人間の文化そのものが遊びだということです. そうすると, 彼にとっては人間が人間であることの本質の中に遊びが含まれることになるでしょう.

　○遊びの分類——ロジェ・カイヨワ

> **ロジェ・カイヨワ (1913–1978)**
> 現代フランスの文学者, 社会学者, 美学者等の様々な顔を持つ知識人. ブエノス・アイレスでのフランス会館創設, 南米研究叢書『南十字星』やユネスコの国際哲学・人文科学雑誌『ディオゲネス』の編集主幹など多岐にわたる活動を行う. 主著として, 『遊びと人間』(1958) などがある.[10]

　カイヨワの『遊びと人間』は, ホイジンガの仕事を批判的に受け継ぐものです. まずカイヨワは, ホイジンガの遊びの定義について「使われている言葉がみな念入りで, 十分な意味を担ってはいるものの, あまりに広く, 同時にあまりに狭すぎる」(カイヨワ 1990: 32) と評価したうえで, 自身も遊びという活動の「基本的な定義」を挙げます.

　　(1) 自由な活動. すなわち, 遊戯者が強制されないこと. もし強制されれば, 遊びはたちまち魅力的な愉快な楽しみという性質を失ってしまう. ／ (2) 隔離された活動. すなわち, あらかじめ決められた明確な空間と時間の範囲内に制限されていること. ／ (3) 未確定の活動. すなわち, ゲーム展開が決定されていたり, 先に結果が分かっていたりしてはならない. 創意の必要があるのだから, ある種の自由が必ず遊戯者の側に残されていなくてはならない. ／ (4) 非生産的活動. すなわち, 財産も富も, いかなる種類の新要素も作り出さないこと. 遊戯者間での所有権の移動を除いて, 勝負開始時と同じ状態に帰着する. ／ (5) 規則のある活動. すなわち, 約束事に従う活動. この約束事は通常法規を停止し, 一時的に新しい法を確立する. そしてこの法だけが通用する. ／ (6) 虚構の活動. すなわち, 日常生活と対比した場合, 二次的な現実, または明白に非現実であ

---

10)『遊びと人間』の「訳者後記」を参照して作成しました (カイヨワ 1990: 375–377).

るという特殊な意識を伴っていること．（カイヨワ 1990: 40）

『ホモ・ルーデンス』の訳者である里見元一郎は，このうちの（４）に注目し，「ホイジンガは利益の無視，もしくは超越を遊びの特徴とするが，カイヨワは非生産的とだけ規定し，賭けや宝くじのような射倖心の追求を遊びの中に認めている」と解します（ホイジンガ 2018: 390）．しかし私は，里見とは異なった見解を持っています．ホイジンガとカイヨワの定義を見比べると一目瞭然ですが，後者の定義中（３）「未確定の活動」に相当するものが前者の定義中にはありません[11]．これを遊びの要素として認めるかどうかが，両者の決定的な違いになると私は考えます．

　その理由を以下で示しましょう．カイヨワが最も問題にするのは，ホイジンガが「遊びはすべて同じ要求にこたえ，一様に同じ心的態度を表現しているかのごとく」考え，遊びの「分類」を「無視」している点です（カイヨワ 1990: 30-31）．ですから，カイヨワは遊びを次のように分類します．

　　様々の可能性を検討した結果，その目的を達成するために，私はここに４つの項目による区分を提案したい．すなわち遊びにおいては，競争か，偶然か，模擬か，眩暈か，そのいずれかの役割が優位を占めているのである．私はそれを，それぞれアゴン〔……〕，アレア〔……〕，ミミクリ〔……〕，イリンクス〔……〕と名付ける．これら４つはいずれも明らかに遊びの領域に属している．サッカーやビー玉やチェスをして遊ぶ（アゴン），ルーレットや富くじに賭けて遊ぶ（アレア），海賊ごっこをして遊んだり，ネロやハムレットを演じて遊ぶ（ミミクリ），急速な回転や落下運動によって，自分の内部に器官の混乱と惑乱の状態を生じさせて遊ぶ（イリンクス）．しかし，こうした命名は遊びの世界をまだ完全に覆い尽くしてはいない．それらは［ただ］遊びの世界を，それぞれ独自の原理が支配する四分円に区分する．それらは，同種類の遊びをひとまとめにする扇形の境界を決める．ただし，これらの扇形の内部では，様々な遊びが，一定の順序に従い，等差級数ふうに段々に重なり合って並んでいる．したがって，すべての遊びを２つの相反する極の間に配置することもできる．一方の極においては，気晴らし，

---

11)『遊びと人間』の訳者の１人である多田道太郎はこの事実を指摘しますが，そこからそれ以上の議論を展開しません（カイヨワ 1990: 349）．

騒ぎ，即興，無邪気な発散といった共通の原理が，ほとんど例外なしに支配している．そこには統制されていない気まぐれといったものが感じられるが，私たちはこの原理を，パイディアという名で呼ぼう．反対の極においては，この奔放ないたずら気分は，消滅し，あるいは少なくとも，馴致され，代わって，別の傾向が現れる．それは，この無秩序で移り気な性質とは相補関係にある傾向，すべてにわたって，というわけではないが，いくつかの点でこれと正反対の傾向のことである．恣意的だが強制的でことさら窮屈な規約にそれを従わせ，いっそう面倒な障害を設けてそれを縛る必要があるのは，それ（無秩序で移り気な性質）を安易に目標に到達させないためである．目標といってもまったく無用なものに変わりないが，それでいていっそうの努力，忍耐，技，器用がなければこの目標に到達はできない．私はこの第二の極をルドゥスと名付ける．（カイヨワ 1990: 43-44）

遊びは，「競争（アゴン）」，「偶然（アレア）」，「模擬（ミミクリ）」，「眩暈（イリンクス）」の「4つの項目」で「区分」され，そして「パイディア」と「ルドゥス」という「2つの相反する極の間に配置」されます．概念同士の関係が少し分かりづらいかもしれませんので，『遊びと人間』に含まれる次のページの**表1**を参照しておきましょう（カイヨワ 1998: 81）．

　カイヨワにとって，遊びとはこのような観点から分類できるものなのです．仮に里見が述べるように，ホイジンガが『ホモ・ルーデンス』で「これ［偶然の遊び］をまったく無視しているわけではなく，さいころ遊びとしてその神聖な意味を追求している」としても，ホイジンガは，遊びをその観点からも分類しようと試みるカイヨワほど偶然性に重きをおいていません（ホイジンガ 2008: 390）．これが，遊びの捉え方に関する両者の重要な違いだと思われます．

　その分類を行うことで，カイヨワは遊びという概念について，ホイジンガよりもさらに立体的に捉えることに成功しました．彼は遊びが「未確定な活動」でもあることを適切に認識することで，遊びの項目の中に「偶然」を組み込むことができたのです．その洞察の重要性は，「偶然の遊びは，すぐれて人間的な遊びである」という主張にもよくあらわれています（カイヨワ 1998: 53）[12]．

12）西村（1989）もまた遊びを論じる際に偶然の側面を重視します．なおこの本は，遊びという現象を真剣に検討する際の必読文献です．

表1 カイヨワによる遊びの分類

	アゴン（競争）		アレア（運）	ミミクリ（模擬）	イリンクス（眩暈）
パイディア ↑ （遊戯） 騒ぎ はしゃぎ ばか笑い	競争 取っ組み あいなど 運動競技	規則なし	鬼をきめるじゃん けん 裏か表か遊び 賭け ルーレット	子供の物真似 空想の遊び 人形，おもちゃの 武具 仮面 仮装服	子供の 「ぐるぐるまい」 メリ・ゴー・ラウ ンド ぶらんこ ワルツ
凧あげ 穴送りゲー ム トランプの 一人占い クロスワー ド ルドゥス （競技） ↓	ボクシング　玉突き フェンシング　チェッ カー サッカー　チェス スポーツ競技全般		単式富くじ 複式　〃 繰越式〃	演劇 見世物全般	ヴォラドレス 縁日の乗物機械 スキー 登山 空中サーカス

(注) 縦の各欄内の遊びの配列は，上から下へパイディアの要素が減少し，ルドゥスの要素が増加していくおおよ
　　　その順序に従っている．

2-3　遊びと子ども

　さて，本章で最初に見た通り，子どもと遊びには深い繋がりが予想されまし
た．「子どもの仕事は遊ぶこと」という言い回しが存在したり，幼稚園教育要
領でも遊びが幼児にとって「重要な学習」だと述べられていました．こう見る
と，遊びは子どもだけのもののような気がしてきます．しかし，本当にそうな
のでしょうか．子どもと「区別」される大人は遊ぶ主体として想定できないの
でしょうか．

　ロックは，先に参照したサイコロ遊びについての引用の直後に，「賭金」に
関わる「大人の遊び」に言及しています（ロック 1967: 241）．ですから，彼は遊
びが子どもだけのものとは考えていないでしょうが，少なくとも，子どもにふ
さわしい遊びと大人にふさわしい遊びを区別しているようには見えます．他方，
ホイジンガのように人間の本質を遊びに求め，すべての文化が遊びの中で遊び
として生じたと考えるならば，遊ぶかどうかという点で子どもと大人の区別を
つけることはできないでしょう．しかし彼は，先ほど引用したプラトンの『法
律』を解釈する文章の中で，「人は子どものように楽しみと休息を求め，真面

目な生活の水準以下で遊ぶ．しかし同時に，彼はこの水準以上のところで，美と神聖の遊びを遊ぶこともできるのだ」（ホイジンガ 2018: 47）と述べます．ホイジンガもまた，子どもが求めるタイプの遊びが存在することを認めているのです．さらにカイヨワの場合は，遊びについて考える際にパイディアとルドゥスという二極を取り入れることで，前者に子どもらしさを割り当てているように思われます．実際，先に引用した表では，パイディアの側に「子どもの○○」のような遊びが位置づけられていました．

　以上の考察からは，① 遊ぶ主体は子どもに限られないこと，しかしそれでも ② 子どもが好むタイプの遊びが別途存在することが導かれます．本章を終えるにあたり，このそれぞれについて少しだけ考えておきましょう．

　まず①については，人間であれば誰しも遊びと何らかのかたちで関わっていることを私たちは認識しておかねばなりません．ホイジンガが洞察するように，「ホモ・ルーデンス，つまり遊ぶ人」という規定は人間の「本質的機能」の一部なのです（ホイジンガ 2018: 3）．ですから私たちは，その人間の根本的な営みの１つである教育からも遊びを放逐してはいけません．また，矢野智司が述べるように，「遊び自身が固有に有する生成（生命の横溢）の価値を捉えること」によって，「単に教育において遊びとは何かという問いを超えて，意味生成の基本形である遊びの中で，教育とは何かが問われなければならない」という視点を持つことも重要でしょう（教育思想史学会 2017: 12）．これらのことを理解しない教育論は不十分なものにしかならないと思われます．

　そして②については，子どもがとりわけ好む遊びを分析することで，第Ⅰ部のテーマである子どもという存在そのものに迫れる可能性を認識するべきでしょう．本章で参照した教育思想家たちは，そのような遊びが「変化と自由」（ロック），「楽しみと休息」（ホイジンガ），「気晴らし，騒ぎ，即興，無邪気な発散」（カイヨワ）に関わるものというヒントを与えてくれています．この点では，「常識」が述べる通り，子どもと遊びには深い繋がりが存在するのです．

　私たちは，遊びそのものについて考察することで，教育と子どもという２つの概念をさらに詳細に把握していくことができるでしょう．

取り組んでみよう！

①あなたは小さい頃どんな遊びが好きでしたか．また，今ではどんな遊びが好きですか．それぞれ，理由も含めて考えてみてください．

②世界には様々な遊びがあります．調べてみましょう．また，それらの遊びが，カイヨワの分類のもとではどのようなものとして位置づけられるかも考えてみましょう．

③あなたは，遊びを通して教育ができると思いますか．また，その教育の結果として獲得されるものは，その遊びからしか学ぶことができないのでしょうか．議論してください．

第3章

保　　　育

3-1　保育園と幼稚園の区別？

　読者の皆さんは，保育園と幼稚園のどちらの出身でしょうか．あるいは認定こども園の出身者もいらっしゃるかもしれません．いきなりこのようなことをお聞きするのには理由があります．それは，保育園と幼稚園（あるいはそれらとこども園）の関係について，本章で考えていきたいからです．まずは，これまで通り法令に手がかりを求めてみましょう．

　　児童福祉法第39条第1項
　　保育所は，保育を必要とする乳児・幼児を日々保護者の下から通わせて保育を行うことを目的とする施設（利用定員が20人以上であるものに限り，幼保連携型認定こども園を除く．）とする．

　　学校教育法第22条
　　幼稚園は，義務教育及びその後の教育の基礎を培うものとして，幼児を保育し，幼児の健やかな成長のために適当な環境を与えて，その心身の発達を助長することを目的とする．

この2つの法律からは，保育所（保育園）と幼稚園のいずれもが「保育」を行う場所であることが明らかです．ただし幼稚園と異なり，保育園は幼児に加えて乳児も保育対象とされています．また，以下の条文にも注目してください．

　　学校教育法第1条
　　この法律で，学校とは，幼稚園，小学校，中学校，義務教育学校，高等学校，中等教育学校，特別支援学校，大学及び高等専門学校とする．

これらはいわゆる「1条校」と呼ばれる学校種です．ここでは，幼稚園が学校の一種である一方で，保育園がそうではないことが重要です．この両者の違いは，保育園で勤務する際に必要なものが保育士資格であるのに対し，幼稚園で勤務する際に必要なものが幼稚園教諭免許であることに影響しています．つまり，幼稚園教諭とは学校教員に含まれる人たちなのです．

　それでは，いわゆる学校教育が行われるのが幼稚園で，そうでないのが保育園なのでしょうか．しかし，先ほど参照した学校教育法第22条で示されていた通り，幼稚園で行われることも保育だとされていたのでした（これは「幼保一元化」のような政策とも関係しています）．ここで私たちは，本当に問題とすべきは保育と教育の関係であることに気づきます．それを考察するため，本章では保育がいかなるものかについて，フリードリヒ・ヴィルヘルム・アウグスト・フレーベル，倉橋惣三，マリア・モンテッソーリの3人の助けを借りることにします．

3-2　教育思想史における保育

○宗教に裏打ちされた幼児教育（保育）──フリードリヒ・ヴィルヘルム・
　アウグスト・フレーベル

フリードリヒ・ヴィルヘルム・アウグスト・フレーベル (1782–1852)

ドイツの思想家．イエナ大学中退後，ペスタロッチ主義模範学校やペスタロッチの学園の教師を務め，ペスタロッチの影響を強く受ける．その後，一般ドイツ学園（通称カイルハウ学園）を開校する．彼が普及に努めた幼稚園は，その死去の1年前にプロイセンによって禁止令を出されている(1860年解除)．主著に『人間の教育』(1826) などがある．

『アンパンマン』（原作：やなせたかし）という作品名（あるいは「アンパンマン」というキャラクター名）を聞いたことがない人はほとんどいないでしょう．多くの子どもたちに愛好されるアニメ作品です．その原作絵本の版元である「フレー

1）学校教育法第134条では，「第一条に掲げるもの［1条校］以外のもので，学校教育に類する教育を行うもの」が「各種学校」とされています．また，「幼保連携型認定こども園は法律上，（学校教育法1条ではなく）教育基本法6条に基づく「学校」として位置づけられ」ます（村上，橋野 2023: 229）．

ベル館」のホームページには，「社名の由来」として次のような紹介文が掲載されています[2]．

> 「フレーベル館」という名称は，世界で初めて幼稚園を創設した，ドイツの教育学者フリードリッヒ・ヴィルヘルム・アウグスト・フレーベル（1782-1852）の名に由来します．フレーベルは最初の保育者養成所も開設し，幼児のために現在の積木の原点とも言われる恩物を考案製作したことでも広く知られており，「幼児教育の父」と呼ばれています．創業者の高市次郎はこうしたフレーベルの徳を讃え，その名を社名に冠しました．

これから扱うフレーベルという人は，私たちの身近な作品を通して現代にもその名を留めています．

　ここでは，主著である『人間の教育』からフレーベルの教育思想を確認していきましょう．まず，彼の思想を理解するうえで重要な点は，彼が徹頭徹尾キリスト教の枠組みのもとで議論を展開していることです．フレーベルはすべての事柄が神から始まり神の中に含まれることを確認したうえで，「意識し，思惟し，認識する存在としての人間を刺激し，指導して，その内的な法則を，その神的なものを，意識的に，また自己の決定をもって，純粋かつ完全に表現させるようにすること，およびそのための方法や手段を提示すること」が「人間の教育」であると述べます（フレーベル 1964a: 12-13）．つまり『人間の教育』とは，他の存在と異なって意識したり考えたり認識したりできる人間を主題とし，それが含む「神的なもの」を自身の力で「純粋かつ完全に表現させる」ための「方法や手段」を考察する著作なのです．

　さて，そのような人間の教育はいつから始めるべきなのでしょうか．フレーベルの考えは以下のようなものです．

> ［……］人間は，地上に出現するやただちに，いやマリヤにおいて，またマリヤによってなされたように，その受胎告知の瞬間から，この観点，この唯一の真実な観点から，考察されなければならない．まだ眼に見えないとき，なお母の胎内にいるときから，すでにこの観点から配慮され，保育されなければならないのである．／人間は，誰でも，神的なものが人間の形

2）https://www.froebel-kan.co.jp/company/history（最終閲覧日2024年2月4日）

態をとって現れつつある，またすでに現れているものとして，神の愛，神
の親近さ，神の恩寵の担保として，神の賜物（たまもの）として，その永遠不滅の本質
に従って，その魂やその精神に従って，認識され，保育されるべきである．
初期のキリスト教徒もまた，自分たちの子どもを実際にそのように認識し
ていた．［……］／人間は誰でも，すでに幼時から，人類の必然的，本質的
な一員として，認識され，承認され，かつ保育されるべきである．したがっ
て，両親は，保育者として，神や，子どもや，人類に責任を感ずべきであ
るし，また，その責任を認識すべきである．（フレーベル 1964a: 29)

「マリヤ」とはイエスの母である聖母マリアのことです．彼女の「受胎告知」
を引き合いに出しつつ，産まれる以前の妊娠しているときから「保育」されね
ばならないと述べられます[3]．それは，先ほども見た通り，人間は「神的なもの」
を通じて神と関係する尊ばれるべき存在だからです．妊娠している段階からの
保育がいかなることを指すかはここからは判然としませんが，少なくとも，フ
レーベルが初期の段階からの保育を重視していることは分かります．私たちに
とっても理解しやすいのは，この引用の最終段落における「幼時から」の保育
への言及です．そして，その保育者はまずもって「両親」であると述べられま
す．

　また，現代の私たちにとって，保育や幼児教育に遊びが重要な役割を持って
いることは常識となっています（→第2章）．幼児教育の父であるフレーベルは，
当然，保育ないし幼児教育と遊びの関係についてもきちんと論じています．

　　遊戯することないし遊戯は，幼児の発達つまりこの時期の人間の発達の最
　　高の段階である．というのは，遊戯とは，すでにその言葉自身も示してい

3）『パンパイデイア』第8章におけるコメニウスの見解も参照してください．「人間は形
　成され始めるやいなや，形が損なわれたり堕胎したりしないように，配慮されないとい
　けない．したがって，最初に受胎したときからすぐ始めるのだ．いやむしろ，受胎に先
　立って，子孫を産もうとする両親の計画から始めて，よく形成されて産まれた子孫を見
　るまで，配慮し続けるのだ．しかも，出産のときだけでなく，幼児期さらに児童期にも
　続けるのだ．悪への機会は常に増大していくからである．だから誕生期の学校で最初の
　基礎が非常に注意深く据えられることを，問題そのものが要求している．というのは最
　初の誤りは直すのが難しく，基礎が間違って据えられると残りは崩れてしまうからだ」
　（コメニウス 2015: 181)．

ることだが，内なるものの自由な表現，すなわち内なるものそのものの必要と要求に基づくところの，内なるものの表現にほかならないからである．遊戯は，この段階の人間の最も純粋な精神的所産であり，同時に人間の生命全体の，人間およびすべての事物の中に潜むところの内的なものや，秘められた自然の生命の，原型であり，模写である．それゆえ遊戯は，喜びや自由や満足や自己の内外の平安や世界との和合を生み出すのである．あらゆる善の源泉は，遊戯の中にあるし，また遊戯から生じてくる．力いっぱいに，また自発的に，黙々と，忍耐づよく，身体が疲れきるまで根気よく遊ぶ子どもは，また必ずや逞しい，寡黙な，忍耐強い，他人の幸福と自分の幸福のために，献身的に尽くすような人間になるであろう．この時期の子どもの生命の最も美しい現れは，遊戯中の子どもではなかろうか．――自分の遊戯に没頭しきっている子ども――遊戯にまったく没頭しているうちに眠り込んでしまった子ども――ではなかろうか．（フレーベル 1964a: 71）

遊戯が幼児期の発達の最高段階であると明言されます．なぜなら，遊戯とは「内なるものの表現」だからです．フレーベルにとって，人間の内なるものとは神的なものを指すでしょう．つまり，幼児は遊戯によって神的なものを表現します．ですから，遊戯は「あらゆる善の源泉」ということになりますし，幼児期の子どもには遊戯が必要なのです．遊戯についてのそのような理解があるからこそ，フレーベルは，遊戯のための道具である恩物を考案制作し，「父母や教員らによる注意深い指導のもとで」恩物で遊ぶための場である幼稚園を創設したのです（今井 2009: 177–181）[4]．

　まとめましょう．フレーベルによる保育の重要性の認識には，彼の宗教的背景が影響していました．現代日本における多くの保育と異なり，彼にとって保育と宗教は切り離すことができないものだったのです．

4）恩物と幼稚園に関するフレーベル自身の議論については，ヴィヒャルト・ランゲの手で『幼稚園教育学』としてまとめられている一連の論考を参照してください（フレーベル1981a, 1981b）．

○保育者の専門性——倉橋惣三

倉橋惣三（1882-1955）

大正期から昭和中期にかけて活躍した日本の幼児教育理論家．東京女子高等師範学校（お茶の水女子大学の前身）で勤務しつつ，同附属幼稚園主事を兼任．戦後は教育刷新委員会のメンバーや日本保育学会の設立および初代会長として，日本の保育業界に大きな影響を及ぼした．主著に『幼稚園真諦』（1934）や『育ての心』（1936）がある[5]．

　フレーベルの二つ名は「幼児教育の父」でしたが，「日本の幼児教育の父」と呼ばれる人がいます．それが倉橋惣三です．日本の保育に多大な影響を与えた彼の思想を，主著である『育ての心』から明らかにしていきましょう[6]．

　大豆生田啓友が「解説」で述べるように，『育ての心』は，「保育論の延長線上に家庭の子育て」を論じているため，保育者と親の両方を想定読者としています（倉橋 2008c: 233-234）．その冒頭は以下のような文章から始まります．

　　自ら育つものを育たせようとする心，それが育ての心である．世にこんな楽しい心があろうか．それは明るい世界である．温かい世界である．育つものと育てるものとが，互いの結びつきに於て相楽しんでいる心である．／育ての心．そこには何の強要もない．無理もない．育つものの偉きな力を信頼し，敬重して，その発達の途に遵うて発達を遂げしめようとする．役目でもなく，義務でもなく，誰の心にも動く真情である．／しかも，この真情が最も深く動くのは親である．次いで幼き子等の教育者である．そこには抱く我が子の成育がある．日々に相触るる子等の生活がある．斯う

5）教育思想史学会（2017）の「倉橋惣三」の項目を参照して作成しました．

6）保育理論について学んでいる人であれば，倉橋の保育論として「誘導保育」がすぐに浮かぶと思います．『幼稚園真諦』において体系化されたこの概念については，諏訪義英が示すように倉橋の独創というわけではないものの，「倉橋以前の誘導保育法の考え方には，子ども自身の生活から誘導するという考え方は当然あるけれども，その誘導が誘導者である教師が生活しているという事実と深くかかわり合っているという指摘は見られ」ず，その点に倉橋の議論の新規性を見ることができるでしょう（諏訪 2007: 124-138）．また，倉橋の思想を「情緒主義」として城戸幡太郎（1893-1985）の「集団主義」と比較し，どちらにも不十分な点があると考えた佐伯胖の議論も参照してください（佐伯 2014: 113-149）．

　　も自ら育とうとするものを前にして，育てずしてはいられなくなる心，そ
　　れが親と教育者の最も尊い育ての心である．／それにしても，育ての心は
　　相手を育てるばかりではない．それによって自分も育てられてゆくのであ
　　る．我が子を育てて自ら育つ親，子等の心を育てて自らの心も育つ教育者．
　　育ての心は子どものためばかりではない．親と教育者を育てる心である．
　　（倉橋 2008b: 3-4）

「育ての心」とは，「自ら育つものを育たせようとする心」です．「自ら育つもの」
とは子どもであり，「育たせようとする」のは親と教育者（保育者）であること
がわかります．自ら育つのであれば，無理に育てようとしなくてもいいように
思われるかもしれません．しかし倉橋によれば，親と保育者はそのような子ど
もを「育てずしてはいられなくなる心」を持つのです．また，子どもを育てる
ことで親と保育者は自分自身も育つことができます．育ての心はこのような
フィードバック機能を持つものでもあるのです．

　さて，育ての心を持つ親と保育者についての倉橋の見解を確認していきま
しょう．印象的な文章を2つほど引用します．まずは次の文章です．

　　人間を人間へ教育しつつあるということは，われ等の，一日も一刻も忘れ
　　てならないことである．また此の信念に於てのみ，われ等の日々の業務が
　　ほんとうに意味づけられる．或いは，この故にこそわれ等自身が生命づけ
　　られるというものである．／教育の必要性を，それぞれの方面の部面とに
　　於て，いろいろに主張する論もある．しかし，われ等の責任感の出発も帰
　　結も，此の教育大本の自覚によって始めて厳かである．子どもと倶に嬉々
　　としてあそび暮しつつ，人間教育の厳かさに生きるもの，それが幼児教育
　　者である．（倉橋 2008b: 28）

現代においても保育者が軽んじられることがあります．様々な理由があります
が，そのうちの1つに，「子どもと遊ぶことなんて誰にでもできる」というも
のがあるでしょう（保育者養成機関に属している私自身もよく耳にします）．もちろん，
保育の根幹には子どもと遊ぶことがあります．しかし，そもそも子どもと遊ぶ
ことはそれほど簡単なことでしょうか．ましてや，保育者は数十人の子どもと
「遊ぶ」こともあるのです．そこで高度な専門性が必要とされることは容易に
予測できるでしょう．その専門性とはおそらく，ここで倉橋が述べるように，「人

間教育」を行っているという実感を持って遊ぶということだと思います．保育者は，ただ子どもと遊んでいるのではありません．一緒に遊ぶことが教育なのです．

　さらに，次の文章も保育者がいかなる存在であるべきかをよく表しています（『育ての心』の中で，私が最も印象に残っている文章です）．

> 　子どもが飛びついてきた．あっと思う間にもう何処かへ駆けていってしまった．その子の親しみを気のついた時には，もう向こうを向いている．私は果たしてあの飛びついてきた瞬間の心を，その時ぴったりと受けてやったであろうか．それに相当する親しみで応じてやったろうか．／後でやっと気がついて，のこのこ出かけていって，先刻はといったところで，活きた時機は逸し去っている．埋めあわせのつもりで，親しさを押しつけてゆくと，しつこいといったようの顔をして逃げていったりする．其の時にあらずんば，うるさいに相違ない．時は，さっきのあの時であったのである．／いつ飛びついてくるか分からない子どもたちである．（倉橋 2008b: 38）

保育はタイミングが命です．学齢期の子どもたちと比較して，幼児期の子どもたちには集中力が育っていません．きちんと向き合うためには子どもがその気になっている時を逃してはならず，保育者のペースを押しつけてしまうと，子どもたちはそれにしつこさやうるささを感じてしまいます．「いつ飛びついてくるか分からない子どもたち」の相手をすることはそれほど簡単なことでしょ

　7）子どもと遊ぶことの難しさについては，『児童の世紀』におけるケイの次の主張も参照してください．「「子どもと遊べる者だけが，子どもに何か教えられる」というスタール夫人の言葉には深い意味がある．自分が子どものようになることが，子どもを教育する第一の条件である．しかしこれは，子どもらしく装ったり，ご機嫌取りのおしゃべりをすることを意味するものではない．どちらも，子どもたちにたちまち見破られて嫌われる．これは，子ども自身が生活を捉えるのとまったく同様な無邪気さで子どもを取り扱い，子どもにも，大人に示すのと同様の思いやりと，細やかな感情と信頼を示せということである．またこれは，大人が子どもに，自分の欲するあるべき姿を要求し，それによって子どもに影響を与えるのではなく，大人自身の現在の姿の印象によって子どもに影響を与えよということである．そしてまたこれは，子どもに接するのにずるさや暴力をもってせず，子どもの持ち前のまじめさと誠実さをもってせよということでもある」（ケイ 1979: 141–142）．

うか.

　さて,『育ての心』の含む議論はどちらかと言えば実践的な側面が強いため,倉橋の保育理論を検討するには別の論考も参照する必要があります. ここで,彼の「児童保護の教育原理」(1929) という論文を参照してみましょう.『育ての心』と異なり現代的な文章に改められていないため読みづらいですが, 異字体や旧字体を可能な限り改めたうえで以下の文章を引用します.

> しかも, すべての児童は, その偶々 [たまたま] 置かるるところの境遇上の欠陥から保護せらるる必要と権利とを有するに止まらず, 更に, いっそう根本的に, 教育せらるるの必要と権利とを有するものである. 衣食を欠くものには衣食が給せられなければならぬ. 虐待せらるるものは, その紲 [きずな] [つないでおくための綱] と答とから保護せられなければならぬ. そは, 児童の目の前に迫る不幸である. 社会は取り敢えず其の急に赴かなければならぬ. しかも, それと共に忘れてはならぬのは教育である. 急を以て急とするは, 仁人 [じんじん] の至情である. しかし, より深きところに於て児童の有している, 教育せられんとする要求に対して, 如何なる場合に於ても, 之を見落としてはならぬのである. 教育のための保護か保護のための教育か, そうした悠長な論議はどうでもよいとして, 兎に角 [とかく], 教育精神を伴わぬ保護は, 真に児童の保護ということは出来ぬ. 児童のあるところ, 何時 [いつ] でも, 何処でも, 必ず教育がなければならぬのである.（倉橋 1978: 5 - 6）

児童は, 保護される権利と必要性だけでなく教育される権利と必要性も持っています. 着るものや食べるものがなければそれらが支給されなければならないし, 被虐待児は保護されねばなりません.[8]「社会」は, このような「児童の目の前に迫る不幸」から児童を早急に守りますが, それだけで満足してはいけません. 教育のために保護されるべきか, 保護のために教育されるべきかはどちらでも構いませんが, 単に児童を保護するだけでは, それは真の保護とは言えません. そうではなく, 教育を伴う保護が児童には必要とされます.[9]

8）現代日本では, 児童虐待の防止等に関する法律第2条にて,「身体的虐待」,「性的虐待」,「ネグレクト」,「心理的虐待」の4種類の虐待が区別されています（汐見, 伊東, 髙田, 東, 増田 2011: 40）.

○子どもの家——マリア・モンテッソーリ

> ### マリア・モンテッソーリ (1870–1952)
>
> イタリアの教育思想家．ローマ大学で医学を専攻し，その大学で女性として初の学位を取得する．「子どもの家」での実践で有名．主著として，『子どもの発見』(1909) がある[10]．

　モンテッソーリ教育，あるいはモンテッソーリ・メソッドという言葉を聞いたことがあるかもしれません．様々な著名人がそのような教育を受けたことで有名であり，それを取り入れている保育園や幼稚園も存在します．これはマリア・モンテッソーリの思想と実践に由来するものです．ここでは『子どもの発見』を参照しながら，彼女の教育思想を示します．

　モンテッソーリの教育者としてのキャリアは障害児教育からスタートしました[11]．そこで用いられた教育法は障害児教育において大きな成果を挙げたので，彼女はその方法を健常児にも応用することにしました（モンテッソーリ 2003: 30-33）．それが用いられた場所こそ，かの有名な「子どもの家」です．

　　学校とそれに関わる教育の原理的な問題になじみのある人は，尊重されるべき大切な原則があることを知っています．その原則——実際的な原則であり，かつほとんど実現不可能の原則——とは，家族と学校の教育目標の一致ということです．しかし学校にとっての家族とは，つねに縁遠くて，おおむね反抗的な存在です．つかもうとしてもつかめない，一種のまぼろしのようなものです．教育上の進歩に対してだけでなく，社会的な環境の進歩に対しても，家庭はドアを閉ざしています．／したがって皆様ははじ

　9）現代では「保護」ではなく「養護」という言葉が使われます．保育所保育指針第1章総則1保育所保育に関する基本原則（1）保育所の役割イでは保育所が「養護及び教育を一体的に行うことを特性としている」ことが，同（2）ア（ア）では保育の目標の1つが「十分に養護の行き届いた環境の下に，くつろいだ雰囲気の中で子どもの様々な欲求を満たし，生命の保持及び情緒の安定を図ること」と規定されています（厚生労働省 2017: 2-3）．

　10）『子どもの発見』の「訳者あとがき」を参照して作成しました（モンテッソーリ 2003: 406-407）．

　11）本書では「障碍」や「障がい」，「しょうがい」ではなく，法律の条文に倣い「障害」表記を用います．この表記問題については，小川，杉野（2014: 18-19）を参照してください．

めて，教育の広く知られた原則が実現する実際的な可能性を目にするのです．住宅の中に学校を，しかも全員の共有物としての学校を設置するのです．そしてすべての親たちの目の前に，崇高な使命をなしとげつつある教師の全生活をさらすのです．（モンテッソーリ 2003: 399–400）

　私たちは先に，子どもにとっての家族の重要性を指摘しました（→1-3）．モンテッソーリもまたその重要性を強調します．彼女が述べる教育に関する「原則」は，「家族と学校の教育目標の一致」です．それは実現が困難なものでした．しかしモンテッソーリは，「住宅の中に学校を［……］設置する」ことによってその原則を達成しました．それが子どもの家です．
　それでは，子どもの家とはどのようなものだったのでしょうか．私たちはモンテッソーリの記述から，そこで守られていた「規則」を確認することができます．

　「子どもの家」は，共同住宅に暮らす，まだ学校にいく年齢に達していない小さい子どもたちだけを受け入れる施設です．働いている母親たちは，安心して子どもたちを任せることができます．このことによって母親たちは，計り知れない利益を得られます．労力を節約でき，非常に心安らかに自由に働くことができるからです．／しかしこの利益にも，善き意志に基づく「保育料」がかかります．建物の壁につるされた規則は，次のように告げています．「母親は子どもを清潔にして連れてこなければならない．また，教師の教育上の仕事に協力する義務を負う」と．／［……］／それが分かっていれば，あとは「善き意志」がありさえすれば十分です．規則では，できるかぎりという条件つきで，次のようになっているからです．「母親は少なくても週に1回は教師と会わなければならない．そこで，自分の子どもの最近の様子を報告し，教師が与える有益な助言を聞くことができる」と．母親は子どもの健康と教育についての示唆に富む助言を聞くことができます．「子どもの家」は，教師とともに医師も置くことを原則としているからです．（モンテッソーリ 2003: 398）

先ほどの引用とあわせて考えれば，子どもの家は共同住宅内に設立され，その共同住宅に住む学齢期前の子どもを対象とする幼児教育を行っていたことが分かります．実態は大きく異なるでしょうが，現代で言うところの保育園併設マ

ンションのようなものをイメージしておけばいいでしょうか．また，その子ど
もの家を利用する条件として，「母親」には「子どもを清潔にして連れて」く
ることと，「教師の教育上の仕事に協力する」ことが求められています．ここ
で両親のうち母親だけが言及されているのは，夫婦が共働きをすることが必要
であった一方で，それでも育児が母親に押し付けられていたという当時の状況
を示しています．もちろん現代ではこのような価値観は認められませんが，と
もかく，共働き世帯にとって，子どもの家が「計り知れない利益を得られ」る
ものであったことは確かでしょう．そして，教師との週1回の面談が（母）親
の努力義務として挙げられているのは，「家族と学校の教育目標の一致」が意
識されていることの現れでしょう．

　最後に，この子どもの家でどのような教育方法が用いられていたのかを見て
おきます．その中身は様々ですが，ここでは次の印象深い文章のみを取り上げ
ておきたいと思います[12]．

　　子どもは，テーブルや椅子や肘掛け椅子が軽くて持ち運べるので，もっと
　　自由な姿勢を選ぶことができます．子どもたちは決められた場所に座って
　　いるよりもくつろげます．このことは同時に，自由の外面的な現れでもあ
　　り，教育の手段でもあります．もし子どもがぎこちない動作のせいで音を
　　立てて椅子を倒したら，その子は自分の無能さの明らかな証拠を見ること
　　になるでしょう．同じ動作が固定された学習机で起こったら，気づかない
　　ままに過ぎてしまうでしょう．このようにして子どもは，誤りに気づく方
　　法を持つことになります．そして誤りを訂正するときにも，はっきりした
　　明らかな証拠を目にすることになるでしょう．椅子とテーブルは倒れたま
　　までものを言いませんが，そのとき「この子は動き方を学んだ」と言いた
　　いことでしょう．（モンテッソーリ 2003: 62-63）

モンテッソーリは子どもの自由や自発性を重視します．彼女は，「生命の開花
を援助するためには，自発的な活動を絶対に中断させてはいけません」とまで
言います（モンテッソーリ 2003: 65）．テーブルや椅子が重かったり固定されてい

　12）モンテッソーリ教育（モンテッソーリ・メソッド）についてより具体的に知りたい方
　　は，『モンテッソーリ教育（理論と実践）』の5巻本（相良 1978，岩田，南，石井 1977，岩
　　田 1978，石井，岩田 1979，禿 1981）を手にとってみてください．

れば，子どもたちはそれを自由に扱うことができません．しかし，「軽くて持ち運べる」「テーブルや椅子や肘掛け椅子」であれば，自由に動かしたり使ったりすることができるでしょう．もしうまく使えなくても，その失敗から学習することができます．テーブルや椅子が固定されていればその機会さえ得ることができません．このような学習を導く自由こそが，モンテッソーリの「教育の手段」と言われます．

3-3　ケアと保育

　前節までで得られた知見をもとに，保育とは何かを考えてみましょう．

　幼児教育の父であるフレーベルは，宗教的背景に基づいた保育ないし幼児教育の議論を展開しました．日本にもいわゆる「ミッション系」の保育園や幼稚園がありますので，フレーベルの理念は現代日本においても息づいていると考えることもできるでしょう(宗教と教育の関係については第11章で考えます)．しかし，仮にフレーベルの宗教的な議論に賛同しない（あるいはそれを理解しづらい）としても，彼が遊びを「幼児期の発達の最高段階」と述べたことは重視すべきだと思います．実際，フレーベルに対する周到な批判を展開するアメリカの教育学者ウィリアム・H・キルパトリック（1871–1965）すら，「遊びの教育的価値の現代的評価に最も重要な1つの影響をもたらしている」とフレーベルを評価しています（キルパトリック 2020: 72）．

　保育が子どもの遊びを目的にするのだとしたら，保育者は子どもと遊ぶ必要があるでしょう．倉橋が『育ての心』で示したようにそれは簡単なことではなく，そこに保育者の専門性を見ることもできると思います．またその倉橋は，子どもには保護されることと教育されることの両方が必要なのだとも「児童保護の教育原理」で述べていました．私たちも彼に従い，保育は保護と教育の両方から構成されていると考えておきましょう．

　そして，この保護と教育を実現するためには，家庭との共同，より理想的には，モンテッソーリが述べるように「家族と学校の教育目標の一致」が求められます．というのも，子どもたちの生活の基盤はあくまでも家庭だからです．園や学校でいくら懸命に子どもたちを保護して教育しても，家庭で生じる問題の中には放置できないものもあります．モンテッソーリの場合は，「子どもの家」によってその理想を叶えようとしました．

　保育とは，子どもの発達の最高段階を目指し，専門性を有した保育者が，家庭との協同のもとで行う保護と教育であるとまとめることができるでしょう．ですから，保育は子どもだけではなく，保護者を含む家庭環境そのものも対象とします．実際，現代日本の法令でも以下のように述べられています．

　　児童福祉法第18条の 4
　　この法律で，保育士とは，第18条の18第 1 項の登録を受け，保育士の名称を用いて，専門的知識及び技術をもつて，児童の保育及び児童の保護者に対する保育に関する指導を行うことを業とする者をいう．

子どもだけでなく，その保護者を指導することも保育者には求められるので¹³⁾す．
　それでは結局のところ，このような保育は教育とどのような関係にあるのでしょうか．ここで「答え」は出せませんが，私の現段階の見通しをお話しして本章を終えたいと思います．本節で保育の特徴をいくつか述べてきましたが，私は，子どもの保護の実現が保育の必要条件であると理解しています¹⁴⁾．さて，いわゆる「就学後教育」たる初等教育以降でも，子どもの保護は重要なものとなるでしょう（今後，この「保護」を，その意味を含みながらもより広がりを持つ「ケア」という言葉に置き換えて使うことがあります¹⁵⁾）．ただし，子どもの保護ひいてはケアの重要性は，子どもの年齢が上がるにつれて減少していくと思われます．たとえば私たちは，幼稚園児，小学生，中学生，高校生，そして大学生に対して同

13）教育基本法第10条第 2 項「国及び地方公共団体は，家庭教育の自主性を尊重しつつ，保護者に対する学習の機会及び情報の提供その他の家庭教育を支援するために必要な施策を講ずるよう努めなければならない」も関連します．

14）保護をしているからといって保育が必ず成立しているわけではありませんから，保護の実現は保育の十分条件ではありません．このあたりの話題も含めて，論理学の初歩的な知識については篠澤，松浦，信太，文（2020）などを用いてマスターしておくと思考の幅が広がります．

15）ケアについては，主に看護と福祉の観点から「病・ケガや死は避けたいものであるが，避けられない．それを前提とした上で，生を肯定し，支える営みがケアである」と定義したうえで，それを「人間の本質そのものでもある」と捉える立場もあります（村上2021: ii–iv）．また，教員が「仕事」として「生徒理解」をどれほど行うべきかを考察している苅谷（2005）の第 6 章は，教育とケアの関係を考えるうえで示唆するものがあります．

様の危機管理を行いません．そうすると，ケアの濃淡によって，保育（幼児教育），初等教育，中等教育，そして高等教育を区別できるのではないでしょうか．この「見通し」を，私たちは教育に関する議論の中で保育について考察することで導き出しました．逆に，保育について考えるときにも，それと教育の関係は問われるべきでしょう．つまり保育と教育は，一方について考える際に他方について考えることが有益な結論を生む，という関係を持っているのだと思われます．[17]

取り組んでみよう！

①現代において，インクルーシブ教育・保育の重要性が叫ばれています．この言葉が何を意味するか，そこではどのような取り組みが行われているかを調べてみましょう．

②幼保連携型認定こども園で勤務するには，原則として幼稚園教諭免許と保育士資格の両方が必要です（就学前の子どもに関する教育，保育等の総合的な提供の推進に関する法律（認定こども園法）第15条第1項）．幼稚園と保育園の特性を併せ持ち，それらとは異なる施設であるところの幼保連携型認定こども園の特性や役割とはいかなるものでしょうか．法令等を参照しながら説明を試みてください．

③現代では教員という職業のネガティブな面が注目されることが多くなっています．よく指摘されるのが，子どもたちをどこまでケアすればよいのか，ということです．たとえば，家族や家庭は子どもと切り離すことができませんが（→1–3），だからといって家庭環境に関する事柄のケアも教員の仕事なのでしょうか．どこかで線引きをするべきなのでしょうか．考え，議論してみましょう．

---

16) ケアについては，本書第8章に含まれるケアの倫理の議論も参照してください．
17) 西洋の幼児教育（保育）の思想史を学ぶ際には，乙訓（2010）と乙訓（2009）をまず参照してください．

第Ⅱ部

教　　　師

吾輩は猫ながら時々考える事がある．教師というものは実に楽なものだ．人間と生れたら教師となるに限る．こんなに寝ていて勤まるものなら猫にでも出来ぬ事はないと．それでも主人に云わせると教師ほどつらいものはないそうで彼は友達が来る度に何とかかんとか不平を鳴らしている．

——夏目漱石「吾輩は猫である」（夏目 1987: 12）

第Ⅱ部では，子どもを教える存在である「教師」について考えます．第4章では「教育の方法」，第5章では「教養」，第6章では「教えないことによる教育と学習」を論じます．

第4章
教育の方法

4-1　教え方がうまい？

　私は大学教員ですので，日々大学で授業を行っています．しかし，授業後に「今日の授業は完璧だった！」と思ったことは片手で数えられるほどしかありません．そしてそのような数少ない成功体験は，受講している学生たちの反応や態度から，自分が伝えたいことがうまく伝わったと感じるときに得られます．そうでなければ，その授業では「うまく教えられなかった」のです．

　このような経験は，教員でなくとも誰しもが持っているものだと思います．部活の後輩たちに言いたいことがうまく伝わるでしょうか．バイト先の後輩の中に，指示したことをまったく守れない人はいませんか．あるいは，子どもをお持ちの方であれば，我が子に何かを教えることがどれほど難しいかよくお分かりだと思います．

　誰しも教え方には苦労しますが，やはり，専門職である教員はそれに最も悩まされるでしょう．私たちは教員のどこに専門性を見るでしょうか．子どもたちの一挙手一投足に感情を乱されず，いつもにこやかにして人当たりのいい教員は頼もしいかもしれません．子どもたちから好かれることは，教員の専門性の一部に見えます．しかしここで，この教員の授業が下手であることを想像してみてください．何を言っているのかまったく分からず，子どもたちの質問にも満足に答えられないのです．私たちはこのような人が教員としてふさわしくないと感じるのではないでしょうか．逆に，人当たりはそれほど良くない一方で，授業は抜群にうまい教員も想像してみてください．こちらに関しては，もちろんすべてに満足というわけにはいかないでしょうが，「教員」として認める方は多いのではないでしょうか．

　以上のことから分かるのは，私たちは教員の専門性の重要な部分をその教え

方に見ているということです．その理由はもちろん，教員が教育の専門職だからでしょう．免許法施行規則において，「各教科の指導法（情報機器及び教材の活用を含む．)」や「教育の方法及び技術」等を代表として，「指導法」や「方法」という言葉が含まれる項目が多いのはそのような事情を反映しているのだと思われます．

　当然，歴史上の教育思想家たちも教え方について悩んできました．本章では，ヨハン・ハインリヒ・ペスタロッチ，ヨハン・フリードリヒ・ヘルバルト，そしてレフ・ヴィゴツキーの教育方法に関する議論を参照します．

4-2　教育思想史における教育の方法

○メトーデ——ヨハン・ハインリヒ・ペスタロッチ

> **ヨハン・ハインリヒ・ペスタロッチ（1746-1827)**
> 近代社会成立期のスイスの教育思想家，教育実践家．農場経営や貧民院経営を経て，53歳のときシュタンツ孤児院にて初めて教育者としての活動を始める．その生き様と影響力から「人類の教育者」とも呼ばれる．『リーンハルトとゲルトルート』(1781-1787) や『ゲルトルートはいかにしてその子を教えるか』(1801)等の著作で有名[1]．

　教育学において，ペスタロッチという名と何より結び付けられるのは，「メトーデ」という概念です．これはドイツ語で「方法」を意味する言葉ですが，ペスタロッチにとってはそれにとどまらない広い意味を持つことが指摘されています[2]．このメトーデについて論じるためには，彼の主著である『ゲルトルートはいかにしてその子を教えるか』を参照する必要があります．「実際のこの書物の内容は，少なくとも私たちには，ほとんどそれ［子どもの教育法についての母親への手引き］にふさわしいとは思えないほどに難しい」（村井 1986: 172）と評価されるこの著作について，まず，その第1信末尾近くの次の文章を見てみましょう．これは，協力者フィッシャーによる教師の教育技能に関する主張について，ペスタロッチが補足説明をしたものです．

1）教育思想史学会（2017）の「ペスタロッチ」の項目を参照して作成しました．

この点は重要だ．教授法を行う個人の技能が優れているためというより，その方法の様式(はんせい)の本性そのもののために成果が挙がるというような，そのような方法が用いられ，少なくとも初級の知識の修了までは，教師をそのような方法の単に機械的な道具にするような教授方式が発見されない限り，民衆教育を広く一歩前進させるなどいうことはとうてい考えられないと私は信ずる．私は無学な教師にも博学な教師にも，ひとしく巧みに使いこなせるような教科書こそ優れた教科書だと断然主張する．教科書は無学な男や母親に対してすら，彼らが子どもの技術を漸進的に進歩させようとする際に，常に彼らのほうが子ども自身よりも一歩先行するのに十分な援助を見出す手がかりを与えるように編纂(へんさん)されていなければならない．それ以上である必要はない．また少なくとも数世紀の間世の教師たちにそれ以上のものを与えることはできないだろう．それにもかかわらず人々は空中に楼閣を描き，理性だの独立だのという理想で大見得をきる．そんなものは紙に書かれた空論にすぎず，それらは実際の教室においては，裁縫台や機織台(はたおり)におけるよりもっとひどく不足しているのだ．というのはどんな手仕事においても，学校の教室におけるほど単なる空文句(からもんく)に頼るところはないのだから．今日まですでにこうした空文句がどれほど長い間当てにされてきたか考えてみたまえ．そうすればこうした過ちとそれを生み出した原因との関係がはっきりするに違いない．（ペスタロッチー 1974a: 46-47）

ペスタロッチは良い教育方法が，教師を「そのような方法の単に機械的な道具にする」ことによって，教師の力量に関係なく良い教育結果を生み出すと考えています．ここではそのような教育方法に関連するものとして，「教科書」が

2）「メトーデ」という言葉については，『メトーデ——人間教育への序説』（1800）の「解題」における，翻訳者である長田新の説明を参照してください．「私はペスタロッチーのこのメトーデを何と訳してよいか知らない．人のよく知るように，彼は多くの場合，学術上の約束や用語を平気で無視し，もしくは超越していた．今このメトーデを訳して「方法」といえば教育の方法と普通は解される．しかし彼のメトーデは狭く教育の方法のみを意味するものではない．そうではなくて人間教育の全相を捉えて彼は「方法」と呼んでいる．教育をもって文化の方法とみれば，人間教育の全相はこれをメトーデと呼んでもいいだろう．しかしペスタロッチーはそのようなことを考えてメトーデと言ったのではない．種々考えた末私はメトーデをメトーデとして原語のままにしておくことにした」（ペスタロッチー 1974a: 229）．

例として挙げられています（→第10章）．いずれにせよ，良い教育方法と教師が
切り離されているのは確かなようです．

　この教育方法がペスタロッチのメトーデとして有名なものです．同書第10信
では，このメトーデについてのペスタロッチの以下のような自負を見ることが
できます．

　　人類の発展における自然の歩みは永劫不変だ．優れた教授法は2つはない
　　し，またありえない．優れた教授法はただ1つあるだけだ．そしてそれは
　　自然の永遠の法則に完全に基づいた方法だ．しかし劣った教授法は無数に
　　ある．そしてそれらの個々の方法の劣悪さは，自然の法則から遠ざかるに
　　したがってひどくなり，自然の法則に近づくにつれて少なくなる．この唯
　　一の優れた方法が私の手中にもなく，他のいかなる人々の手中にもないこ
　　とを，私はもちろんよく知っている．けれども私は持てる力のすべてをもっ
　　て，この唯一の真に優れた方法に近づこうと努めているのだ．（ペスタロッ
　　チー 1974a: 181-182）

「教授法」が優れているか否かは，それと「自然の永遠の法則」の距離によっ
て決まります．このメトーデが唯一の「優れた教授法」であるのはそれが自然
の法則に基づいているからですし，メトーデ以外の方法が劣っているのは，そ
れらが多かれ少なかれ自然の法則から離れているからです[3]．ペスタロッチ自身
もこのメトーデを持っていませんが，それに可能な限り近づくことで，自身の
教授法を少しでも改善しようと努めています[4]．

　それでは，このメトーデとはいかなる内実を持った「方法」なのでしょうか．
ペスタロッチは第6信にて，「われわれの認識はすべて数・形・語から発する
という考え」を理解したことを示したうえで，それらが「教育の基本的手段」
でもあると述べます（ペスタロッチー 1974a: 101-102）．というのも，「われわれの
五感を通して知られる事物」の中には様々な性質がありますが，その性質は，

3）しかし，ペスタロッチはだからといって自然そのままの状態が最もよいなどとは考え
　　ていません．彼は第10信の中で，子どもには教育されることが必要であると力説します
　　（ペスタロッチー 1974a: 186-187）．
4）『メトーデにおける精神と心情』（1805）で，ペスタロッチはメトーデが自身の発明物
　　ではないことを強調します（ペスタロッチー 1974b: 422）．

どのような事物も持つ数・形・語（名）といういわば本質的性質と，それ以外の非本質的性質に区別されるからです（ペスタロッチー 1974a: 103-104）．そして，私たちのあらゆる認識過程はこれらの本質的性質の認識から開始するのですが，それは，数・形・語の「3つの部門でわれわれは一様に，曖昧な直観から明確な直観に，明確な直観から明瞭な表象に，明瞭な表象から明晰な概念に導かれることができる」と表現されます（ペスタロッチー 1974a: 104-105）．この過程の内実は，直前のペスタロッチの説明を参照すると以下のように表現できると思われます（ペスタロッチー 1974a: 104）．

> 曖昧な直観→明確な直観（それぞれの事物の本質的性質の認識）
> 明確な直観→明瞭な表象（それぞれの事物の非本質的性質の認識）
> 明瞭な表象→明晰な概念（それぞれの事物の本質的および非本質的性質同士の
> 　　　　　　　　　　　　関係の認識）

そしてこのような方法は，「幾千年間もの人類の経験が人類そのものの発展のために彼らの手に委ねてきた教授の諸形態すなわち読み・書き・計算に適用」されうるものだと述べられます（ペスタロッチー 1974a: 105）．ペスタロッチのメトーデは，この読み・書き・計算（reading, writing, arithmetic），いわゆる3 R'sの「基礎」となるものなのです（稲富 1979: 111-112）．

　最後に，第1信に戻り以下の文章を引用しておきましょう．

> 　だからあらゆる人間教育とは，自己の展開を今や遅しと待ち構えている自然に手をかす技術にすぎない．この技術は本質的に，子どもに刻みつけられる印象と子どもの力の発展の一定の程度との間の均衡と調和とに基づいている．だから教育によって子どもたちに植え付けなければならない諸印象には必ず1つの順序があって，その端緒と進度とは，発展させようとする子どもの諸力の端緒と進度とに厳密に一致していなければならない．かくて私は間もなく次の点に気づいた．それはかかる順序を人間の認識の全般にわたって，またなかんずく人間精神の成長の出発点たる基本的な点において探究することこそ，いやしくも真実の，またわれわれの本性と要求

5）「本質的性質」と「非本質的性質」という言葉は，ペスタロッチ自身のものではなく私が補いました．ただしペスタロッチは第4信の中で「本質的な事物」と「非本質的な事物」という言葉を用いています（ペスタロッチー 1974a: 92）．

とを満足させる教科書および教育書を得るための単純な唯一の道だということだ．それと同様にすぐに私は次のことにも気づいた．すなわちこうした教科書その他を編む場合に本質的に重要なことは，あらゆる教授の内容を児童の成長の度合いに応じて分類すること，そして3部門のすべてにおいてこれらの内容のうちの何がそれぞれの年齢の児童に相応するかを最も慎重に決定し，それによって一方では児童が完全になしうる事柄を抑えることがないようにし，他方児童がまったくなしえない事柄を彼に押しつけたり，それによって彼を困惑させたりしないようにすることだということに気づいた．（ペスタロッチー 1974a: 30）

多くを説明する必要はないでしょう．メトーデとは，子どもの自然な発達段階に合わせた教育方法です．ですから，「児童が完全になしうる事柄を抑えることがないようにし，他方児童がまったくなしえない事柄を彼に押しつけたり，それによって彼を困惑させたりしないようにすること」が重要であるとペスタロッチは考えているのです．ただし彼にとって，教育が「児童の誕生の時期」に自然によってすでに開始されていることは注意しておいてもいいかもしれません（ペスタロッチー 1974a: 29）．そしてペスタロッチは，だからこそ「子どもの最初の教授は決して頭脳の仕事ではなく，決して理性の仕事ではなく——それは常に感覚の仕事であり，それは常に心情の仕事であり，常に母の仕事であるということだ」という，母親による最初の教育を重視するような見解を持っていたのでしょう（ペスタロッチー 1974a: 213）．このような見解に対しては当然，性別役割分業を正当化するものとして現代的視点から批判されるべきです．ただし当時の社会状況を踏まえると，ペスタロッチの主張はそのときには「進歩的」だったかもしれません（眞壁 2020: 283-284）．個々の思想家の議論は一般性を持つものですが，同時に，時代状況に制約されているという視点も私たちは持つべきでしょう．

　ペスタロッチは，自然な発達段階に合わせた，直観を重視するメトーデを提唱しました．これはすぐ後に見るヘルバルトの思想にも強い影響を与えました．

6）岩下，三時，倉石，姉川（2020）の第5章第3節では，この性別役割分業の歴史の一端が幼児教育や保育とも関連させながら論じられています．

○管理・訓練・教授――ヨハン・フリードリヒ・ヘルバルト

> **ヨハン・フリードリヒ・ヘルバルト（1776-1841）**
>
> ドイツの哲学者，教育学者．ペスタロッチから影響を受ける．自身も，ヘルバルト派と呼ばれる人々を通じて後世の教育学に大きな影響を与えた．主著として，『一般教育学』（1806），『論理学綱要』（1806），『一般実践哲学』（1808）がある．

　ペスタロッチの『ゲルトルートはいかにしてその子を教えるか』（1801）の出版後すぐに，ヘルバルトは『ペスタロッチーの直観のABC』（1802）という著作を刊行しました．ヘルバルトはそこで，ペスタロッチの「直観の理念」が「真の民衆教育」だけでなく「教育全体と密接な関係を持つ」と述べます（ヘルバルト 1982: 46）．いわゆる「直観のABC」は「簡単に習得できるもの」ではなく，「教育学の高み」に導かれるために必要とされるものです（ヘルバルト 1982: 107）．

　ペスタロッチの直観思想とヘルバルトの議論が具体的にどのように関係するかは，教育思想史研究の問題です．しかし少なくとも，前者が後者に強い影響を与えているだろうことはお分かりいただけたと思います．次に，ヘルバルトの主著である『一般教育学』（1806）から彼の教育思想を示すことにしましょう．本書は，「アカデミズムの教育学」の「出発点」として評価されることもあります（佐藤 1996: 15）．

　ヘルバルトにとって，教育は「管理」「教授」「訓練」の３つを必要とします．まず管理について以下の文章を見てください．

> 　［……］なぜなら，もし子どもたちの管理が十分に積み重ねられないなら，精神陶冶の様々な仕事はうまくいかないし，しかもそれらを完全に区別して実施するなどということはほとんど不可能である．教育することなしにそれだけで満足されている管理は心情を圧しつぶすことになり，子どもたちの秩序の乱れを気にかけない教育は子どもの本当の姿を知らないのだ．さらに，どのような教授時間においても，たとえちょっとしたことでもしっかりした手で管理の手綱が引き締められていなければならない．結局，子どもの養育に必要なことはすべて本来の教育者と両親の間で適切に分けられるべきであって，しかもそこではお互いに助け合いながらそれぞれの側

から交際を確立する努力がされなければならない．（ヘルバルト 1960: 33）

　ヘルバルトの教育目的は子どもの「精神陶冶」，すなわち教育による道徳的発達です（→第8章）．しかしこれは管理を必要とし，それと切り離せるものではありません．つまり，管理するだけで教育を行わなければ子どもの「心情を圧しつぶす」し，教育するだけで管理を行わなければ「子どもの本当の姿を知」ることはできません．この管理には父親の権威と母親の愛が重要なものとなるので，それを行うのに「ふさわしい人々」は両親ということになります（ヘルバルト 1960: 37-40）．ですからヘルバルトはここで，両親が「本来の教育者」たる教師と協力して教育を行わなければならないと述べているのです．しかし，実際には両親がそのような役割を果たせないことがありますから（cf. 三枝 1982: 58），彼は「授業時間に平静と秩序を維持することや，教師を無視しているようなあらゆる徴候を除去すること」を教師がせざるをえないと考えているようです（ヘルバルト 1960: 192）[7]．いずれにせよ，彼の教育論では管理が教育に先立つことが理解されると思います．

　次に教授です．ヘルバルトは，その教授の仕事が多面的な「興味を喚起し，適切に提出すること」だと述べます（ヘルバルト 1960: 62-63）．したがって多面的な興味を惹き起こす必要があるのですが，そのような「すべての興味はこの人[学習者]において1つの意識に属さねばな」りません（ヘルバルト 1960: 66）．そこで，「1つのことに心をもっぱらにすること，うちこむ，没頭すること」としての「専心（Vertiefung）」と，「いくつかの専心の結果得られた内容をつなげ，関係づけ，統一しようとして「思いを致す」こと」としての「致思（Besinnung）」の両者の関係を考えなければいけなくなります（三枝 1982: 82）．この専心と致思は「同時に存在することはでき」ず「継続的に連続して存在するよりほかはない」ため（ヘルバルト 1960: 68），人の心情は次のように運動します．

　　専心は交替すべきである．それは相互に，しかも致思へと移行すべきである．致思は再び新しい専心へと移行すべきである．しかしそのおのおのは，それ自身静止的である．／静止的専心は，もしそれが純粋であるなら個々のものを明瞭に見る．なぜなら，表象においてあらゆる不透明な混合が避

けられ，あるいは教育者の配慮によって混合が除かれ多数の異なった専心
が個々に提示されるときにのみ，専心は純粋である．／専心の他の専心へ
の前進は表象を連合する．多数の連合のまっただなかには想像が漂う．想
像はあらゆる混合の味を試し，無味以外の何ものも退けない．しかし，す
べてのものがそれぞれ明白に対比されなくて混合されるときには全量は無
味となる．／静止的致思は多数のものの関係を見る．それはすべての個を
関係の文節としてその正しい場所において見る．豊富な致思の豊富な秩序
を系統と呼ぶ．しかし個の明瞭なしには系統，秩序，関係は存在しない．
なぜなら関係は混合の中にはない．それはただ，分割されさらに結合され
た文節のもとにのみ成立する．／致思の前進は方法である．それは系統を
発展し，その新しい文節を生産し，その徹底的な応用を喚起する．──こ
のことについて何も知らない多くの人々がこの言葉を使用している．方法
にまで陶冶するというこの難しい仕事は，もちろん教育者に一般に免除さ
れていた．しかし自己の教育的思惟を方法的に使いこなすことがどんなに
大切なことであるか，ということをもしこの書物が明らかにしないなら，
この書は読者に何の利益も与えないことになるだろう．〈ヘルバルト 1960: 70
-71〉

これがヘルバルトの有名な，明瞭，連合，系統，方法です．まず，彼は専心同
士が「交替」すること，そして，専心が致思に，致思が専心に「移行すべき」
ことを示します．また，専心と致思のそれぞれは「静止的」です．少し難しい
ですが，この前提をしっかりと押さえておくと，ヘルバルトの言いたいことが
少しずつ見えてきます．さて，最初は「静止的専心」からスタートするわけで
すが，それは他のものと混ざっていない「純粋」という条件つきで，表象を「明
瞭に見る」ことができます．ヘルバルトの場合，この表象とは心の中の「イメー
ジ」のようなものを意図していると考えてもよいでしょう〈三枝 1982: 153〉．次に，
専心が他の専心に前進すると，それぞれの専心で獲得された表象が「想像」に
よって「連合」されます．イメージ同士が繋がるわけです．その後，専心が致
思に移行すると，「静止的致思」では，連合された表象同士が「文節」化され
た適切な「関係」のもとで「系統」づけられます．イメージ同士が適切に関係
づけられ，それがある系統になるということでしょうか．最後に，致思が前進
すると，表象同士の系統がより良いものに「発展」することで「応用」される

表2　『一般教育学』における教授の進行

	専心と致思	生じていること	対応する教授段階
明瞭	静止的専心	表象を明瞭に見る	指示する
連合	専心の前進	表象同士を連合する	結合する
系統	静止的致思	表象同士を一定の関係のもとで系統立てる	教える
方法	致思の前進	系統を発展させて実際に用いる	哲学する

ようになる「方法」となります．多くのイメージから構成された系統を現実の状況で用いる段階です．概念同士の関係がやや複雑ですので，表2で確認しましょう．

　明瞭，連合，系統，方法にはそれぞれ，指示する，結合する，教える，哲学するという対応する教授段階があることが認められています（ヘルバルト 1960: 92）．このように，教育を受ける者の段階に応じて教授法を変化させていかねばならないのです．

　さて，ヘルバルトは，訓練が「陶冶しようとする意図をもって，青少年の心情に直接的に働きかけること」であると述べたうえで，「しかし生徒はまた，すでに正しい気分でもって歩んでいなければならない――この気分が生徒に習慣となっていなければならない．これが訓練の仕事である」と規定します（ヘルバルト 1960: 182, 193）．この訓練は，管理や教授とどのような関係にあるのでしょうか．まず，彼は「本来の教育」が教授と対立すると考える他の人々と異なり，それは管理と対立すると考えます（ヘルバルト 1960: 180）．そして，先ほど示したように管理は教育に先立つのですから，管理の後に本来の教育である教授と訓練が行われると考えなければならないでしょう．さらに訓練は，教育対象の「心情への直接的働きかけ」を管理と，陶冶という目的を教授と共有すると言われます（ヘルバルト 1960: 182）．他方，教授はその仕事である「多面的興味の涵養を通じて，間接に徳性の陶冶を目指すもの」です（稲富 1979: 329-330）．こちらについても，三者の関係を表にしておきましょう（表3）．

8）この「方法」については，「系統的知識と言われるものを，前進させ，発展させ，新しい状況の中で再構成をし続けること」であるという解釈も存在します（三枝 1982: 90-91）．

9）Cf. 稲富（1979: 317），三枝（1982: 122-123）．

表3　『一般教育学』における教育の3領域

	目的	教育対象への関係
管理	教育の準備	直接的
教授	陶冶	間接的
訓練	陶冶	直接的

　ヘルバルトは，教授の内実を詳しく分析し，それを管理や訓練といった他の要素と有機的に関連づけて示すことで教育方法の議論へ重要な貢献を行いました．その教授法は，ツィスコン・ツィラー（1817-1882）の「分析，総合，連合，系統，方法」やヴィルヘルム・ライン（1847-1929）の「予備，提示，比較，総括，応用」といったヘルバルト派の五段階教授法に受け継がれ，明治期の日本をはじめとする各国の教育に強い影響を及ぼしたのです（眞壁 2020: 297-302）．

○発達の最近接領域──レフ・ヴィゴツキー

> **レフ・ヴィゴツキー（1896-1934）**
>
> 20世紀の20年代から30年代にかけて活躍したソ連の心理学者（出身はベラルーシ）．その研究は児童心理学や教育心理学だけでなく，教育学，言語学，精神病理学などにも及ぶ．37歳で早世したものの，主著である『思考と言語』（1934年）をはじめ多くの業績を残した[10]．

　ヴィゴツキーの主著『思考と言語』は心理学の著作ですが，そこでの議論は教育学にも大きな影響を与えました．現代日本では，教育基本法などでも示されている通り，子どもの発達に応じた教育が求められています[11]．ヴィゴツキーは教育（教授）と発達の関係について，以下の3つの理論を並べます（ヴィゴツキー 2001: 278-279）．

　　第一の理論：発達の後に教授する
　　第二の理論：発達と教授が同時に進む

10）教育思想史学会（2017）の「ヴィゴツキー」の項目を参照して作成しました．
11）教育基本法第6条第2項「前項の学校においては，教育の目標が達成されるよう，教育を受ける者の心身の発達に応じて，体系的な教育が組織的に行われなければならない．［……］」．

　　第三の理論：教授が発達に先行する

これらのうち，ヴィゴツキーは第三の理論を重視します[12]．彼は自身の考えを説明するため，次のような例を出します．同じ 8 歳という知能年齢を持つ 2 人の子どものうち，一方は「12 歳までの問題」，他方は「9 歳までの問題」を教示を受けながら解くことができるとします（ヴィゴツキー 2001: 298）．それが示すのは以下のようなことです．

　　　この知能年齢，あるいは自主的に解答する問題によって決定される現下の
　　発達水準と，子どもが非自主的に共同の中で問題を解く場合に到達する水
　　準との間の相違が，子どもの発達の最近接領域を決定する．右の例で言え
　　ば，この領域は 1 人の子どもについては，4 という数で表されるが，他の
　　子どもの場合は，それが 1 である．この 2 人の子どもが同一の知能水準に
　　立ち，彼らの発達状態が一致していると，はたして考えることができるだ
　　ろうか？　明らかに否である．われわれの研究が示しているように，学校
　　の中でのこれらの子どもの間には，彼らの現下の同じ発達水準から生まれ
　　る類似よりも，彼らの発達の最近接領域における食い違いに規定された相
　　違の方がはるかに大きい．このことは，何よりも教授過程における彼らの
　　知能の発達の動態，彼らの学習の相対的成績に現れる．われわれの研究は，
　　発達の最近接領域は，発達の現下の水準よりも，知能の発達や成績の動態
　　により直接的な意義を持つことを示している．（ヴィゴツキー 2001: 298–299）

子どもには，自分ひとりで問題を解くことができる「現下の発達水準」と，教師たちとの共同によって問題を解くことができる「到達する水準」があります．先ほど参照した 2 人の子どものように，前者が同じ水準であっても，後者が異なる水準を示す場合があります．この，到達する水準と現下の発達水準の間の領域が，ヴィゴツキーの有名な「発達の最近接領域」です（この領域の広さは，8 歳という知能年齢を基準として，12 歳までの問題を解ける子は 12 − 8 ＝ 4，9 歳までの問

題を解ける子は 9 − 8 = 1 という数で示されます）．彼は学校教育において，現下の発
達水準よりも発達の最近接領域を重視すべきだと主張するのです．

　この発達の最近接領域が，先ほどの第三の理論を支持します．次の文章を確
認しましょう．

　　　われわれの研究は，ある年齢のある段階で発達の最近接領域にあるものは，
　　　次の段階で現下の発達水準に移行し，実現するということを明瞭に示して
　　　いる．言い換えるなら，子どもが今日共同でできることは，明日には独立
　　　でできるようになる．それゆえ，学校における教授と発達は相互に，発達
　　　の最近接領域と現下の発達水準との関係と同じように関係するというの
　　　は，真実に近い思想である．子どもの時代の教授は，発達を先回りし，自
　　　分の後に発達を従える教授のみが正しい．しかし，子供の教授は，子ども
　　　がすでに学習できることについてのみ可能である．教授は，模倣が可能な
　　　ところでのみ可能である．つまり教授は，すでに経過した発達サイクル，
　　　教授の下限に目を向けなければならない．しかし，教授は，成熟した機能
　　　よりも，むしろ成熟しつつある機能を根拠とする．教授は，常に子どもに
　　　まだ成熟していないものから始められる．教授の可能性は，子どもの発達
　　　の最近接領域によって決定される．上述の例に戻れば，われわれは，2人
　　　の子どもにおける教授の可能性は，彼らの知能年齢は同一であるにもかか
　　　わらず，異なるだろうと言うことができる．なぜなら，彼らの発達の最近
　　　接領域は，著しく異なるからである．前に挙げた研究は，学校のすべての
　　　教科は，常にまだ未成熟の土台の上に建てられるということを示した．
　　　（ヴィゴツキー 2001: 302）

もちろん，ヴィゴツキーは現下の発達水準を無視しようと主張するわけではあ
りません．それぞれの子どもの発達の最近接領域を把握するためにも，その現
下の発達水準を理解しておくことは重要です．しかし，「教授の可能性」を決
めるのは発達の最近接領域です．子どもの教育とは，教師たちとの共同で到達
できる発達の最近接領域を，自分ひとりで可能な現下の発達水準に「移行」し
続けていくものだと言えるでしょう．[13]

　13）発達の最近接領域を含むヴィゴツキーの広範な議論については，柴田（2006）を参照
　　してください．

4-3　一般的・抽象的な教育方法の重要性

本章で参照した教育思想家たちの方法が，まったく具体的でないことに驚いた方がいるかもしれません．もちろんその思想家たちの議論を紹介する文章を作成したのは私ですから，具体的な教育方法を述べているところはある程度意図的に除外しました．しかしそれを抜きにしても，この3人の思想家をはじめとして，教育思想史における思想家たちは抽象的ないし一般的な議論を行うことが多いように思われます．

その理由はここまで読んできた皆さんにはすでにお分かりでしょう．つまり，教育方法は具体的・個別的なレベルと抽象的・一般的なレベルに区別されるのですが，後者の方が広範囲に適用できる理論を示す点でより学問的だからです．現代では，具体性や個別性が重視される傾向にあります．もちろん私も，ペスタロッチやヘルバルトの理論だけを知っていれば良い教員になれるなどとは言いません．理科を教えるためには理科教育法，体育を教えるには体育科教育法というように，教科や領域ごとに学ぶことは異なりますし，さらにその中でも，教え方に関する細かい知識は数多く存在するでしょう．実践を重視する教育学においては，具体性や個別性は当然尊重されるべきです．

しかし，ここで学んだ教育思想家たちの議論を知っておくことは無駄ではありません．ペスタロッチの議論からは教育の端緒である直観教授の重要性とそこからの発達に応じた教育の必要性を，ヘルバルトの議論からは教育方法が教授だけでなく管理や訓練からも構成される広い概念であることを，ヴィゴツキーの議論からは発達に先回りする教育が重要な場面があることを，それぞれ学ぶことができます．そしてこれらの議論には一般性があるので，個別のどの教科教育法にも適用でき，またその重要な一部を構成していることが予測されます．そうであれば，自身が知って実践している各教科教育法を反省する際に，そのような一般的な教育方法論の観点からメタ的に見ることで，得るところがあるのではないでしょうか．

たとえば，この本を書いているとき（2023年10月）にもまだ終息しているわけではありませんが，2020年以降のコロナ禍は世界の仕組みを大きく変えました．それは教育の世界でも同様です．読者の皆さんの記憶にも新しいと思いますが，いわゆる「オンライン授業」が実施されることになりました．私自身も大学で，

ZoomやGoogle Meetのようなアプリケーションを用いた同時接続型の授業や，収録動画やその他の授業資料を配信するオンデマンド型の授業を四苦八苦しながら行っていました[14]．授業を受けていた学生の皆さんも色々と苦労されていたと思います．

　幸い，現在では大学をはじめほとんどの学校で対面授業という「元」の授業形式に戻っているでしょう．しかし，今後も世界で何が生じるか分かりません．環境問題や戦争など，世界の仕組みを丸ごと変えてしまうような心配事には事欠かない現代です．そのようなとき，ひょっとすると，今まで学んできた具体的・個別的な教育方法が役に立たなくなるかもしれません．そこで，抽象的・一般的な教育方法を参照することで，新たな具体的・個別的な教育方法を構築できる可能性はあります．時代や状況に左右されづらいからこそ（まったく左右されないわけではないでしょうが），それは抽象的・一般的なわけですから．ともあれ重要なことは，抽象的・一般的な視点と具体的・個別的な視点の両方を持ち，双方を行き来しながら教育方法を実践していくことであり，それこそが教員の専門性の中核をなすのだと思います[15]．

　本章を終えるにあたり，教育基本法の以下の条文を参照してください．

　　教育基本法第9条第1項
　　法律に定める学校の教員は，自己の崇高な使命を深く自覚し，絶えず研究と修養に励み，その職責の遂行に努めなければならない．

学校教員は，教育のために自己のスキルアップを常に行わなければなりません．そして本章の最初で示した通り，そのために最も重要なことの1つは教え方の

14）ICTに関しては，それに特有の様々な問題が存在します．そして，そのような問題を倫理学的に考察するのが「情報倫理学」と呼ばれる分野です．この分野の学習のためには，まずは水谷，森下（2023）を参照してください（なお，現行の学習指導要領では，小中高のいずれにおいても「情報倫理」ではなく「情報モラル」という言葉が用いられています）．

15）教員の専門性と教育方法について考える際，ドナルド・ショーン（1931–1997）の議論を無視することはできません．彼は，「現実の問題に対処するために，専門的知識や科学的技術を合理的に適用する実践者として専門家をみる見方」としての「技術的熟達者」ではなく，「専門家の専門性とは，活動過程における知と省察それ自体にあるとする」「反省的実践家」という考え方を示したと言われます（ショーン 2001: 214–215）．詳しくは，ショーン（2001）を実際にご覧ください．

上手さ，つまり優れた教育方法を知り，それを実行できることでしょう．具体的・個別的な教育方法だけでなく，過去の教育思想家たちの議論をうまく使いつつ抽象的・一般的な教育方法を学ぶことが，教育方法に関するスキルアップに繋がるのだろうと思います[16].

取り組んでみよう！

① あなたにはうまく教えられなかった経験はありますか．もしそういう経験があるのでしたら，そのとき，その事態にどのように対応しましたか．考えたことを他の人達と共有しましょう．

② 4-1では，教員という専門職に必要なものとして教育方法と人柄を挙げてみました．他に必要なものはあるでしょうか．そもそも「専門職」とは何なのでしょうか．考え，調べてみてください．

③ 「教員免許更新制度」という言葉を聞いたことがあるでしょうか．教員免許状の有効期間を10年とし，更新するためには免許状更新講習を受ける必要があるという制度です．2023年10月現在では廃止されています．この制度について，そもそもなぜそのような制度が成立したのか，そしてなぜ廃止されたのかを調べてみてください．そのうえで，たとえば運転免許のような別の「免許」と比較しながら，教員免許更新が必要かどうかについて議論してみてください．

---

16) 教育思想史を手がかりに教育方法について学ぶ際には，賛成するにせよ反対するにせよ「前近代の教育において，教育の方法や技術が自覚的・体系的に検討されることはなかった」（佐藤 1996: 9）という見解とどのように向き合うべきか考える必要があります．皆さんが教育方法について学習を進める際には，この佐藤本に加えて，田中，鶴田，橋本，藤村（2019）や柴田，山崎（2019）を参考にしてください．

第5章

教　　　養

5−1　教員に教養は必要か？

　皆さんが書店に行き教員採用試験に関する本が集められた棚を見れば（今の時代であれば、「Amazonで「教員採用試験」と検索すれば」と言ったほうが早いかもしれません）、そこには「教職教養」や「一般教養」という文字を多く見つけることでしょう。どうやら教員になるためには、「教養」が必要とされるようです。ちなみに、本書で扱っている教育思想史や教育原理は先ほどの「教職教養」に分類されることがほとんどです。つまり、本書の内容は教員に必要な専門的知識や技能ではないと言ってもよいでしょう。実際、教育思想史や教育原理を授業で扱うと、受講生から「この授業内容が教員になるためにどう役に立つのかわかりません」という感想をもらうことがあります。

　しかし、教員採用試験で「教職教養」や「一般教養」を持っているかどうかが問われる以上、現代日本では教員に教養が必要だとみなされているはずです。その理由を考察するため、まずは以下の条文を確認してみましょう。

　　教育基本法第2条第1号
　　幅広い知識と教養を身に付け、真理を求める態度を養い、豊かな情操と道
　　徳心を培うとともに、健やかな身体を養うこと。

第2条は教育が達成すべき「目標」について述べたものですが、その最初に掲げられているのが「幅広い知識と教養を身に付け」ることです。一般的に、自分が持っていないものを人に教えることはできないでしょう。そうであれば、教員は「幅広い知識と教養」を持っていなければならないはずです。前章で確認したように、教員に教育方法のような専門的知識や技能が必要とされることは分かりやすいでしょう。しかし教養という概念については、その中身が曖昧

です．この教養について考察するため，次節では，イソクラテス，サン＝ヴィクトルのフーゴー，フリードリヒ・ニーチェの教育思想を確認しましょう．

5-2　教育思想史における教養

○教養の二義──イソクラテス

> **イソクラテス**（前436-前338）
>
> 古代ギリシアの思想家．プラトンのアカデメイアに先立って，アテナイに修辞学校を開設した．ソクラテスとゴルギアス（前485頃-前380頃）両者の影響を強く受ける．主著として『アンティドシス（財産交換）』や『パンアテナイア祭演説』がある．

　教養について考えるうえで，本編ではまずイソクラテスの議論を手がかりにすることにします．彼の教養論が重要であることは一般に認められているからです（cf. 廣川 2005）．

　イソクラテスは主に『パンアテナイア祭演説』の中で，教養についての議論を展開します．連続する文章を分割して参照していくことで，彼の教養観を明らかにしていきましょう．

> 　さて私は，祖先から受け継いだ教育を蔑ろにするものではないが，またわれわれの時代に確立した教育についても賞賛を惜しまない．それは幾何学，天文学，また「争論的」と呼ばれる問答法のことであり，この最後に挙げたものは若年の者が度外れに愛好するものであるが，年長者でこれを我慢できると言う人は一人もいない．しかし私は，これに邁進する者に対して，以上の学問すべてに刻苦精励することを勧めたい．その真意は，仮にそれらの学問が他に何の善ももたらさずとも，少なくとも若者を様々の過誤から遠ざけてくれるからである．畢竟，これらより以上に年少の者にとって有益かつ適正な学業はないことを私は認めるものであるが，しかし長じて成人男子の資格を認定された後は，もはやこれらの習慣は似つかわしくないと言わざるをえない．なぜなら，私の見るところ，これらの学業を究めて他に教えるまでに至った人々の中には，その体得した知識を適切な機会に応じて活用することができず，生活上の他の営みにおいては弟子よりも

思慮の点で劣る者がいる．奴隷にも劣ると言うのは控えることにするが．
（イソクラテス 2002: 72）

イソクラテスは古くから続く教育と最近成立した新しい教育の両方を尊重して
います．ただし，それは「若者」ないし「年少の者」が「学問すべてに刻苦精
励すること」という条件つきの尊重です．他方，成人後に特定の学問の専門家
になろうとする人には，イソクラテスは苦言を呈しています．というのも，い
わゆる「専門バカ」のような人は，実生活をうまく送ることができない（「思慮
の点で劣る」）ことが多いからです．ただしここで注意しておきたいのは，若者
が多くの学問を学ぶことを勧めるイソクラテスは，幅広い知識を一定程度獲得
すること自体には，おそらく反対しないだろうということです．問題は，「そ
の体得した知識を適切な機会に応じて活用することができ」ない点にあります．
ちなみに，イソクラテスたちが生きた古代ギリシア社会は，奴隷制を前提とし
て成り立っていました．古代ギリシアの思想家たちの議論を参照する際には，
そのような差別に基づく社会構造が前提とされていることに自覚的である必要
があります．

さて，イソクラテスの議論は続きます．

私はまったく同じ意見を，民会演説に長けた人々にも弁論の著述にかけて
名高い人々にも，また一般に技術や知識や能力に卓越したすべての人々に
ついても抱いている．彼らの多くは，彼ら自身の家をまともに管理できず，
また私的な交際においては傍若無人，同胞市民の評判に無頓着で，他にも
様々に重大な欠陥を抱えている．したがって，このような人々も私の論じ
ている教養を備えた者とは考えることができない．（イソクラテス 2002: 72）

イソクラテスが生きた当時のアテナイは，「成年男子市民の誰もが出席して発
言する権利を持ち，平等な重さの一票を投じることができた民会」を持つ直接
民主制を敷いていました（澤田 2010: 16-17）．奴隷制だけでなく女性差別まで存
在していたことが窺えますが，そこでは，民衆たちを説得する「民会演説」を
行う人やその演説のための「弁論の著述」が重要視されていました．彼の批判
はこのような人々にも及びます．特定の専門的知識や技術をいくら持っていて
も，その人々は教養人ではありません．そうすると，イソクラテスにとって，
教養は専門的知識とはさしあたり区別されるものとなります．

これらの議論を踏まえて，イソクラテスは次のような教養の規定を提示します．

> では，技術と知識と特殊能力からその資格を剥奪して私は，いかなる人を
> 教養人と呼ぶのか．第一に，それは日ごとに生起する問題を手際よく処理
> し，時機を的確に判断し，ほとんどの場合において有益な結果を過たずに
> 推測することのできる人である．第二に，周囲の人々と礼儀正しく信義に
> もとることなく交際し，他人の不躾や無礼は穏やかに機嫌よく迎え，自分
> 自身はできるだけ柔和に節度を保って相手に接する人である．さらに第三
> に，常に快楽に克ち不運にひしがれることなく，逆境にあっても雄々しく
> 人間性にふさわしく振る舞う人である．そして第四に最も大事な点である
> が，成功に溺れて有頂天になったり傲岸に走ったりすることもなく，思慮
> に優れた人の隊列に踏みとどまり，生来の己の素質と思慮が生み出す成果
> を喜ぶ以上に，僥倖（ぎょうこう）を歓迎することのない人である．これらの１つだけ
> でなく，すべてに魂のありようを適合させている人，これを私は思慮に秀
> でた完全な人，すべての徳を備えた人と言うのである．（イソクラテス 2002:
> 73）

機転が利き，節度ある，人間的に優れた，運を過剰に喜ばない思慮ある人こそ
教養人です．思慮が最も重視されていますが，教養を持つためには，それととも
に他の３点すべてを兼ね備えることが必要です．

　以上から，イソクラテスは教養について，①専門的知識と区別される幅広
い知識を前提とし，②優れた人間性（徳）を伴う思慮が中核となるという２つ
の特徴を示したことが明らかとなりました．おそらくこの２つの特徴はお互い
に関係しあっています．というのも，幅広い知識がなければ思慮をうまく発揮
できないでしょうし，思慮がなければ幅広い知識は役に立たないことが予測さ
れるからです．

○流謫と教養——サン＝ヴィクトルのフーゴー

サン＝ヴィクトルのフーゴー （1096頃–1141）

12世紀の神学者，教育者．出身地は不詳．パリのサン＝ヴィクトル大修道院に
入り自由学芸や神学を研究する．その後は，同院付属公開学校の校長を務めて
学生と修道士を指導した．主著に『ディダスカリコン（学習論）——読解の研究
について』（1123–1124頃）[1]がある．

　訳者の五百旗頭博治と荒井洋一がその書の「解説」で述べる通り，サン＝ヴィクトルのフーゴーによる著作のタイトル『ディダスカリコン』は『教授・学習の書』とでも訳されるものです（フーゴー 1996: 28）．本書は「学芸知」を扱う第1部と「神的な事柄」を扱う第2部に分かれます（フーゴー 1996: 33-34）．本節では，『ディダスカリコン』第1部のうちでも特に第3巻の議論を参照することで彼の教養論を示します．

　さて，フーゴーは『ディダスカリコン』が，教育と学習に重要な「読書」の3つの規則（読書対象，読書順序，読書方法）を論じるものだと述べます（フーゴー 1996: 33）[2]．この読書を通じて獲得されるものについて，同書第3巻第3章の次の文章を見てみましょう．

　　上で列挙されたすべての学問（スキエンティア）のうちから，特に7つの学問をかつて古人は，自らの研究において，陶冶されるべき人々の仕事のために区別したのである．これら7つの学問のうちには，他のすべての学問に優る大きな有用性があると古人は洞察した．すなわち，これら7つの学問の学科をしっかりと受け取った者は誰でも，その後には［教師に］耳を傾けることによってよりも，自ら探究し，修練することによって他の学問の知見に到達するようになるとの大きな有用性があると．というのは，これら7つの学問はいわばある最良の道具であり，最良の礎（いしずえ）であって，それらによって哲学的な真理の十全な学知に至る道が精神に用意されるのである．ここから三学（trivium　3つの道）と四科（quadrivium　4つの道）という名前が付けられた．というのは，これら7つの学問を通じて，あたかもある道（viae）を通じてでもあるかのように，俊敏な精神は知恵の秘密へと導かれていくからである．／その当時は，これら7つの学問に通じていると公言することができない者は誰も教師の名に値しないと見られていた．（フーゴー 1996: 84）

ここでの三学とは「文法学」「弁証論」「修辞学」，四科とは「算術」「音楽」「幾

　1）『ディダスカリコン』の「解説」を参照して作成しました（フーゴー 1996: 26）．
　2）フーゴーは読書とならび「黙想」についても触れていますが，ここでは「学習行為において第一の場所を占める」読書について取り上げることにします（フーゴー 1996: 33）．なお，本書の第9章で登場するイリイチは『テクストのぶどう畑で』というフーゴー研究の中で，この読書についての独創的な議論を展開します（イリイチ 1995）．

何学」「天文学」のことです（フーゴー 1996: 59, 78）．教養ある人になるためには，これら三学四科を修めておく必要がありました．これらが，いわゆる「リベラルアーツ」として知られる自由学芸です．ここでは三学四科の必要性が「古人」の見解として述べられていますが，フーゴーはすぐ後の第3巻第4章で，それを自分の見解としても示したうえで「7つの自由学芸の内にこそすべての教学（doctrina）の基礎はある」と述べ，それらが相互に緊密に結びついていることを強調します（フーゴー 1996: 87）．これは，イソクラテスの教養規定のうち①に相当するものであることがわかります．

　ただし，読書によって獲得された学知はそれだけで有益なものとはなりません．それを理解するため，まずは同書第3巻第6章におけるフーゴーの次の主張をご覧ください．

> 　3つの事柄が研究する者には必要である．1つは素質（natura）であり，1つは修練（exercitium）であり，1つは学修（disciplina）である．「素質」という言葉において考えられていることは，耳にした事柄の意味をたやすく掴むということであり，掴んだ事柄をしっかりと保持するということである．「修練」という言葉において考えられていることは，倦まずたゆまず，持って生まれた天稟を耕し尽くすということである．「学修」という言葉において考えられていることは，称賛に値する仕方で生きながら，日々の行いを学知と結合するということである．（フーゴー 1996: 89-90）

素質，修練，そして学修の3つの必要性が述べられています．このうちの素質については，この箇所とすぐ後の第3巻第7章の記述を併せると，それが「天賦の才」と「記憶」を指すことがわかります（フーゴー 1996: 90）．また修練についても，同じ第3巻第7章から第11章までを参照すれば，それが意味するものは，この天賦の才と記憶を「読解」と「黙想」によって鍛えることだと理解できます．問題となるのは，学修の内実と，それと修練との関係です．

　学修については，『ディダスカリコン』第3巻第12章で，それが読解による学知探究がカバーできない「自らの生のあり方」に関わるものであると述べられます（フーゴー 1996: 95）．この議論展開は，私たちに第3巻第13章以降で学修の詳しい内容が語られることを予想させますが，フーゴーの議論は単純ではありません．第13章から第19章にかけて，修練に関わる探究（第14章），吟味（黙想）（第17章），流謫の地（第19章），学修に関わる謙虚（第13章），静けさ（第16章），節

約 (第18章) が交互に語られます (第15章の内容は第16章以下の構造に関する注意であり，そこで特定の事柄が説明されているわけではありません)．この議論構造はフーゴーのいかなる主張を反映しているのでしょうか．

　本書では細かな解釈を行う余裕がありませんので，現段階での私のフーゴーの教育思想についての理解を示しておきます．まずは，第3巻の最後を飾る第19章から以下の引用を行います．有名な箇所です．

> 　最後に異国の地が提起される．それもまた人間を修練するものである．全世界は哲学する者たちにとって流謫（るたく）の地である．というのは，他方である人が言うように，／「いかなる甘美さで生まれ故郷がなべての人を／引きつけるのか，そして自らを忘れ去ることを許さないのかを私は知らない」／修練を積み重ねた精神が少しずつ，これら可視的なものや過ぎ去るものをまず取り換えることを学ぶこと，次いでそれらを捨て去ることができるようになることは徳性の大いなる始原である．／祖国が甘美であると思う人はいまだ繊弱（せんじゃく）な人にすぎない．けれども，すべての地が祖国であると思う人はすでに力強い人である．がしかし，全世界が流謫の地であると思う人は完全な人である．第一の人は世界に愛を固定したのであり，第二の人は世界に愛を分散させたのであり，第三の人は世界への愛を消し去ったのである．／私はといえば，幼少の頃より流謫の生を過ごしてきた．そして，どれほどの悲痛を伴って，精神が時としてみすぼらしい陋屋（ろうおく）の狭苦しい投錨（びょうち）地を後にするものか，どれほどの自由を伴って，精神が後ほど大理石の炉辺（ろへん）や装飾を施した天井を蔑むものかを私は知っている．（フーゴー 1996: 104-105）

先ほど示したようにここは修練について論じる場所です．注目すべきは，これが知的発達ではなく道徳的発達を意図しているように見える点です (→第8章)．フーゴーにとっては，「可視的なものや過ぎ去るもの」を最終的に「捨て去ることができるようになること」が徳の始まりでした．その「可視的なものや過ぎ去るもの」としてここで特に挙げられているのが，「生まれ故郷」ないし「祖国」です．つまり，生まれ故郷に対する態度が，その人の道徳的発達の度合いを示します．

　「繊弱な人」：「世界に愛を固定した」「祖国が甘美であると思う人」

↓

「力強い人」：「世界に愛を分散させた」「すべての地が祖国であると思う人」

↓

「完全な人」：「世界への愛を消し去った」「全世界が流謫の地であると思う人」

上から下へ進むにつれ，「可視的なものや過ぎ去るもの」から徐々に離れてい
くことがわかります．フーゴーにとっては，そのようなものに縛られないこと
こそ徳だったのです[3]．

　ここで，先ほどの「称賛に値する仕方で生きながら，日々の行いを学知と結
合する」という学修の規定を，第3巻第12章の「恥知らずな生活が汚している
学知は誉められたものではない」という主張と合わせて考えてみましょう（フー
ゴー 1996: 95）．そうすると，学修とは学知が生活態度に関わる徳と結合した状
態であるということがフーゴーの主張ではないかと予測されます．ですから彼
は，知的修練のみならず，徳の修練についても論じたのでしょう．このような
彼の議論は，イソクラテスの教養規定のうち②に相当すると思われます．

　そうすると，フーゴーの教養論もイソクラテス的な伝統を受け継いでいると
言うことができます．ただし，幅広い知識の内実を三学四科によって一定程度
確定させ，それと結び付けられる生活態度に関わる徳の修練に世界から切り離
されることが必要だと主張した点で，フーゴーの議論はイソクラテスのものと
は異なります．

○教養の俗物への批判——フリードリヒ・ニーチェ

フリードリヒ・ニーチェ（1844-1900）

19世紀ドイツの哲学者．当初は古典文献学を専攻しており，24歳のときにバー
ゼル大学の古典文献学教授に就任する．普仏戦争における看護兵としての従軍
経験を経て，病気の悪化等の原因からバーゼル大学を1879年に辞職．1889年に
発狂し，治癒しないままその約10年後に死去．主著に『ツァラトゥストラはこ

3）これは，世界への愛がそもそも不要なものであることを意味しません．世界への愛を
　消し去るためには，あらかじめ世界への愛を持っていなければならず，そしてそれを「消
　し去った後も，世界への愛は人の心の底に残り続ける」のです．このことは，片山寛氏
　の「「教養」の問題——サン・ヴィクトルのフーゴーにおける」という論考の中の記述（稲
　垣 2000: 114）に教えられました．

う言った』(1883-1885) などがある[4].

　本章のここまでの考察は，教養とは良いものであり，それを身につけること
は望ましいという前提に立っていました．しかし，フリードリヒ・ニーチェは
『反時代的考察』(1876) で，その前提に疑問を投げかけます．つまり，悪しき
教養が存在する可能性があるのです．
　ニーチェは『反時代的考察』の第 1 篇にて，普仏戦争 (1870-1871) に触れて
います．プロイセン（ドイツ）とフランスの間で生じたこの戦争はドイツの勝
利に終わります．しかしニーチェは，ドイツが「文化の純粋な概念」を喪失し
てしまったため，教養の点でフランスに劣っていると述べます（ニーチェ 1993:
13）．つまり，文化とは教養と同一かそれの核となる部分だということでしょう．
文化そのものは次のように規定されます．

　　文化とは何よりもまず，ある民族の生のすべての表現における芸術的様式
　　の統一である．多くを知り多くを学んでいることは文化の必須な手段でも
　　文化の徴表でもなく，必要とあれば，文化の対立物たる野蛮，すなわち無
　　様式性あるいは一切の様式の混沌とした混乱と非常によく調和するのであ
　　る．（ニーチェ 1993: 13-14）

ニーチェによれば，「ある民族の生のすべての表現における芸術的様式の統一
である」文化は，幅広い知識と関係しません．むしろ幅広い知識は，「文化の
対立物たる野蛮」に近づくことさえあるのです．ここからは，幅広い知識が教
養の十分条件でないことはもちろん，必要条件ですらないという見解を読み取
ることができます．
　文化と教養に関するこのような理解を持つニーチェの目から見たとき，当時
のドイツに多く存在した「教養人」は，実は「俗物」にすぎない人々でした．

　　俗物という言葉は，周知のように，学生生活に由来するものであり，広義
　　のまったく通俗の意味においては，詩神の子（Musensohn），芸術家，真の
　　文化人の対立物を表している．教養の俗物（Bildungsphilister）はしかし——
　　彼の類型を研究すること，彼が信仰告白するときに，それを傾聴すること

4）教育思想史学会（2017）の「ニーチェ」の項目を参照して作成しました．

は今やいとわしいが義務となった――「俗物」という類の一般的理念から自らを１つの迷信によって区別する．すなわち，彼は自らを詩神の子であり文化人であると妄想する．これは理解しがたい妄想であるが，この妄想からして，彼は俗物とは何であり，その対立物が何であるかをまったく知っていないことがおしはかられる．それゆえに，彼が大抵自らが俗物であることを厳かに拒否するとしても，不思議ではない．彼はこのように自己認識をまったく欠いているので，自分の「教養」こそ正当なドイツ文化の十分な表現であると心から固く信じている．そして至るところで自分と同種の教養人を見い出し，学校や大学や美術館などの公の一切の施設は彼の教養性に即して，彼の要求に従って，組織されているので，彼はまた至るところで，現代ドイツ文化の尊敬すべき代表者であるという勝ち誇った感情を抱き続け，これに応じた主張と請求とをなすのである．ところで，真の文化がいずれの場合においても様式の統一を前提とし，悪しき退化した文化でさえも１つの様式の調和に融合する多様性なしには考えられえぬとすれば，教養の俗物のかの妄想における錯誤は，彼が至るところで自分自身と同形の特徴を再発見し，すべての「教養ある者」のこの同形の特徴からドイツ的教養の１つの様式の統一性，要するに１つの文化を推論することにおそらく由来するのであろう．（ニーチェ 1993: 16-17）

言葉遣いはやや難しいものの，ニーチェが言いたいことは明らかです．「俗物」は芸術や文化と対立する人のことですが，「教養の俗物」は自分が芸術や文化を体現すると「妄想」しています．そのような人々は「学校や大学や美術館などの公の一切の施設は彼の教養性に即して，彼の要求に従って，組織されている」ほどの影響力を持っています．ポイントになるのは，この偽教養とでも言うべき「悪しき退化した文化」や「自分と同種の教養人」に取り囲まれた教養の俗物が，真の教養に必要な統一性が存在すると「推論」してしまうということです．ですから教養の俗物は，自分が真の教養を持たないことに気づくチャ

5）ニーチェは『この人を見よ』の中で，この「教養の俗物」という言葉が自分の発明物であると述べています（ニーチェ 1994: 105）．

6）ニーチェは，教養に必要な「自然の本能」をドイツの教育は「へし折」っており，中でも「過去の時代と民族の極めて間接的知識から抽象された莫大な数の概念」を詰め込まれる学校教育が問題であると指摘しています（ニーチェ 1993: 222-223, cf. 69-70）．

ンスを持てず，正しい「自己認識」ができないのです．ニーチェはこのように，教養をめぐる当時のドイツの状況を鋭く描き出してみせます．

　ニーチェの教養についての説明を，さらに同書の第 2 篇からも見てみましょう．

　　[「近代人の最も独自な性質」とは] すなわち何も外なるものの対応しない内な
　　るものと，何も内なるものの対応しない外なるものとの珍奇な対立が，古
　　代民族の識らない対立が看破される．空腹を感ずることなしに，いな欲望
　　に反対して過度に詰め込まれる知識は今はもう改革し外部に駆り立てる動
　　機として作用せず，ある混沌とした内面の世界のうちに隠されたままであ
　　り，この世界をあの近代人は特異な誇りをもって彼に固有の「内面性」と
　　して特色づける．そして，内容はあるが，形式が欠けているだけだ，とお
　　そらく言うであろうが，しかしすべての生けるものにあっては，このこと
　　はまったく不適当な対立である．われわれの近代的教養はこの対立なしに
　　は全然把握されないが，まさにそれゆえにまったく生けるものではない．
　　換言すれば，それは現実の教養では全然なく，ただ教養に関する一種の知
　　識にすぎず，教養の思想や教養の感情に止まり，教養の決断はそれからは
　　生じてこないのである．これに対して，現実に動機となっており行動とし
　　て可視的に外へ歩み出るものは，どうでもよい因襲か憐むべき模倣かある
　　いは粗製な劇画より以上のものを意味しないことがしばしばある．した
　　がって感覚は，飼い兎を丸呑みにして，ゆったりと日向ぼっこをし，最小
　　限に必要なこと以外にはまったく動くことを止めているあの蛇と同様にお
　　そらく内面において休息しているであろう．内面の過程，これこそ今や事
　　柄そのものであり，これこそ本来の「教養」である．通りすがりの者はい
　　ずれも，かかる教養が不消化によって滅びないようにという唯一の願望を
　　抱くだけである．（ニーチェ 1993: 153-154）

まず，ニーチェが「われわれの近代的教養は [……] まったく生けるものではない」と述べる一方で，「生に満ちた教養」（ニーチェ 1993: 197）をおそらく望んでいることを確認しておきましょう．ここで彼が用いるのが，内面と外面の対比です．近代的教養とは，「過度に詰め込まれる知識」を内面に有しているものの，それが外面に作用できないことを指します．そのことが「飼い兎」（「過度に詰め込まれる知識」）を腹の中に抱えて動かない「蛇」（「感覚」）の例で示され

ています．むしろ，そのような教養を持っている人が外面に示すのは，「どうでもよい因襲か憐むべき模倣かあるいは粗製な劇画より以上のもの」ではありません[7]．先ほど確認したように教養ないし文化には「統一」が必要ですが，この近代的教養は内面と外面が「対立」しているのですから，当然統一されておらず，したがってそれは教養たりえないのです．しかし近代人はそれに気づかず，「内面の過程，これこそ今や事柄そのものであり，これこそ本来の「教養」である」という誤った見解に陥っています．

　私たちはニーチェの教養論にも，イソクラテス的教養の2つの要素，①と②の関係を垣間見ることができるかもしれません．彼が批判する近代的教養を持つ人々は，①にのみ執心し，②を軽視します．そうすることで①と②の対立が起こり，それは生に満ちた教養たりえないのです．ニーチェにとって①そのものが教養に無関係であったかどうかを本書で確定することはできません．しかし少なくとも，①のみを重視する当時の時代傾向へのカウンターとして，教養に内面と外面の統一が必要であると彼が強調したということは言えるのではないでしょうか．

5-3　教養教育

　さて，あらためて教養について考えてみましょう．その手がかりとして，ここでは大学のような高等教育機関における（一般）教養科目を取り上げます．皆さんが大学生であれば，卒業のために必要な単位の中に教養科目の単位が含まれていることが多いと思います．この教養科目は，おそらく教養を身につけるために設けられているものでしょう．しかし，そこで想定されている「教養」とは何でしょうか．

　ここで，本章で参照してきた3人の教育思想家の議論を振り返ってみましょう．イソクラテスの教養論は，幅広い知識とそれを用いる優れた人間性を伴った思慮の両者を含むものでした．また，フーゴーの教養論は，読書を通した三学四科の知識獲得と，それが日々の生活と結合することを求める「学修」とい

7）しかもその後のニーチェの説明を見れば，この外面に示されるものすら「フランス的因襲」のような他国からの借り物にすぎないことが分かります（ニーチェ 1993: 156–157）．

う概念から説明されていました．さらに，ニーチェの教養論は，内面と外面が統一された「生に満ちた教養」として示されるものでした．

そうすると，幅広い知識をただ有しているだけでは，その人を教養人と呼ぶことはおそらくできないでしょう．イソクラテスにしろフーゴーにしろ，その幅広い知識を前提としたうえで，それを適切に用いることができる人間性の形成に類したものを教養の要件として重視していました．また，ニーチェの場合は幅広い知識のみで教養に到達できるという考え方を強く批判していたのでした．しかし逆に考えれば，いくら人間性に優れ行動力に長けていても，そこで用いられるべき知識を併せ持っていなければ，それは空虚な人間に他ならないと思われます．外面的行動のため内面的知識を求め，内面的知識を有効に用いるために外面的行動を適切に取れる人，そのような人こそが教養人の名にふさわしいでしょう[8]．

ただし，以上の議論が正しいとしても，幅広い知識として何を学習すべきか，たしかな知識に基づいた行動を取るためにはどのような経験を積むべきかは定かではありません．そこで，「教養科目」を通じて教養教育をしている大学のような高等教育機関の責任は重いものとなるでしょう．教養教育のコンテンツについての問いは，とりわけ高等教育機関に関わる人々に開かれたものとしてこれからも存在し続けると思われます．そしてさらに，読者の中でも将来の職業として教員を志望している方々は，「一般教養」ではなく，専門職としての教員に求められる「教職教養」のコンテンツについても考えてみることが必要でしょう．そこから，専門的知識・技能と教養の関係を考えるという新たな問題も生じてきます[9]．厄介なこの問題について，ここで結論を出すことは到底できません．

ただし，本章の考察からは少なくとも次のことが言えると思います．専門的知識・技能を有しているだけでは，教員という職業の専門性には不十分です．それらを「うまく使いこなす」ためには，これまで明らかにされてきたような

8）私は以前，プラトンとアリストテレスの教養論について別個に論じたことがあります（酒井 2021, 2023）．教育思想史における教養概念を考えようとされる方は，ぜひそちらの議論もご覧ください．

9）戦後日本の教養教育（一般教育）の変容については吉田（2013）を，教養概念そのものをより包括的に考察するためには戸田山（2020b）を参照してください．

教養が何らかのかたちで必要になると思われます.

取り組んでみよう！

①あなたは,「教養」という言葉で何をイメージしますか. 考えてみてください.

②現役の大学生であれば, 所属する大学には教養科目があるはずです（他の高等教育機関に在籍している方であっても, 所属先には教養科目やそれに類するものがあると思います）. 自分が受講している（受講していた）科目も含め, どのような教養科目が存在するか調べてみてください. また, どのような目的でそれらの教養科目が置かれているかを考えてみてください.（現代では, シラバスや開講科目群の情報をウェブ上で閲覧できる大学がほとんどです. 現在大学生でない方は, そのような手段を用いてこの課題に取り組んでください. また, 現役大学生の方々も, 自分が所属する大学の教養科目を他の大学の教養科目と比較してみてください.）

③教員に必要な教養は, 別の職業に必要な教養と異なっていると思いますか. 具体例を挙げながら議論してみましょう.

第6章
教えないことによる教育と学習

6-1 教えることが教育のすべてか?

　私たちはこれまで,教員とは教える存在であることを自明のものとしてきました.対偶を取れば,教えなければ教員ではないことになります[1].しかし本当にそうなのでしょうか.ベテランの教員ほど,教えずに教育している人は多くないでしょうか.

　現代は「教えすぎる」ことが問題となっている時代です.教員に今求められているのは,いわゆるアクティブ・ラーニングと呼ばれるものです.これは,「主体的・対話的で深い学び」という名前で,現代日本の教育において推進されています.実際,小学校学習指導要領では,「主体的・対話的で深い学びの実現に向けた授業改善」の取り組みの中で配慮すべきこととして以下の7点が挙げられています(文部科学省 2017b: 22-23)[2].

- ① 断片的ではない全体的な学習
- ② 言語能力の育成
- ③ 情報活用能力の育成
- ④ 学習の見通しと振り返り

---

1)「対偶」とは,AならばBに対する非Bならば非Aのことを言います.たとえば,「向日葵ならば植物である」の対偶は「植物でなければ向日葵でない」ということになります.そしてAならばBが成り立つとき,非Bならば非Aも成り立ちます.しかし,「BならばA」(逆)や「非Aならば非B」(裏)は,AならばBが成り立つ場合でも成り立ちません.自分で例を作って確認してみてください.

2)以下の①-⑦は参照元から作成しました.直接引用も含みますが,ここでは表記を揃えるために「　」で括っていません.

⑤　体験活動の重視

⑥　児童の興味関心に基づいた自主的・自発的学習の促進

⑦　資料活用による情報の収集や鑑賞等の学習活動の充実

これらに配慮しながら教育をすることで，児童が主体の，教員からの一方向的教授ではない教員と児童ないし児童間での双方向的な対話型の，知識の詰め込みではない深い学習が達成されるということなのでしょう．教えることが教育のすべてではないことを示す「主体的・対話的で深い学び」という言葉は，教育というもののあるべき姿を示しているようにも見えます．また，これは初等教育だけでなく中等教育や高等教育でも推進されています[3]．

　さて，この主体的・対話的で深い学びないしアクティブ・ラーニングとは，一見すると教育方法を示しているように思われるかもしれません．しかしこのテーマを，教育方法についての第4章で扱わなかったことには理由があります．それは，現在の日本では，主体的・対話的で深い学びは教育方法ではなく，「授業改善の「視点」」とされているからです（小針 2018: 48-49）．たしかにこれは教育の方法という枠組みに収まり切るものではなく，それを含む，教員の教育への態度に適用されるものだと思います．さらに，そもそも「学び」や「ラーニング」という言葉が入っているのですから，そのような教員の態度は学習者の側の学習とも深く結びついていることが分かります．そこで，第Ⅱ部の最後に位置する本章では，アクティブ・ラーニングや主体的・対話的で深い学びという言葉を「教えないことによる教育と学習」というより広い観点から捉え，それについて考えてみたいと思います．この考察を手助けしてくれるのは，ソクラテス，ジャン＝ジャック・ルソー，そしてジョン・デューイです．

3）「主体的・対話的で深い学び」について学ぶ際には，松下，京都大学高等教育研究開発推進センター（2015）が基本書となります．

6‑2　教育思想史における教えないことによる教育と学習

○不知の自覚・想起説・助産術──ソクラテス

> **ソクラテス**（前469頃‑前399）
>
> 古代ギリシアの哲学者．アテナイで対話ないし問答を通じて，哲学を実践した．
> 不敬神と若者を堕落させた罪によって死刑判決を受ける．自身では何も著作を
> 残さなかったため，プラトンやクセノポン（前430頃‑前355頃）たちによる著作に
> よってその姿と思想を知るしかない．

　紀元前399年，1人の男が裁判で死刑判決を受けます．彼に向けられた告発は，
「若者たちを堕落させ，かつ，ポリスが信ずる神々を信ぜず，別の新奇な 神 霊
のようなものを信」じているというものでした（プラトン 2012: 41）．この男こそ
ソクラテスです．彼は教育と信仰の2つの点から告発を受けたわけですが，本
節ではこのうちの前者について，ソクラテス裁判の様子を描くプラトンの初期
対話篇『ソクラテスの弁明』から確認しましょう．[4]
　若者を堕落させているという自分に向けられた批判に対して，ソクラテスは
次のように反論します．

> 　いや，私は今まで決して，誰の教師になったこともありません．もし，私
> が自分の使命を遂行して議論しているのを聞きたいと思う人がいれば，若
> 者でも年長者でも，私は今まで決して誰にも出し惜しみしたことはありま
> せんし，金銭を受け取れば対話をするが受け取らなければしない，という
> こともありません．むしろ，裕福な人にでも貧しい人にでも同様に，自分
> を質問する者として差し出します．もし私に答えながら，私の言うことを
> 聞きたいと望む人がいればの話ですが．／そういった者の誰かが善良にな

---

4 ）プラトンの対話篇は，ソクラテスの影響がダイレクトに反映されている初期から，中
　期を経て後期に進むにつれてプラトン自身の思想が示されるようになると一般に評価さ
　れています．そのような事情もあり，ソクラテスとプラトンの思想がどのような関係に
　あるのかを確定させるのは難しい作業ですが，本節ではひとまず，不知の自覚，想起説，
　そして助産術をソクラテスの教育思想として取り上げました．これらは教育思想史にお
　いてしばしば彼に帰されるものです（村井 1993a: 31‑40, 教育思想史学会 2017: 512‑516）．

ろうがなるまいが，私は正当に責任を引き受けることはできませんし，その誰にも，今まで決して教育を引き受けて何一つ教えを授けたこともありません．他方で，もし誰かが，私からいまだかつて何か教えを受けたり，他の誰もが聞かないようなことを個人的に聞いたりしたと主張したとしても，よろしいですか，その人は真実を語ってはいないのです．（プラトン 2012: 72–73）

そもそもソクラテスは，自分は「教師」ではないと言います．知識を金銭で売る職業教師ソフィストと異なり，自身がやっていることは，「私の言うことを聞きたいと望む」誰に対しても「自分を質問する者として差し出」すということにすぎない．これは教育ではないので，自分と対話した者がどうなろうが責任を取ることはできないし，ソクラテスが教育者であると主張している人は嘘をついていることになります．

　このようなソクラテスの主張の背景には，有名な「不知の自覚」という思想があります．これは，「知らないことを，知らないと思っている」という状態のことです（プラトン 2012: 31–32）．教育をするためには教育者に知が必要だと思われますが，ソクラテスは自分の不知を自覚しているので教師にはなれないということです．ですから，彼にとっては学習することも教育の結果として生じるものではないことになります．ここで提出されるのが，これまた有名な「想起説」です．初期から中期への過渡期にあるプラトンの対話篇『メノン』において，ソクラテスは想起説を次のように説明します．

　こうして，魂は不死なるものであり，すでにいくたびとなく生まれ変わってきたものであるから，そして，この世のものたるとハデスの国［冥界］のものたるとを問わず，一切のありとあらゆるものを見てきているのであるから，魂がすでに学んでしまっていないようなものは，何一つとしてないのである．だから，徳についても，その他色々の事柄についても，いやしくも以前にも知っていたところのものである以上，魂がそれらのものを

5）ちなみに，ルソーは『エミール』にて，良い教師の「第一の資格」は「金で買えない人間であること」としています（ルソー 1962: 58）．

6）この思想は，一般的には「無知の知」として知られています．それが誤りであることについては，納富（2017）の第6章を参照してください．

想い起すことができるのは，何も不思議なことではない．なぜなら，事物の本性というものは，すべて互いに親近な繋がりを持っていて，しかも魂はあらゆるものをすでに学んでしまっているのだから，もし人が勇気をもち，探究に倦むことがなければ，ある1つのことを想い起したこと——このことを人間たちは「学ぶ」と読んでいるわけだが——その想起がきっかけとなって，おのずから他のすべてのものを発見するということも，十分にありうるのだ．それはつまり，探究するとか学ぶとかいうことは，実は全体として，想起することにほかならないからだ．だからわれわれは，さっきの論争家好みの議論を信じてはならない．なぜならあの議論は，われわれを怠惰にするだろうし，惰弱な人間の耳にこそ快く響くものだが，これに対して今の説は，仕事と探究への意欲を鼓舞するものだからだ．ぼくはこの説が真実であることを信じて，君といっしょに，徳とは何であるかを探究するつもりだ．（プラトン 1994: 47-48）

「さっきの論争家好みの議論」とは，「知らないものは探究できず，すでに知っているものは探究する必要がないため，いずれにせよ探究はできない」という，メノンのパラドクスと呼ばれるものです（プラトン 1994: 45-46）．上の引用で示されている想起説は，このパラドクスへ応答するものだと考えられています[7]．不死である人の魂は，何度も繰り返される生まれ変わりのうちですべてのことを学んでしまっています．そうすると，今知らないことがあるとしてもそれは単に忘れてしまっているだけであり，元々知っているのですから，それを探究した結果として想い出すことは可能です．ソクラテスはこのようにしてメノンのパラドクスを打ち破ります．そして彼にとっては，想起する＝「学ぶ」ということになるのです．知を伝達しているわけではないため，ここでもソクラテスは教師ではありません．

　最後に，中期後半のプラトン対話篇『テアイテトス』を取り上げます．その対話篇でソクラテスは，自分が「魂が生むのを見守るのであって，身体が産むのを見守るのではない」と産婆との相違点について注意したうえで（プラトン 2019: 62），次のように述べます（「産婆」は当然差別的な言葉ですが，引用元に従います）．

7）しかし，想起説はメノンのパラドクスへの応答を意図していない，という解釈があります．私は以前，酒井（2020b）においてこの解釈に反論しました．ご関心のある方はぜひご一読ください．

　　ただし，少なくとも産婆たちと同じく，こういうことが私にもあてはまる．
　　つまり，私も自分では，知恵を生むことができない．したがって，前から
　　多くの人々は私のことを，他の人々には問いながら，自分では知恵のある
　　ことを何一つ持っていないがために，何事に関しても何も積極的に申し立
　　てない，そう言って非難しているが，この点では彼らの非難は正しいのだ．
　　そして，その原因はこれだ．つまり，神が私に助産を命じて，自分で生む
　　ことをしないようにしたのだ．それで私は，自分自身まったく知恵のある
　　者ではなく，また私の魂が生んだ子としては，なんらのそのような新案も
　　持っていないのだ．／他方，私と交際する人々について言えば，はじめの
　　うちその一部の人々はまったく無学に思われるが，交際が進むにつれその
　　全員が，神がそれをお許しになる場合，驚くほどの進歩を遂げる．そして，
　　そのように本人にも他の人々にも，思われるのだ．しかも，明らかに彼ら
　　は，私の元から何かを学んで進歩したのでは決してなく，自分たちで，自
　　分の元から多くの美しいことを発見し，生み出したうえで進歩したのであ
　　る．（プラトン 2019: 62-63）

ソクラテスと産婆には共通点もあります．「産婆」はもう自分では子どもを産
まずに助産をするのですが（プラトン 2019: 58），彼は，自分も産婆と同じく「知
恵を生むことができ」ず，「交際する人々」が知恵を生む手伝いをしているだ
けだと主張するのです[8]．これがソクラテスの「助産術」と呼ばれるものです．
生まれる赤ん坊が産婆ではなく母親の胎内にいたように，生まれる知恵もソク
ラテスではなく対話相手の中にあります．
　ソクラテスは一貫して自身が教師ではないと主張します．それは，学習者に
伝達するような知を持っていない自分にできることは，学習者が自身で探究し
て知を獲得することの手伝いであると考えていたからです．

　○消極教育──ジャン＝ジャック・ルソー
　さて，以前述べた通り（→1-2），ルソーは教育哲学史のヒーローです．強
い影響力を持つ彼の思想の紹介を一度で終わらせることはできません．教えな

8）『テアイテトス』には，ソクラテスの母親自身が産婆であったことも記されています（プ
　ラトン 2019: 56）．

いことによる教育と学習の文脈においても，ルソーの思想を確認してみましょう．

『エミール』第1編は「万物を作る者の手を離れるときすべてはよいものであるが，人間の手に移るとすべてが悪くなる」という主張から始まります（ルソー1962: 27）．これは，自然状態がよいものであり，人間が介入することで悪くなってしまうということを意味します．そうすると，ルソーにとっては，たとえば習慣づけのようなものを重視する教育は許されないことになるでしょう（→第8章）．以下の文章は，ルソーのそのような態度をよく示しています．

> 子どもにつけさせてもいいただ1つの習慣は，どんな習慣にもなじまないということだ．一方の腕でばかり抱いてやってはいけない．一方の手ばかり出させるようにしてはいけない．一方の手ばかり使わせてはいけない．同じ時刻に食べたり，眠ったり，行動したりしたくなるようにしてはならない．昼も夜も一人でいられないようにしてはならない．体に自然の習性を持たせることによって，いつでも自分で自分を支配するように，ひとたび意志を持つにいたったなら，何事も自分の意志でするようにしてやることによって，早くから自由の時代と力の使用を準備させることだ．（ルソー1962: 92）

ルソーは逆説的な言い回しを自覚的に使用します（ルソー 1962: 171）[9]．この文章ではそのことが顕著にあらわれており，「子どもにつけさせてもいいただ1つの習慣は，どんな習慣にもなじまないということだ」と言われています．それが「自然の習性」です．ルソーが習慣づけを否定するのは，それが「自分の意志」で振る舞うことに繋がらないからです．つまりルソーにとって，習慣づけとは他律的なものなのでしょう．また彼は，習慣に魅力を感じるのは怠惰な人間の証であるとも考えています（ルソー 1962: 508, n. 49）．それゆえ，ルソーは子どもにとって自律が重要であることを強調します．

　自然と子どもの自律を重視するルソーの態度は，教師の役割にも関係してきます．エミールの家庭教師は特定のことを教え込むのではなく導く存在である

9）たとえば，「服従の掟」が嘘をつかせるとか，美徳を教えることが悪徳を教えることになるという議論があります（ルソー 1962: 194, 198-199）．ルソーのこの議論はとても面白いものですので，当該箇所をぜひ読んでみてください．

ので，「教師」という名はふさわしくありません（ルソー 1962: 64）[10]．その役割は
より具体的に次のように述べられます．

> しかし［その他の教育とは異なって］，私の場合は，教育は生命とともに始ま
> るのだから，生まれたとき，子どもはすでに弟子なのだ．教師の弟子では
> ない．自然の弟子だ．教師はただ，自然という首席の先生のもとで研究し，
> この先生の仕事が邪魔されないようにするだけだ．教師は乳児を見守り，
> 観察し，その後に付いて行き，子どもの悟性がおぼろげに現れ始めるとき
> を注意深く見張っている，新月の頃になると回教徒［イスラム教徒］が月の
> 出を見張っているように．（ルソー 1962: 87）

『エミール』の教育は学校入学後などではなく生まれた瞬間から始まっている
ので，子どもは「教師の弟子」ではなく「自然の弟子」であるとされます．自
然の補助をするのが人間の教師の役割です．これがルソーの「消極教育」と呼
ばれるものですが，それが子どもを放置することではなくその様子に細心の注
意を払うものであることには注意しておきましょう（ルソー 1962: 108）．実際に
ここでも，「教師は乳児を見守り，観察し，その後に付いて行き，子どもの悟
性がおぼろげに現れ始めるときを注意深く見張っている」と述べられています．
　この消極教育において子どもに教えられているのは，「あらゆるよい教育の
根本原則」である「学問を愛する趣味を与え，この趣味がもっと発達したとき
に学問を学ぶための方法」です（ルソー 1962: 386）．つまり消極教育は，子ども
に知識を教え込むのではなく，学習への態度を教えるものだと言うことができ
ます．それでは，ルソーはその子どもが消極教育を経てどのような存在になる
べきだと考えているのでしょうか．『エミール』最終編の第5編を少しだけ覗
いてみましょう．

> 長たらしい道徳訓を私から聞くつもりでいてはならない．君に与えるべき
> 教訓を私は1つしか持たない．その教訓に他のすべての教訓が含まれてい
> るのだ．人間であれ．君の心を君に与えられた条件の限界に閉じ込めるの
> だ．その限界を研究し，知るがいい．それがどんなに狭くても，そこに閉

---

10) 幾何学教育について論じる際に，ルソーは「私としては，エミールに幾何を教えよう
　　とは思っていない．彼が私に教えてくれることになる」と述べています（ルソー 1962:
　　317）.

じこもっている限り，人は不幸にはならない．その限界を越えようとする
ときはじめて不幸になる．無分別な欲望を起こして不可能なことを可能な
ことと考えるとき不幸になるのだ．自分の人間の状態を忘れて空想的な状
態を作り上げるとき不幸になるのだ．そんなことをしても，いつでも人は
再び自分の状態に落ち込んでしまう．それを持たないことが辛く思われる
財産は，自分はそれに対する権利を持っていると信じている財産だけだ．
それを手に入れることは明らかに不可能な場合には心は離れていく．希望
のない願いは心を苦しめはしない．[……]（ルソー 1964: 259）

私たちが想像する（古臭い）教師像は，お説教をたくさんする人だというもの
でしょう．ルソーもそのような教師像を想定したうえで，自分は「人間であれ」
という教訓のみで済ませると言います．ルソーは第2編において，欲望が自身
の力を超える状態を避けなければならないと強調していました（ルソー 1962: 145
-148）．ここでもその議論が生きているように思われます．この第5編では，
人間としての限界を超えた欲望を持つことで「不幸」になってしまうという理
由から，私たちは人間でなければならないと述べられます．
　ですから，『エミール』の教育目的は子どもを導いて「人間」にすることで
す[11]．そしてそのために必要とされるのが，教え込む教育ではなく，消極教育と
されるものでした[12]．

○なすことによって学ぶ——ジョン・デューイ

ジョン・デューイ（1859-1952）

20世紀アメリカの哲学者，教育思想家．哲学者としてはプラグマティズムの，
教育思想家としては進歩主義教育思想の中に位置づけられる．戦後日本の教育

11）デューイは『民主主義と教育』において，本来ルソーは人間形成よりも公民（市民）
　形成を重視しており，『エミール』における人間形成の議論が「その時代の腐敗の中で
　彼が描写することのできた最良の代用品にすぎなかった」と述べています（デューイ
　1975a: 152-153）．ルソー解釈においてたびたび問題となってきたこの人間形成と市民形
　成について，たとえば眞壁（2018: 162-164）を参照してください．

12）ただし，「初期の教育はだから純粋に消極的でなければならない」とあるように（ルソー
　1962: 171），ルソーが消極教育の時期を限定していることには注意すべきです．「『エミー
　ル』第4篇以降のいわゆる思春期，成人期に該当する時期において，「消極教育」は姿
　を消す」ことになります（眞壁 2020: 166）．

改革にも大きな影響を与えた．主著として，『学校と社会』（1899）や『民主主義
と教育』（1916）がある．

　さて，教育哲学史のもう1人のヒーローであるジョン・デューイの登場です．
彼の言葉として有名なものに，「なすことによって学ぶ（learning by doing）」と
いうものがあります．デューイの教育哲学のスローガンのように見られている
この言葉は，娘のエヴェリンとの共著である『明日の学校』（1915）の中で登場
します（上野 2022: 85-96）．ただ，この言葉の含意する「経験」の重要性につい
ては，彼は他の著作でもしばしば強調します．たとえば，晩年の著作『経験と
教育』（1938）では，「学習を継続していこうと願う態度」（デューイ 2004: 73）の
重要性が指摘されたうえで次のように述べられます．

　　[……] われわれはしばしば，ほとんど学校教育を受けなかったが，その正
　　規の学校教育の欠如が確かな財産になっている人によく出会うものであ
　　る．そのような人たちは少なくとも，その人ならではの固有の常識と判断
　　力を保持し，それを生活における実際の条件の中で行使し，それによって
　　自己の経験から学ぶという貴重な才能が与えられてきたのである．もし学
　　習の過程において，個人が他ならぬ自分自身の魂を失うならば，価値ある
　　事物やその事物に関連する価値に対して批評する能力を失うならば，さら
　　にまた学んだことを適用したいという願望を失うならば，とりわけこれか
　　ら起こるであろう未来の経験から意味を引き出す能力を失うならば，地理
　　や歴史について規定されている知識量を獲得したところで，また読み書き
　　の能力を獲得したところで，それが何の役に立つというのであろうか．
　　（デューイ 2004: 73-74）

学校教育を受ける機会に恵まれなかった人の中には，生活における「自己の経
験から学ぶ」という才能を持つ人がいます．この才能を失ってしまった人は，
学校教育で多くの知識や能力を獲得したとしてもそれを活かすことができませ
ん．

　この『経験と教育』の引用から，デューイが経験に比べて教育（教授）を軽
視しているような印象を受けた人もいるかもしれません．実際，戦後の日本で
は彼の思想をそのように受け止め，実行した人々の活動が「はいまわる経験主
義」と批判されたこともありました（小針 2018: 141-146）[13]．しかし，『民主主義と

教育』におけるデューイの経験についての考え方を見れば，それが明確な誤解であることがすぐにわかります．彼はそこで，経験の中に「能動的要素」と「受動的要素」が含まれることに注意したうえで，次のように述べます．

> ［……］単なる活動は経験とはならない．それは分散的であり，遠心的であり，浪費的である．試みとしての経験は変化を伴う．だが，変化は，その変化から生じた結果という反作用と意識的に関連づけられるのでなければ，無意味な変転にすぎない．活動がその結果を被ることになるまで続けられると，つまり，行動によって引き起こされた変化が跳ね返ってわれわれの中に変化を引き起こすと，単なる流転にすぎなかったものに意味が詰め込まれる．われわれは何かを学習するのである．子どもが自分の指を炎の中にただ突っ込むだけなら，それは経験ではない．その動作が，結果として彼が被った苦痛と結びつけられたとき，それは経験となる．それ以後は，炎の中へ指を突っ込むことは，火傷を意味することになる．火傷を負うことは，それがある別の行動の結果として認識されないならば，木の棒が燃えるのと同様，単なる物質的な変化にすぎないのである．（デューイ 1975a: 222）

経験とは，何かを「試み」ることで（能動的要素），試みた主体に何らかの「変化」が生じることです（受動的要素）．軽い気持ちで火の中に指を入れてしまう子どもは，その結果として痛みが生じたと認識することで心持ちが変化するでしょう．つまり，「これからは，不用意に火に近づいて火傷を負わないようにしよう」と経験から学習するのです．その子どもの心持ちに何の変化も生じなければ，そこから先も何度でも火の中に指を入れることでしょう．ですから，「単なる活動は経験とはならない」のです．

　しかし『学校と社会』で述べられている通り，「子どもの諸々の活動は，散漫であったり，単に衝動的な発現のままにまかせられていたり」します（デュー

---

13)「子どもの生活経験における気付きや疑問を前提として，その発展として教育の内容や方法を決定する立場」である経験主義と対比されるものとして，「科学や学問などにもとづいた知識体系を前提として，教育の内容や方法を決定する立場」である系統主義があります（田中 2018: 26–29）．日本における戦後の教育改革がこの両者の間をあたかも「振り子」のごとく行き来していたことについては，池田，楠本，中原（2022）の第6章が簡潔にして要を得たまとめとなっています．

イ 1957: 52）．そのような子どもの活動を経験へと導くためには教師が必要です．
『経験と教育』に戻り，次の文章を参照しましょう．

> 教師の仕事は，衝動や欲望が生じるや，それを好機に利用する点を見定め
> ることである．自由は，目的が発展する際に，知的な観察と判断とが働い
> ているところに存在するので，生徒が知性を実地に働かせることができる
> よう，教師によって与えられる指導は，生徒の自由を制限するものではな
> く，むしろ自由を助長するものである．教師には，集団の成員としての生
> 徒が何をなすべきであるかについて示唆することさえ，ためらうきらいが
> みられるのである．子どもたちが事物や教材に取り囲まれているままに，
> まったく置き去りにされ，教師はその教材によって対処しうるものは何か
> について示唆することさえ，生徒の自由を侵害するのではないかとためら
> っているのである．私はこのような事例をいくつも聞いている．それで
> は，教材はあれこれと示唆することの源泉であるのに，どうして教材が供
> 給されてよいのかということになる．しかし，さらに重要なことは，生徒
> が行動することに与えられる示唆は，いずれにせよ，どこからか来なけれ
> ばならないということである．どうして，多大な経験と広範な視野を持つ
> 人からの示唆は，多かれ少なかれ，偶発的な出所からの示唆よりは，少な
> くとも有効ではないというのであろうか．それは理解に苦しむというもの
> である．（デューイ 2004: 113-114）

生徒には自由が必要です．しかし，それは教師の指導をなくすことを意味しま
せん．なぜなら，「多大な経験と広範な視野を持つ」教師の適切な指導は，「生
徒の自由を制限するものではなく，むしろ自由を助長するもの」だからです．
むしろ教師が何の指導もしなければ，子どもたちは「まったく置き去りにされ」
てしまい，活動から経験に移行することができなくなるでしょう．ですから，『民
主主義と教育』でデューイは「教育の専門的な定義」として，「教育とは，経
験の意味を増加させ，その後の経験の進路を方向づける能力を高めるように経
験を改造ないし再組織することである」と述べるのです（デューイ 1975a: 127）．
ただしそのような教育を行う教師の権威については，「個人的な方法で〔……〕
行使しなければならないような場合を，極力最小限に留め」られるのであり，「教
師個人の力を表示するものであってはならない」とされます（デューイ 2004: 84）．[14]
　デューイはたしかに，「なすことによって学ぶ」もしくは「経験から学ぶ」

ことを重視していました．しかしそれは教師の役割をなくすことを意味しません．有能な教師の教育があってこそ，子どもたちは適切に経験から学ぶことができるようになるのです．

6-3　導くことと教授すること

　ソクラテス，ルソー，そしてデューイという三者の教育思想には多くの違いがあります．とりわけ，彼らの思想の理論的背景が重要な相違点となるでしょう．ソクラテスの場合，彼の教育思想は何よりも不知の自覚に支えられています．そうであるからこそ，彼は自身が教師ではなく想起の手伝いや助産を行っているだけだと主張するのです．ルソーの場合，彼の教育思想の根本には自然の重視があるでしょう．消極教育という思想は，子どもを教育するのは自然であるという信念から生じます．デューイの場合，能動的要素と受動的要素から成るという彼の経験概念が重要となります．経験がそのような構造を持つという洞察が，経験からの学習を重視するという彼の教育観に繋がりました．

　しかし，このような相違点を持つ一方で，彼らの議論には共通点もあります．それは，教えないことによる教育が，教育対象の放置と同義ではないということです．私たちが教えることを知識の詰め込みと同一視するのであれば，この教育思想家たちの議論はたしかに「教えないことによる教育」を示すでしょう．しかし本章で見てきたように，ソクラテスもルソーもデューイも，教育対象を繊細な仕方で導くことが必要であると考えていたのでした．そうすると，「教えないこと」とはルソーに倣って「導くこと」に置き換えて理解するべきではないでしょうか．その導くことの内容や方法は教育思想家たちによって異なるでしょうが，少なくとも，導くことが教育の重要な構成要素であることは間違いなさそうです．そして，教師は教育対象を学習に向けて導きます．

　さて，ここで読者の皆さんに考えてほしいのは，教えないこと＝学習に導くことだけで教育は成り立つのか，ということです．今まさに話題に出した「知

14）デュルケームも『道徳教育論』において，「教師の役割［……］とは，この集団生活を導いていくことである」（デュルケム 2010: 394）としたうえで，教育者の「権力の乱用」を戒めています（デュルケム 2010: 248）．また，その対策として，担任の交代についても言及しています（デュルケム 2010: 401-402）．

識の詰め込み」ですが，この言葉にポジティブな思いを抱く人はそれほど多くないと思います．しかし，私たちの思考は，一定の知識量がなければ狭まるのではないでしょうか．つまり，良い思考をするためにはそれ相応の量の知識が必要なのではないでしょうか．そうすると，教育の営みから「知識の詰め込み」を排除しようとする態度も慎まなければならないでしょう．もちろん，それは手当り次第どんな知識でも詰め込めばいいというものではなく，ある程度体系的なかたちで行われなければなりません．この体系的な「知識の詰め込み」を「教授」することと呼んでよければ，それも教育の重要な構成要素のように思われます[15]．

　ですから，教育には導くことと教授することの両方が必要であり，どちらかだけでは成り立ちません．導くことと教授することの適切な比率は，その時々のケースに依存して定まってくるでしょう．たとえば，教育方法にも関係する子どもの発達段階などは特に重要です（→第4章）．そういった様々な事態を適切に見極めることこそ，専門職としての教員に求められることだと思います．

取り組んでみよう！

①あなたはこれまでの人生で「アクティブ・ラーニング」に相当するような教育を受けたことがありますか．もしあるのでしたら，それはどのような教育だったでしょうか．思い出してみましょう．

②6-2で紹介した『メノン』という対話篇では，想起説が正しいことを証明す

---

15) 加藤尚武は，消極教育に反対し次のように述べます．「教育の過程では，「覚えなさい」と言わねばならないし，言わざるをえない．「記憶しなさい」という命令を除いて教育を行うことはできない．問題は内容の適切さにあるのであって，命令それ自体にあるのではない」（加藤 2006: 118）．ちなみに，ヘルバルトは（総合的）教授について，「この教授においては，表象が心情にあまり詰め込まれていないか，あるいは，逆に心情をほとんど空にさせたままでいるか，絶えず観察されなければならない」と述べますが（ヘルバルト 1960: 124），これは「要素の十分な理解のためには，そのためにしばしばみられる，詰め込み，暗記は排除されねばならない」ということを意味すると解されます（三枝 1982: 134）．いずれにせよ，私はここで，ヘルバルトとは異なる仕方で「教授」という概念を用いています．

るため，ソクラテスが想起の実演を行います．この箇所を読み，彼のやって
いることが「教育」かどうかについて考えてみましょう．

③なぜ「知識の詰め込み」は否定される傾向が強いのでしょうか．また，教育
　現場からそれが排除されることで生じる問題は存在しないでしょうか．議論
　してみましょう．

第Ⅲ部　　学　　校

サリー・ブラウン「ひとつも答えがわからなくて，学校
　　　　　　へいけると思うの？」
チャーリー・ブラウン「答えを知ってる必要はないんだ
　　　　　　……だからこそ学校へいくんだから……」
　　　　　　──チャールズ・M・シュルツ「ピーナッツ」
　　　　　　　　　　　　　　　　　　（シュルツ 2012: 75）

第Ⅲ部では，子どもが学び，教師が教える場
である「学校」について考えます．第7章で
は「教育カリキュラム」，第8章では「道徳
的発達」，第9章では「場としての学校」を
論じます．

第7章
教育カリキュラム

7-1　大学ってどんなところ？

　この本で授業を受けている皆さんは，大学入学後に驚いたのではないでしょうか．大学は高校以前とまるで違います．例外はあるでしょうが，基本的に，どの授業を履修するかはすべて自分で決めなければいけません．そのためには，「学生便覧」や「履修カルテ」，そして「シラバス」等の多くの資料を参照する必要があります．現在では，私の勤務先も含めそれらの資料や履修登録が電子化されている大学が多いと思いますが，私自身が学生の頃は，分厚い紙の資料を何度も参照しながら，紙の履修届の時間割を埋めていました．また，この本の読者には教職課程を取っている人が多いと思いますので，免許や資格が絡むと，履修登録はさらに大変になると思います．

　それでは，このような大学は一体何を目的とした場所なのでしょうか．教育基本法と学校教育法の条文を見てみましょう．

　教育基本法第7条
　　第1項　大学は，学術の中心として，高い教養と専門的能力を培うとともに，深く真理を探究して新たな知見を創造し，これらの成果を広く社会に提供することにより，社会の発展に寄与するものとする．
　　第2項　大学については，自主性，自律性その他の大学における教育及び研究の特性が尊重されなければならない．

　学校教育法第83条
　　第1項　大学は，学術の中心として，広く知識を授けるとともに，深く専門の学芸を教授研究し，知的，道徳的及び応用的能力を展開させることを目的とする．

　　　第2項　大学は，その目的を実現するための教育研究を行い，その成果を
　　　　　　広く社会に提供することにより，社会の発展に寄与するものとす
　　　　　　る．

　この2つの条文から理解されるのは，大学が「学術の中心」であり，教育だけ
でなく「研究」を行う場でもあることです．実際，学校教育法では各学校種の
目的が示されますが，大学院（第99条第1項および第2項）と高等専門学校の専攻
科（第119条第2項）以外には，「研究」という言葉は使用されていません．

　どうやら，大学とは研究を中心とした組織のようです．ですから，皆さんが
日頃授業を受けている教員の方々も研究者としての顔を持っています．その一
方で，法律上は「学校」の一種であることから（→3-1），大学は高校以前の
他の学校種との共通点も持っています．そこで，「教育カリキュラム」と題さ
れた本章では，大学を含めたそれぞれの学校種がどのような関係にあるかを考
察します．

　章タイトルに含まれる「カリキュラム」について説明しておきましょう．こ
の言葉は「教育課程」と訳され，その教育課程は「少なくとも国・学校・教師
という3つのレベルにおいて構成される複雑な重層構造」を持つ，教育内容の
全体を意味します（柴田 2000: 5-8）．ここでその教育課程ではなく教育カリキュ
ラムという語を使っているのは，ラテン語原語cursusの「走路」や「経過」
という意味を反映する，「人生の来歴」としての「秩序づけられた連続的な学
習の経験およびその過程」について論じたかったからです（教育思想史学会 2018:
101）．やや特徴的な用い方であることは承知したうえで，私はこのような事態
を「教育カリキュラム」という言葉で示します．なお，学校種同士の関係といっ
ても，本章では大学，短期大学，専門学校のような「学校系統」ではなく，初
等教育から高等教育までの「学校段階」を念頭に置いています（汐見，伊東，髙田，
東，増田 2011: 66）．

　この学校段階の具体例として，令和4年における日本の学校系統図（図1）
を『学制百五十年史』から引用します（文部科学省 2022b: 1009）．ここから理解
されるように，日本の学校制度は学校段階に重きを置いた単線型であり，基本

1）教育学の中で，教育カリキュラム論ないし教育課程論は重要な位置を占めます．柴田
　（2000）に加え，安彦（1999）や山田（2018）を参照してください．

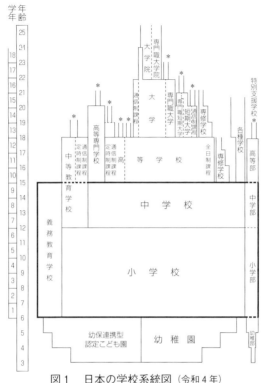

図1　日本の学校系統図（令和4年）

（注）（1）▭ 部分は義務教育を示す。
　　　（2）＊印は専攻科を示す。
　　　（3）高等学校，中等教育学校，大学，短期大学，特別支援学校
　　　　　　高等部には修業年限1年以上の別科を置くことができる。
　　　（4）幼保連携型認定こども園は，学校かつ児童福祉施設であり
　　　　　　0～2歳児も入園することができる。

的に，小学校6年間・中学校3年間・高等学校3年間・大学4年間の6・3・3・4制を取っています．他方，戦前の日本や現代のドイツなど，学校系統に重きを置いた複線型の学校制度を採用している国もあります．また，各学校段階での修業年限も6・3・3・4制以外の様々なものがあります[2]．教育カリキュラムや学校段階と一口に言っても，様々なパターンが存在することが分かります．

　そのような教育カリキュラムの源流を探るため，本章では，プラトン，ヨハネス・アモス・コメニウス，そしてヴィルヘルム・フォン・フンボルトの3人

の教育思想を参照します．

7-2　教育思想史における教育カリキュラム

○理想国の教育カリキュラム──プラトン

> **プラトン**（前427-前347）
>
> 古代ギリシアの哲学者．ソクラテスの弟子でアリストテレスの師．学園アカデ
> メイアの創設者にして初代学頭であり，同時期に修辞学校を運営していたイソ
> クラテスとはライバル関係にあった．主著として『パイドン』や『ポリテイア（国
> 家）』がある．

　プラトンは『ポリテイア』という中期対話篇の中で，注目に値する教育カリ
キュラム論を展開しています．同書第7巻において，まず彼は「教育と無教育
ということに関連する」洞窟の比喩と呼ばれるものを提示します（プラトン
1979b: 94）．この比喩を簡単に説明すると次のようになります．入り口のある洞
窟の中で，人々が洞窟の奥の方に向けて，振り返ることができないように生ま
れたときからずっと縛り付けられています．洞窟の入口側では火が燃えており，
さらにその火と人々の間にある低い壁の上を，人間やその他の生物および事物
に似た像が運ばれているのです．燃えている火によって映し出される像の影を，
縛られている人々は見続けることになります．そして，縛り付けられている状
態から解放された人が，洞窟の入口の方へと向きを変えて，像を見て，火を見
て，洞窟の外で水に映る映像を見て，映像の実物を見て，夜の天空を見て，最
終的に太陽を見るようになるストーリーが語られます（プラトン 1979b: 94-98）．

　この洞窟の比喩は，プラトンが思い描く学習の過程を示しています．実際，
洞窟の比喩について述べられた後に，プラトンはソクラテスとグラウコンに次
のように対話させるのです．

2）この段落の記述についても，汐見，伊東，髙田，東，増田（2011: 66-67）を参照しました．
　そこで述べられている通り，複線型の学校制度は「階級や性別によって区別された」も
　のであるため，「進路選択後は進路変更ができ」ず，「学校で学び卒業しても身分制社会
　構造が再生産されるシステム」です．戦前の日本や各国の学校制度については水原（2017）
　を参照してください．

「それなら」とぼく［ソクラテス］は言った，「もし以上に言われたことが真
実であるならば，われわれは，目下問題にしている事柄について，次のよ
うに考えなければならないことになる．すなわち，そもそも教育というも
のは，ある人々が世に宣言しながら主張しているような，そんなものでは
ないということだ．彼らの主張によれば，魂の中に知識がないから，自分
たちが知識を中に入れてやるのだ，ということらしい——あたかも盲人の
目の中に，視力を外から植えつけるかのようにね」／「ええ，たしかにそ
のような主張が行われていますね」と彼［グラウコン］は言った．／「とこ
ろがしかし，今のわれわれの議論が示すところによれば」とぼくは言った，
「一人ひとりの人間が持っているそのような［真理を知るための］機能と各人
がそれによって学び知るところの器官とは，はじめから魂の中に内在して
いるのであって，ただそれを——あたかも目を暗闇から光明へ転向させる
には，身体の全体といっしょに転向させるのでなければ不可能であったよ
うに——魂の全体といっしょに生成流転する世界から一転させて，実在お
よび実在のうち最も光り輝くものを観ることに堪えうるようになるまで，
導いて行かなければならないのだ．そして，その最も光り輝くものという
のは，われわれの主張では，〈善〉にほかならぬ．そうではないかね？」
／「そうです」／「それならば」とぼくは言った，「教育とは，まさにそ
の器官を転向させることがどうすればいちばんやさしく，いちばん効果的
に達成されるかを考える，向け変えの技術にほかならないということにな
るだろう．それは，その器官の中に視力を外から植えつける技術ではなく
て，視力ははじめから持っているけれども，ただその向きが正しくなくて，
見なければならぬ方向を見ていないから，その点を直すように工夫する技
術なのだ」（プラトン 1979b: 103-105)

教育とは，教師から生徒に知識を移し替えるような営みではありません．むし
ろそれは，洞窟の比喩が示すように，影の世界から実在の世界への魂の「向け
変えの技術」です．それが「その器官の中に視力を外から植えつける技術では
なくて，視力ははじめから持っているけれども，ただその向きが正しくなくて，
見なければならぬ方向を見ていないから，その点を直すように工夫する技術な
のだ」というように，視力の例を使って説明されます．そして，その教育は「実
在および実在のうち最も光り輝くもの」である「〈善〉」まで続かなければなり

ません．この〈善〉はいわゆる善のイデアのことであり，洞窟の比喩の太陽が
相当するものだと考えられています．この善のイデアについては後ほど説明し
ますので（→10-2），ここではそれが教育の最終目的だとされていることをひ
とまず押さえてください．

　さて，『ポリテイア』の目的の１つは理想国の実現可能性を示すことですので，
当然そこには，理想国の教育カリキュラムについての考察も含まれます（古代
ギリシアに生きたプラトンの場合は，学校段階ではなく年齢ごとに教育内容を区別していま
す）．そして，このカリキュラムを最後まで達成した人が理想国の統治者であ
る哲人王になることができます（ちなみに，理想国には複数の哲人王が存在している
ので，１人の哲人王が独裁政治を行っているわけではありません）．『ポリテイア』から
哲人王育成を到達地点とするこのカリキュラムを適切に示すまとまった引用を
行うことが難しいので，ここでは翻訳者の藤沢令夫によるまとめを参照しま
しょう（プラトン 1979b: 384）．

> （１）17，８歳までの少年期──数学的諸学科の自由な学習（同時に［……］
> 　　　音楽・文芸と体育も）
> （２）17，８歳から20歳──体育のハード・トレーニング
> （３）20歳から30歳まで──選抜者に対して数学的諸学科の総合的研究
> （４）30歳から35歳まで──さらなる選抜者に哲学的問答法（ディアレクティ
> 　　　ケー）の持続的集中的学習
> （５）35歳から50歳まで──公務について実際上の経験を積む
> （６）50歳以降──最優秀者は〈善〉のイデアの認識．以後は哲学に過ごし，
> 　　　順番により政治と支配の任務につく

善のイデアの認識による哲人王の育成に向けて，連続的な教育カリキュラムが
組まれていることがわかります．引用元がそもそも要約ですので詳しく説明す
る必要はないと思いますが，プラトンが数学教育を重視していることには注意
してください．数学的思考力を育成することが，哲人王になるための必要条件

3）ちなみにルソーは『エミール』にて，プラトンの『ポリテイア』は「政治についての
　著作」ではなく「公共教育」をテーマとするものだと述べています（ルソー 1962: 35）．
4）以下では藤沢のまとめから，古典ギリシア語原書のページ数表記を削除し，一部の表
　記をあらためたうえで引用しています．

だったのです．そして，プラトンにとって哲人王が行う哲学とは「観想」活動でもあります（プラトン 1979b: 128）．これは，私たちがイメージする研究のようなものと捉えてそれほど間違いではないでしょう．

　プラトンは『ポリテイア』の洞窟の比喩によって，教育の最終目的が善のイデアの認識であることを示しました．その目的を達成するためには，少年期から50歳に至るまで連続した教育カリキュラムをこなす必要があります．特にプラトンの議論における数学教育重視の姿勢は，後の教育思想家たちに大きな影響を与えました[5]．

○学校教育の四時期──ヨハネス・アモス・コメニウス

> **ヨハネス・アモス・コメニウス（1592-1670）**
>
> チェコの教育学者，宗教家，哲学者，文学者．三十年戦争（1618-1648）勃発後に信仰上の理由から迫害され，最終的には国外退去令を受ける．その後，様々な国で亡命生活を送りつつ，多くの著作を執筆した．祖国に帰ることができず，亡命先のオランダで客死．主著に『大教授学』（1657）や『世界図絵』（1658）などがある．

　ここではコメニウスの教育思想を，主著である『大教授学』をもとに，没後刊行された『パンパイデイア』も適宜参照しながら示したいと思います．

　『大教授学』は教育思想史において有名な著作です．その理由は，この書のタイトルである大教授学についての「すべての人にすべての事を教える普遍的技法」（コメニウス 2022: 5）というコメニウスの説明から理解されます．後の時代のロックやルソーが教育対象を男性に限っていたことを考慮にいれれば，コメニウスのこのような見解は驚くほど革新的なものであることが分かります．ただし，『大教授学』の訳者の太田光一が「訳者解説」の中で適切に指摘しているように，このすべての人とは，「キリスト教のすべての国々に住むすべての人」を指します（コメニウス 2022: xvii）．コメニウスの主張にもこのような限界があることには注意してください[6]．

5）たとえばヘルバルトは『ペスタロッチーの直観のABCの理念』において，「教育の本来的完成者は哲学であるが，その哲学の持つ危険を予防することは数学の仕事である」と主張しています（ヘルバルト 1982: 67）．

　さて，コメニウスは『大教授学』第10章で，「学校ではすべての人がすべて
の事を教えてもらわねばならない」と主張します（コメニウス 2022: 83）．この「学
校」という言葉を，彼はかなり独特な仕方で用いています．コメニウスは同書
の第27章で人間の学習が「幼児期から成人の年齢まで，つまり24年間」にわた
ると述べたうえで（コメニウス 2022: 306），次のように主張します．

　　それでは成長する年代を，4つに区分された段階に分けることにしよう．
　　幼児期，児童期，青年期，若年期である．それぞれの段階に6年間を同じ
　　く指定し，独自の学校を充てることにする．／①幼児期の学校は，母の膝
　　である．／②児童期の学校は，文字の遊び場，あるいは母語による公的な
　　学校である．／③青年期の学校は，ラテン語学校すなわち中等学校である．
　　／④若年期の学校は，大学と外国留学である．／母親学校は，もちろんそ
　　れぞれの家庭である．母語による学校はそれぞれの地域，町や村に，中等
　　学校は都市ごとに，大学は国ごと，あるいは大きな州ごとになければなら
　　ない．（コメニウス 2022: 306-307）

コメニウスは，幼児期，児童期，青年期，若年期のそれぞれ6年間に，母親学
校，母語学校，中等学校（ラテン語学校），大学での教育が必要であると考えて
います[7]．第16章で「学ばねばならないことはすべて，年齢段階に合わせて配分
すべきである．把握する力が受け入れられること以外は，学ばせようとしては
ならない」と述べられていることからわかるように（コメニウス 2022: 135），彼
は発達段階に合わせた教育を想定しているのです（→第4章）．さて，ここで注
目すべきは「母親学校」という言葉です．もちろん性差別的な言葉ではありま
すが，重要なことは，制度や設備がないところにも「学校」という言葉を用い

　6）ただし，コメニウスは『パンパイデイア』第1章では，教育対象を「全人類」に拡大
　　しています（コメニウス 2015: 9）．この全人類が異なる宗教の人々も含むのであれば，
　　彼は真に革新的な教育思想家であると言えるかもしれません．少なくともコメニウスは
　　この「全人類」の中に障害を持つ人を含めており，その点だけでも現代の特別支援教育
　　ないしインクルーシブ教育を先取りした偉大な思想家であることに疑いの余地はありま
　　せん（コメニウス 2015: 34）．特別支援教育やインクルーシブ教育について学ぶためには，
　　川合，若松，氏間，林田（2023）が参考になります．
　7）この時代のヨーロッパでは，母語が各国民衆の日常的に用いる言語であった一方で，
　　ラテン語は教会や知識人層の共通言語でした．

ている点です．『パンパイデイア』第 5 章では，そのような見解はさらに先鋭化しています．

> 全人類にとって，世の始まりから終わりに至るまで，全世界が学校である．
> それと同じように，人間一人ひとりにとって，揺りかごから墓場までの全
> 生涯が学校である．セネカの言葉「学ぶのに遅いという年代はない」は不
> 十分で，こう言うべきだ．「すべての年代が，学ぶように定められている．
> 人間には，学ぶより他に生きる終点は与えられていない．」いやそれどこ
> ろか，死そのものも，この世界も，人間の生命を限界づけることはない．
> 人間として生まれた人は誰もが，この世のすべてを越えてさらに，いわば
> 天の学園に向かうように永遠へと進んで行くのだ．先行するものはどれも，
> 旅路であり，準備であり，工場であり，下位の学校である．（コメニウス
> 2015: 89）

コメニウスにとって，人間とは誕生から死後に至るまで学習と切り離せないものであり，そこから，学校とも切り離せないということになります．彼は子どもが産まれるまでの時期を「誕生期の学校」，「立派にかつ祝福されて死ぬ技術」を学ぶ時期を「死の学校」と呼びさえします（コメニウス 2015: 177-185, 367-368）．「学校」へのコメニウスのこだわりが伝わってこようというものです．
　さて，『大教授学』に戻りましょう．コメニウスは 4 時期の学校の関係をどのように捉えていたのでしょうか．同書第27章における以下の 2 つの引用からそれを確認します．

> 学校間の相違は 3 つある．第一は，先行する学校ではすべてが全般的に大
> ざっぱに教えられ，後続の学校ではすべてが特殊にいっそうはっきり区分
> されて教えられる．樹木も同様に，毎年多くの根と枝を拡げて，いっそう
> 強くなりいっそう多くの実をつける．／第二の違いは，最初の母親学校で
> は主に外部感覚が鍛えられるということである．対象にまっすぐに向かい，
> それを識別することに慣れさせるのである．／母語による学校では内部感
> 覚である想像力と記憶力が鍛えられる．また実行する器官である手と舌で，
> 読んだり書いたり描いたり歌ったり，数を数え，量を測り，重さを量った
> り，記憶に様々なことを刻んだりするのである．／中等学校では，感覚で
> 集めたすべての事物について知性と判断力が形成される．弁論術や文法や

修辞学によって，また〈それは何か，何ゆえか〉を通してその他の現実の
知識と技術が授けられる．／最後に大学で主として形成されるのは，意志
に属することである．つまり調和を保つよう教える諸研究領域である（混
乱したものを調和に戻す）．神学は魂を，哲学は精神を，医学は生きた肉体の
働きを，法学は外部の善を，調和に保つよう教えるのである．（コメニウス
2022: 307-308）

第三の違い．下位の学校つまり母親学校と母語による学校は，男女両性の
年少者全員を鍛えることになろう．ラテン語学校は職人より上を目指す青
年を主として磨き上げる．大学は，将来他人を教え導く人を形成すること
になろう．教会や学校や国家の管理者にふさわしい人が不足することがな
いようにするためである．（コメニウス 2022: 309）

学校同士の違いが３点挙げられています．第一の違いは，段階が進むにつれて
「全般的」な学習から「特殊」な学習に進むということです．第二の違いは，
それぞれの学校で鍛えられる能力です．母親学校では「外部感覚」，母語学校
では「内部感覚」，中等学校では「知性と判断力」および「現実の知識と技術」，
大学では「意志」に属することが形成されます．第三の違いは，母親学校と母
語学校ではすべての子どもが教育されますが，ラテン語学校では「職人より上
を目指す青年」，大学では「将来他人を教え導く人」や「教会や学校や国家の
管理者にふさわしい人」が教育されるということです（学校段階が上がるにつれて
排除される人々が増えていくのも，『大教授学』の限界を感じさせます）．いずれの相違
点も，先行する学校で学習したことを基盤として，その後の学校における学習
が組織されているという共通点を持ちます．
　以上から，コメニウスの教育カリキュラムが学校段階の連続性を重視して設
計されていることが理解されたと思います．

　○研究の場としての大学——ヴィルヘルム・フォン・フンボルト

ヴィルヘルム・フォン・フンボルト（1767-1835）

ドイツの思想家，政治家．1809年から1810年の間，プロイセンの内務省宗務公
教育局長を務めた．局長在任中には，教育制度改革の基礎固めとベルリン大学
の創設などの功績をあげる．主著として『国家活動の限界』（1792）がある[8]．

　フンボルトという人はその高等教育論で有名です．ここでは彼の教育思想を，クレメンス・メンツェが編集した論集『人間形成と言語』（フンボルト 1989）から確認していきましょう．

　フンボルトは，国家が人間や教育に可能な限り介入すべきでないという見解を持っていました．「市民福祉に関する国家の関与はどこまで及ぶか」（1792）という論考では，他人に頼らずに自身の力で様々な「困難と不幸」を乗り越え「人間の目的である幸福」に到達することが人間にとって重要であるという考えから，国家は「細かいことにまで干渉」すべきではないと主張しました（フンボルト 1989: 33-34）．これは，「人間の幸福の増進を目的とする福祉国家を批判して，最低限の安全を保障する夜警国家だけを承認する」ということです（眞壁 2020: 232）．さらに，「公的国家教育について」（1792）では次のように述べられます．

> 　[……] いずれにしても教育は，特定の，すなわち人間に与えられる市民的形式を考慮することなしに，人間を形成しなければならない．だから国家など不必要なのだ．自由な人のもとで，すべての職業は繁栄する．[……]（フンボルト 1989: 44-45）

フンボルトは「自由」という価値を重視します．教師を含めたあらゆる職業はそのような価値のもとで「繁栄」します．それはおそらく先ほどの「幸福」に繋がるでしょう．しかし，国家を前提とした「市民的形式」が教育に含まれてしまうと，自由も一定程度失われてしまいます．というのも，そこでは自由が制限され，型にはめられてしまうことになるからです．ですから，「公教育は国家活動の枠の外になければならない」とフンボルトは主張します（フンボルト 1989: 45）（→第10章）．

　さて，このような教育観を持つフンボルトは，「ケーニヒスベルク学校計画」（1807）にて自身の教育カリキュラムを示します．彼によれば，この計画はケーニヒスベルクだけでなく「すべての学校」を射程に収めたものです（フンボルト 1989: 155）．フンボルトが望む教育カリキュラムでは，初等学校の「基礎教授」，進学課程中等学校の「学校教授」，そして大学の「大学教授」が切れ目なく連続的に進行します．基礎教授は「言語・数・量だけの関係を取り扱」うことで

8）教育思想史学会（2017）の「フンボルト」の項目を参照して作成しました．

学校教授の準備を，学校教授は「言語・歴史・数学」をバランスよく統合的に
学習することで「能力の訓練と，学問における洞察と技能が必要とする知識」
を習得して大学教授の準備を行うのです．そして大学教授では，学校教授まで
で獲得した知識と技能を用いて，教 授としての大学教師の力を借りつつ，学
生は自身で研究を進めていくことになります．したがって，大学教師は厳密に
は「教師」とは呼べない存在なのです（フンボルト 1989: 146-148）．

　大学と学校の関係を，「ベルリン高等学術施設の内的ならびに外的組織につ
いて」（1810年頃）からも確認しておきましょう．

> 　学校では用意され出来上がった知識を教えたり学んだりするのに対して，
> 高等学術施設では学問をいつもまだ解決されていない問題として取り扱
> い，そのためにいつも研究を続けるという特徴がある．それに対して学校
> は，ただ既成の知識，まとめられた知識だけを取り扱い，それを学ぶので
> ある．だから教師と生徒［学生］の関係は，以前［の学校のときのそれ］とはまっ
> たく異なる．前者［教師］は後者［学生］のために存在しているのではなく，
> 双方ともに学問のために存在しているのである．教師の仕事は学生の存在
> にかかっていて，学生がいなければ，教師の仕事は学生がいるときのよう
> にはうまくいかないことになるだろう．もし仮に，学生が自発的に教師の
> まわりに集まってこなければ，自分の目的を達成するために，学生を探し
> に行くだろう．それは何のためかというと，熟練した，しかしそのために
> は偏りがちな，そしてすでに多少とも衰えた力を，より弱い，まだどちら
> にも偏らない，すべての方向に進んでいこうとする力と結合させるためな
> のである．（フンボルト 1989: 177）

「既成の知識」を教授・享受する学校と，学問的研究の継続を使命とする高等
学術施設が対比されています．この高等学術施設とは「大学と，学問と芸術の
アカデミー」の両方を示します（フンボルト 1989: 183）．いずれにせよ，学校と
大学は存在意義がまったく異なるのです．その後はおおよそ「ケーニヒスベル
ク学校計画」と同様のことが述べられていますが，大学教師と学生がお互いを
研究のために必要としていることがさらに明確に示されています．このような
性格を持つ高等学術施設では「孤独と自由」が「支配的な原理」となるので，
そのような場所は「国家において，どんな形式的なものからも解放されていな
ければならない」のです（フンボルト 1989: 177）．自由を重視するフンボルトの

姿勢は，当然，高等学術施設についての議論にも生きています．

　国家からの自由という思想を背景に持つフンボルトの教育カリキュラム論は，高等教育すなわち大学がその主役でした．進学課程中等学校以前の教育は，大学での学習を円滑にするために行われます．そのような彼にとって，大学とは何よりも研究をする場であり，学校教育をする場ではなかったのです．

7-3　教育と研究

　ここまで読んでいただいた読者の皆さんは，もう一度この章の最初に戻り，教育基本法と学校教育法における大学についての条文をご覧ください．先ほどは「研究」にのみ注目しましたが，そこには「教育」や「教授」という言葉も同時に含まれています．つまり，大学での研究は真理探究としてそれ自体で目指されているだけでなく，教育のためにも必要とされているのです．また社会への成果還元ということについても，単に研究成果を実用的なものに応用するだけでなく，研究に基づいた教育を行うことで育成された人材が社会のために働くことも含まれるように思われます．そうであれば，大学は研究を中心とするとはいえ，その研究に基づいた教育も行う場所でなければなりません．

　そしておそらく，大学以外の学校種においても，研究ということは必要とされると思います．もちろん法的には，小学校や中学校，そして高等学校で研究が目的とされてはいません．しかしそこで勤務する教員は，教育基本法第9条第1項で定められているように，「絶えず研究と修養に励み，その職責の遂行に努めなければならない」存在です（→4-3）．大学でなくても教育のために研究が必要とされていることは明らかでしょう．

9）ちなみにフンボルトは，国家とある程度切り離されるアカデミーと異なり，大学については，「大学の特性はあまりにも密接に国家の利益と直接的に結びついて」おり（フンボルト 1989: 186），大学から学問と研究が消えることは国家の損失であると述べています（フンボルト 1989: 179）．国家による干渉を最小限にすべきだという彼の基本的な理念を踏まえれば，大学に一定の自治を認めて学問と研究の場とすることが国家の利益につながるとフンボルトは考えているようです．

10）フレーベルは『人間の教育』において，大学の本来の目的は「最高の精神的な真理を認識」し，「この最高の精神的な真理を自己の生活や行為の中に表現する」ことであると述べます（フレーベル 1964a: 278-279）．

　ここで，フンボルトの議論を思い出してみましょう．彼によれば，大学とは教員（「教授」）が学生と一緒に研究を進める点で，それより前の学校とは異なる場所でした．このような思想は，大学以外の学校種の目的の中に研究が含まれていない現代日本の法令にも通底するものです．このような大学とそれより前の学校との分断が，大学入学後の大学生たちを惑わせる最も大きな原因でしょう．つまり現代においても，学生とは，それまでの児童や生徒という身分とは異なり，研究をすることが求められている存在なのです[11]．そしてこの研究は，教員の助けを借りつつも「自力」で遂行されなければなりません．

　しかし，このように大学とそれより前の学校が分断されていていいのでしょうか．プラトンにしろコメニウスにしろ，そして大学の役割を他の学校種とは区別したフンボルトにしろ，いずれも連続的な教育カリキュラムを構築していました．その理想を実現するには，大学より前の段階においても，それぞれの学校段階において研究ないしそれに類似した活動が必要とされるかもしれません．

　実は，このような取り組みはすでに文部科学省によって行われています[12]．それが「探究」活動の重視です[13]．先の学習指導要領改正の際，小中学校では，「総合的な学習の時間」において「探究的な見方・考え方を働かせ」ることが重視されるようになりました（文部科学省 2017b: 179，文部科学省 2017c: 159）．また，高等学校ではその時間の名称自体が「総合的な探究の時間」に変更されました．これは大学以降の研究を準備させる試みと言えるでしょう[14]．実際，文部科学省の作成した総合的な学習（探究）の時間のための資料を見ると，小学校ではゼロですが，中学校と高等学校では「研究」という言葉が出てきており，中でも高等学校の資料では先行研究の取り扱いや研究不正などが紹介されたり，授業の遂行にあたって大学等の研究機関との積極的な連携が推奨されています（文

11）学校教育法第17条と第18条では小学校に在籍する年齢の子を「学齢児童」，中学校に在籍する年齢の子を「学齢生徒」，第88条等では大学に在籍する者を「学生」と呼称しています．

12）教育について考えるとき，文部科学省という組織の問題を避けて通ることはできません．詳細でバランスの良い考察である青木（2021）を参照することをお勧めします．

13）ニーチェは『反時代的考察』で，教養の俗物が「探究」する「精神を憎」み，「もはや探究することは許されない」という「合言葉」を持つと主張しています（ニーチェ 1993: 18-20）．探究と教養は共鳴するかもしれません（→第5章）．

部科学省 2021, 2022a, 2023).

　以上の考察から，学校では研究と教育の両者が必要なことが分かります．ただ，その比率は学校種ごとに変化するかもしれません．3-3と同じような議論になりますが，おそらく，小学校から中学校，高等学校そして大学と進むにつれて，徐々に研究の割合が増加していくことが望ましいのでしょう．学校であれば教育を無視するわけにはいきませんし，逆に研究を行わないということもありえないのです．とすると，研究（あるいは探究）という営みについてきちんと考えることが，教育カリキュラムや教育そのものについての真剣な取り組みを生むことになるのだと思います．

取り組んでみよう！

①大学教員はどのような「仕事」をしていると思いますか．話し合ってみてください．（大学に在籍している読者の方々は，授業担当教員をはじめとする大学の教員たちに実際に聞いてみてもいいでしょう．）

②皆さんが授業を受けている教員の名前をウェブ上で検索して，大学のホームページやresearchmap（研究者の業績サイト）で，その教員がどのような業績を持っているのか調べてみましょう．（大学生以外の方々は，興味を持った研究者の名前を検索してみてください．）

③本文中では触れませんでしたが，学校種の中には幼稚園や幼保連携型認定こども園も含まれます．あなたは，そこで展開される幼児教育や保育においても，子どもたちの学習に研究や探究の視点が組み込まれるべきだと考えますか．根拠も含めて考えてみてください．

---

14)「新規性」が要求されるという点を除けば，「「研究」も「探究」と構成要素の点では大して違いません」という意見もあります（松下，前田，田中 2022: ii）．なお，この本は探究学習について学ぶうえで必読です．

第 8 章
道徳的発達

8-1　校則はなぜ必要か？

　皆さんの通っていた（あるいは通っている）学校にはどのような「校則」がありましたか．髪型や服装の規定，下校中の寄り道の禁止など，多種多様な校則が存在します．校則の存在をあまり意識したことのない人も多いかもしれません．そのような人にとっては，校則などあってないようなものだったでしょう．しかし思春期の子どもたちにとっては，校則とは一般的にネガティブな印象を持つものだと思います．おしゃれをしたくて髪型や制服をイジっても，生活指導の先生たちに見つかり「正しい」身だしなみに戻された方もいるのではないでしょうか．

　さて，そもそもなぜ校則のようなものがあるのでしょうか．まず確認しておきたいのは，各学校の定めている校則に法的根拠は存在しないということです．たとえば教育基本法や学校教育法の中に，校則の制定を認めている文章はありません．生徒指導提要でも次のように述べられています．

> 校則の在り方は，特に法令上は規定されていないものの，これまでの判例では，社会通念上合理的と認められる範囲において，教育目標の実現という観点から校長が定めるものとされています．また，学校教育において社会規範の遵守について適切な指導を行うことは重要であり，学校の教育目標に照らして定められる校則は，教育的意義を有するものと考えられます．
>
> （文部科学省 2022c: 101）

ここからは，未成年である児童や生徒たちに規律やルールを守らせるという役割を校則が担っていることも読み取れます．

　ここで立ち止まらずさらに考えてみましょう．なぜ規律やルールを守らせる

必要があるのでしょうか．言い換えれば，規律やルールを守らせることによって，学校や教師はいかなる目的を達成しようとしているのでしょうか．次の条文が参考になるかもしれません．

　教育基本法第 1 条
　教育は，人格の完成を目指し，平和で民主的な国家及び社会の形成者として必要な資質を備えた心身ともに健康な国民の育成を期して行われなければならない．

これは日本における教育の目的を示したものです．とりわけ，教育が「人格の完成を目指」すと述べられていることが重要でしょう．つまり日本で行われる教育は，そのすべてが，教育を受ける者の人格の完成を目指しています．この「人格」が何を意味するのか，それが「完成」するとは何か，ということを確定させるのは困難です．しかし少なくとも，テストの点数が良いだけで人格が完成しているとみなされることはないでしょう．成績が良くとも「悪い」人は世の中にいくらでもいます．

　おそらく，法的根拠のない校則を定め規律やルールを守らせることは，この人格の完成という目的に寄与するのだと思われます（あるいは，そのような共通理解が教育現場には存在するのだと思われます）．つまり，校則を遵守することは，やや乱暴な言い方をすれば「善い人」になるために必要なことだとみなされているのです．伝統的に，善い人に成長することは「道徳的発達（moral development）」と呼ばれてきました．この問題について考えるため，次節ではアリストテレス，貝原益軒，キャロル・ギリガンの 3 人の思想を取り上げます．

1）デューイは『民主主義と教育』第26章において，「性格を確立することが学校での教授と訓練の包括的な目標であるということは，教育理論の常識である」と述べます（デューイ 1975b: 225）．

8-2 教育思想史における道徳的発達

○無抑制と習慣づけ——アリストテレス

> **アリストテレス（前384-前322）**
>
> 古代ギリシアの哲学者．プラトンの弟子で，アレクサンドロス大王の家庭教師
> も務めた．様々な学問領域を開拓し，「万学の祖」とも呼ばれる．主著に『形而
> 上学』や『ニコマコス倫理学』，『政治学』がある．

アリストテレスの道徳的発達の議論は，『ニコマコス倫理学』という著作の
中にあります．彼はこの本で「倫理学」と呼ばれる学問に関する考察を行うの
ですが（ちなみに，この学問領域の開拓者はアリストテレス自身です），その学問の目
的について次のように述べています．

> われわれの当面している探究課題は，他の色々な探究と違って，理論のた
> めのものではない——なぜなら，われわれの目的は徳とは何かという研究
> ではなく，実際に善き人となることであり，さもなければわれわれの探究
> は無益なものとなる——以上，行為に関わる事柄，つまりどのように行為
> すべきかということを考察しなければならない．というのも，すでに述べ
> たように，こうした行為は，人の性格の性向が一定の性質を帯びる決め手
> となるものだからである．（アリストテレス 2014: 67）

アリストテレスの書いた文章は難解なことで知られますが，『ニコマコス倫理
学』は（内容はともかく）比較的読みやすい著作です．ここでは，倫理学という
学問の目的が，「徳とは何か」を理論的に考察することではなく，「実際に善き
人となること」だと述べられています．「徳（アレテー）」とは「卓越性」を意
味する古典ギリシア語であり，アリストテレスの時代には，善い人はこの徳を
持っていると考えられていました．ともあれ，倫理学がそのような目的を持っ
ているのであれば，「どのように行為すべきか」を考えなければならないとア
リストテレスは考えます．というのも，「人の性格の性向」の形成は行為に依
存するからです．

倫理学にとって，この「性格」はとても重要な概念です．アリストテレスに
よる次の説明を見てみましょう．

　徳には思考に関わるものと性格に関わるものの２つがあり，そのうち思考
に関わる徳は，それが人に生じ発達するのはその大部分が教示によるもの
であり，それに経験と時間を要するのもこのためである．もう一方の性格
に関わる徳は，習慣の積み重ねによって生じるものであり，[「エーティケー」，
つまり「性格（エートス）」に関わるという] その名前も「習慣」（エトス）から，
これを少し語形変化させて得られたものである．このことから，性格に関
わるいかなる徳もわれわれに自然に備わるものでないこともまた明らかで
ある．[……] これ [自然によってわれわれに備わるもの] に対して徳は，まず
実際の行為の遂行によってこれをわれわれは獲得するのであり，それは
ちょうど様々な技術における場合と同じである．この場合，われわれは学
び知ったうえで作るべき事柄を，作ることによって学び知るからである．
たとえば，家を建てることによって大工となり，竪琴を弾くことによって
竪琴弾きになるのである．これと同様に，正しいことを行うことによって
正義の人となり，節度あることを行うことによって節度ある人となり，ま
た勇気あることを行うことによって勇気ある人となるのである．（アリスト
テレス 2014: 64-65）

　文章が少し難しくなってきましたが，要点を説明していきましょう．まずアリ
ストテレスは，徳を，「思考に関わる徳」と「性格に関わる徳」の２つに分け
ます．徳が卓越性を意味することを思い出してください．つまり，「思考に関
わる徳」とは思考に関わる事柄で優れていることを，「性格に関わる徳」とは
性格に関わる事柄で優れていることを意味します[2]．そして，思考に関わる徳が
「教示」によって発達する一方，性格（エートス）に関わる徳は「習慣（エトス）」
から生じるのです．引用の後半部分をあわせて考えれば，性格に関わる徳を獲
得するには，善い行いを実際に繰り返すことによって行為者が習慣づけられる
必要があることがわかります．

　2）『ニコマコス倫理学』では，「思考に関わる徳」として「知識」「技術」「思慮」「知性」
　　「知恵」の５つが挙げられます．「性格に関わる徳」は，「勇気」「節制（節度）」「正義」
　　を代表として多数挙げられます．このうち，「思慮」「勇気」「節制（節度）」「正義」が「四
　　枢要徳」と呼ばれ，古代ギリシア以降，ヨーロッパ社会で重要な徳とみなされてきまし
　　た．またキリスト教世界では，この四枢要徳とは異なる「信仰」「希望」「愛」が「対神
　　徳」とされました．四枢要徳について学ぶには，ピーパー（2007）が参考になります．

この「習慣」はアリストテレス倫理学の鍵概念です．性格に関わる徳を身につけることを道徳的発達と呼んでいいのであれば，そこには習慣づけが必要であることがわかります．ここで，アリストテレスによる「無抑制（アクラシアー）」の議論を参照しなければなりません[3]．無抑制とは，明日のテストのために勉強しなければいけないのは分かっているのについついゲームをしてしまう，というような事態です．「テスト勉強から逃げたい」あるいは「ゲームをしたい」という欲望を抑制できていないわけです．マイルズ・バーニェットというイギリスの哲学研究者が，この無抑制の議論を道徳的発達の議論と結びつけました（バーニェト 1986）．つまり，無抑制の状態を脱することで道徳的に発達していけるということです．

　　　　無抑制→抑制→徳

単に欲望を抑制しているだけでは，無抑制よりマシとはいえ徳に届かないということに注意しておきましょう．実際，ゲームをしたい欲望を無理やり抑えつけて嫌々ながら勉強をする人のことを，道徳的な発達を完全に遂げているとは言いづらいと思います．それでは，無抑制から抑制へ，抑制から徳へと発達していくにはどうするべきなのでしょうか．やはり先の引用にもあった通り，善い行いを繰り返していくしかないでしょう．テスト前にゲームをしたい欲望を抑え勉強をするという行為を続けていくうちに，そうすることがなぜ自分にとって望ましいかが分かってきます．完全にそのような習慣が身についたとき，その人は性格に関わる徳を身につけ，道徳的発達を完遂したと言うことができるかもしれません[4]．

○予めする——貝原益軒

貝原益軒（1630–1714）

日本の江戸時代の思想家．若い頃に失職したが，その際に様々な研鑽を積み，後に福岡藩の藩医も務めた．儒者として，益軒十訓と呼ばれる通俗教訓書の執筆等の活動を行った．主著として，益軒十訓の中に含まれる『和俗童子訓（わぞくどうじくん）』（1710）

3）アクラシアーは「意志の弱さ」とも訳されます．
4）これまでの内容は，酒井（2018）および酒井（2019）で論じたことに関わっています．無抑制と道徳的発達の関係に関心のある方は，特に後者をご覧ください．

などがある[5].

　貝原益軒は江戸時代の日本の思想家です．人は様々な手段で学びますが，「本」というメディア（媒体）は学習の最もポピュラーな手段の１つでしょう（学校教育において，私たちが教科書という本を用いて学ぶことを想起してください）．貝原の思想は，ベスト・ロングセラーとなった彼の様々な本を通じて，多くの人々に影響を与え続けてきました（辻本 2021: 111-135）．ここでは彼の『和俗童子訓』の巻一冒頭から，道徳的発達に関する貝原の思想を確認してみましょう．

　貝原は，子どもにとって「習う」ことが重要だと述べます（貝原 1969: 186）．その理由は以下のように述べられます．

　　およそ人は天地の徳をうけ，心に仁・義・礼・智・信の５つの性質を生まれつき持っているから，その性質に従っていけば，父子・君臣・夫婦・長幼・朋友の五倫の道が行われるはずである．これが人の万物にすぐれて尊いところである．だから人を万物の霊と言ったのであろう．霊とは万物にすぐれて明らかなる知恵があることを言ったのである．しかし，腹いっぱいに食事をし，暖かい着物を着，安楽な所に住んでいるだけで，人倫の教えをうけなかったら，人の道を知らず，鳥獣に近く，万物の霊という証拠がない．（貝原 1969: 186）

人間は生まれつき，「仁・義・礼・智・信」という「５つの性質」を持っています．これは儒学における「五常の徳」であり（教育思想史学会 2017: 405），そこから，「父子・君臣・夫婦・長幼・朋友」という「五倫の道」を実現できると述べられています．つまり，生まれ持った諸徳を育てていくことで道徳的に発達できると貝原は考えているのです．そしてこのような道徳的発達の可能性を持つ点にこそ，人間が他の動物と異なる根拠があります．ただしそのためには「人倫の教え」，つまり道徳的なことに関する教育が必要です．

　貝原は，上の引用に続く箇所で，教育についてさらに次のように述べます．

　　昔の聖人はこれを心配して，師をたて，学舎を建てて，天下の人に幼時か

ら道をお教えになったから，人の道がたち，鳥獣に近いことをまぬがれた
のである．およそ人間のごく小さな行動も，みな師がなく，教えがなくて
は自分ではできない．まして人の大きな道は，昔のたいへん賢い人でも学
ばないで自分から知ることはできず，みな聖人を師として学んだのである.
今の人がどうして教えなくてひとり知ることができようか.聖人は，人間
の最高の方で，万世の師である．だから人は聖人の教えがなくては人の道
を知ることができない．それだから人たるものは，必ず聖人の道を学ばな
ければいけない．その教えは，予めするのを先とする．予めとは，かねて
よりという意味で，子どもがまだ悪にうつらない先に前もって教えるのを
いう．早く教えないでおいて悪いことに染まり，習慣になった後からでは
教えても善にならない．戒めても悪をやめにくい．古人は子どもがはじめ
てものを食べ，はじめてものの言えるときから早く教えたということであ
る．（貝原 1969: 186-187）

子どもの道徳的発達に大きな影響を及ぼすものとして，古来，教育は共通の関
心事でした．そして，独学が困難なことが理解されていましたので，学習には
「師」つまり教師とその「教え」が必要であるとされました．その教師たるに
ふさわしいのは「人間の最高の方で，万世の師である」ところの「聖人」です.
その聖人の教えとして貝原が注目するのは「予めする」ということです．先ほ
ど見たように，子どもは生まれつき五常の徳を持っています．しかし，悪い習
慣に染まってしまえば，それらの徳を台無しにしてしまいます．ですから，「子
どもがまだ悪にうつらない」うちに，前もって良い習慣づけを行うことが必要
となるのです．習慣は強い力を持っていますので，悪い習慣に染まった人が善
くなりづらいのと同様，良い習慣を身に着けた人は悪くなりづらいと言われま
す．このように，貝原は道徳的発達における習慣づけの力を強調しました.

　『和俗童子訓』はこの後，巻一から巻二で総論的な議論を行い，そこから巻
三から巻四で6歳から20歳までの教育課程論を展開します．貝原の思想の特徴
は，当時としては詳細な教育課程論と結びつけて，習慣づけに基づいた道徳的
発達について論じたことに求められるでしょう．また，巻五で展開される女子
教育論は，後に『女大学』として流布し強い影響力を持ちました（貝原 1961:
295）．こちらの議論は女性に対する差別的な見解を含みます.

○ケアの倫理——キャロル・ギリガン

> **キャロル・ギリガン（1936–）**
>
> ニューヨーク生まれの心理学者．エリク・H・エリクソン（1902–1994）に師事し，ハーバード大学で博士号（社会心理学）を取得．シカゴ大学を経て異動したハーバード大学でローレンス・コールバーグ（1927–1987）の指導も受けながら研究を進める．フェミニズムおよび女性学にも強い影響を与えた．主著として『もうひとつの声で』(1982) がある．[7]

　20世紀以降を現代としてもよければ，現代の道徳的発達の議論は心理学者たちを中心に展開されてきました．エリク・H・エリクソンやジャン・ピアジェ（1896–1980）という人々も有名ですが，その中でも，「1960年代から1980年代を通じて，道徳性の発達についての研究は，内外ともにコールバーグの理論を中心に展開をしてきたといっても言い過ぎにはならない」と評価されるローレンス・コールバーグが重要です（日本道徳性心理学研究会 1992: 47）．コールバーグを有名にしているのは，「ハインツのジレンマ」という思考実験と道徳性発達段階の議論でしょう．彼の「「である」から「べきである」へ」(1971) という論考には以下のようにあります．

【ハインツのジレンマ】
ヨーロッパで，1人の女性がたいへん重い病気のために死にかけていた．その病気は，特殊なガンだった．彼女の命をとりとめる可能性を持つと医者の考えている薬があった．それは，ラジウムの一種であり，その薬を製造するのに要した費用の十倍の値が，薬屋によってつけられていた．病気の女性の夫であるハインツは，すべての知人からお金を借りようとした．しかし，その値段の半分のお金しか集まらなかった．彼は，薬屋に，妻が死にかけていることを話し，もっと安くしてくれないか，それでなければ後払いにしてはくれないかと頼んだ．しかし，薬屋は，「ダメだよ，私がその薬を見つけたんだし，それで金もうけをするつもりだからね．」と言った．ハインツは，思いつめ，妻の生命のために薬を盗みに薬局に押し入った．／ハインツは，そうすべきだっただろうか？　その理由は？（コールバー

7）『もうひとつの声で』の「解題」を参照して作成しました（ギリガン 2022: 420–423）．

グ 1985: 10）

【道徳性の発達段階】（コールバーグ 1985: 22 から一部を引用したもの）
Ⅰ　慣習的水準以前
第一段階　罰と服従への志向
第二段階　道具主義的な相対主義志向
Ⅱ　慣習的水準
第三段階　対人的同調，あるいは「よいこ」志向
第四段階　「法と秩序」志向
Ⅲ　慣習的水準以降，自律的，原理化された水準
第五段階　社会契約的な法律志向
第六段階　普遍的な倫理的原理の志向

慣習的水準以降の第五段階と第六段階は慣習を超えたレベルを示しますが，い
ずれにせよ「慣習」ということを軸にして，道徳性の発達が説明されています．
規範も慣習の一種だと考えてよければ，道徳的発達の議論において，コールバー
グはアリストテレスや貝原と同じ土俵の上にいることになります．
　さて，コールバーグの道徳性発達段階の議論は強い影響力を持ったものの，
同時に多くの批判にさらされました．[8]　最も代表的な批判者が，彼の弟子である
キャロル・ギリガンです．彼女は，主著『もうひとつの声で』の中でコールバー
グを批判します．ギリガンが着目するのは，ハインツのジレンマに対する男子
と女子の答え方の違いです．

　　このように，2 人の子どもたちはハインツのジレンマを受けて，それぞれ
　　大きく異なる道徳問題に気づいた——ジェイクは論理的な演繹法によって
　　解決することができる，生命と所有との衝突の問題だと考え，エイミーは
　　人間関係の亀裂の問題であるため，人間関係という糸で縫い直さなければ
　　ならないと考えた．道徳の定義域における別の構想に基づいた異なる問い
　　を抱きながら，2 人の子どもたちは根本から違った回答にたどり着いてい

8）強い影響力と激しい批判は表裏一体の関係にあります．影響力がなければそれは批判
　する価値もないでしょうし，激しい批判があるということは強い影響力の存在を示唆し
　ています．本書で取り上げる教育思想家たちの議論は，ほとんどの場合，その両方を兼
　ね備えています．

る．しかし，男子の回答にあるような論理をもって道徳的成熟の発達を測ることで，発達段階に対応する順序立った段階別にそれぞれの回答を整理することができるという考え方に即して回答内容を見てしまうと，女子の方の判断が露わにしたもう1つの真実を見落としてしまう．コールバーグの理論は，「ジェイクに見えていて，エイミーには見えていないものは何か」という問いにはすぐに答えることができる．その理論に照らしてジェイクの判断を評価すると，エイミーの道徳的成熟度に対して丸々一段階分高い位置にあるのだから，このことは明らかだ．しかし，「エイミーに見えていて，ジェイクには見えていないものは何か」という問いに対しては，コールバーグの理論は何も答えることができない．エイミーの回答の大部分は，コールバーグの評価体系からはみ出してしまっているので，コールバーグの視点で見ると，エイミーの回答は道徳の定義域の外側にあるものとみなされるのだ．（ギリガン 2022: 111）

ハインツのジレンマについて，男子ジェイクは「生命と所有との衝突の問題」と，女子エイミーは「人間関係の亀裂の問題」と捉え，それぞれ異なった回答をします．コールバーグの想定に基づけばジェイクの回答はエイミーの回答より「丸々一段階分高い」「道徳的成熟度」を示すことになります．しかしこれは，「エイミーの回答の大部分」が「コールバーグの評価体系からはみ出してしまっている」から生じることであり，別の評価軸が必要とされることを示唆します．実際エイミーはハインツのジレンマを，「ハインツは薬を盗むべきか」という規範を問うものではなく，「ハインツは薬を盗むべきか」という「行動の内容」を問うものとして理解しており，それは「より適切な解決策を提示しようとする試みの現れとして理解できる」ものなのです（ギリガン 2022: 110–111. cf. ギリガン 2023: 42-44）．そしてそれは，ギリガンによって「ケア（気遣い）」という評価軸であるとされます．他方，ジェイクの回答は「コールバーグが道徳性の成熟とみなした，正義に関する原理的な構想をも示している」ものです（ギリガン 2022: 103）．以上の考察からギリガンは，男性—正義の倫理，女性—ケアの倫理という組み合わせを示します．規範や慣習を軸として道徳的発達について論じる正義の倫理は，これまで参照してきたアリストテレスや貝原，コールバーグの議論に特徴的なものです．

　さて，そのような正義の倫理ではなくケアの倫理について考察する際，ギリ

ガンがとりわけ注目するのが妊娠や人工妊娠中絶という問題に対する様々な女性の応答の変化です。彼女はそこから，『もうひとつの声で』の「解題」で川本隆史がまとめるように，ケアの倫理が「個人の生存」，「自己犠牲としての善良さ」，そして「ケアを[一方的な自己犠牲としてでなく]自他の相互性に即して省察的に理解する」という 3 段階の発達段階を有することを示します（ギリガン 2022: 411-412）。道徳的発達は正義の倫理の専売特許ではないのです。ただし，ここで注意しておくべきことがあります。ギリガンは男性―正義の倫理，女性―ケアの倫理という対立軸を戦略的に強調することがありますが（ギリガン 2022: 194-195），その一方で，女性の声としてのケアの倫理を包摂する「拡張された発達理論」の必要性を訴えています（ギリガン 2022: 258）。つまり，彼女は正義の倫理を不要だと述べているわけではありません。また，男性にケアの倫理が，女性に正義の倫理が，獲得できないとか不要だとか述べているわけでもありません。ケアの倫理と正義の倫理は最終的に統合される必要があるのです。

8-3 規範とケア

さて，道徳的発達と校則の関係をあらためて考えてみましょう。校則を守ることで，子どもたちは道徳的に発達できるでしょうか。この問いには，「できる」

9）人工妊娠中絶は，生命倫理学の重要なテーマの 1 つです。興味を持たれた方は，まずは児玉，なつたか（2013）の第 3 章をご覧ください。

10）このようなギリガンの戦略は，女性にケアの役割を押しつけているという批判を招きました。しかし，『抵抗への参加』の「訳者あとがき」で小西真理子が述べているように，ギリガンの意図は，女性―ケアの倫理という関係性を意図的に強調することで，「女性たちが男性の文化，すなわち，家父長制文化に自発的に吸収されていくこと」を防ぐことにあったのだと思われます（ギリガン 2023: 234-235）。また，このような「家父長制文化は人々を男と女に分断」する「ジェンダー二元論」を導きますが（ギリガン 2023: 238），それはLGBTIQ（レズビアン，ゲイ，バイセクシャル，トランスジェンダー，インターセックス，クィア）の人々を考慮に入れていないという問題にも繋がります。この問題については，たとえば加藤（2017）の特に第 2 章を参照してください。

11）たとえばギリガンは『抵抗への参加』において，「15 歳になったジェイク」は，ハインツのジレンマへの応答が「死にゆく妻を前にして，それに対処しなければならないとき，男が何を感じるのかを問うべきだ」というものに変わったことを報告し，男性がケアの倫理の重要性を認識してそれを獲得できるということを認めています（ギリガン 2023: 209）。

とも「できない」とも答えることができます.

　まず，当たり前ですが校則を守れることと道徳的に発達したことは同じではありません．校則を大人しく守っている児童生徒たちの中には，本当は校則を破りたいのにその欲望を抑えつけている者や，なぜそれを守るべきか理解しないまま周囲に合わせているだけの者もいるかもしれません．少なくともアリストテレスの考え方に従えば，そのような人々はせいぜいが抑制ある人にすぎず，道徳的発達の目的である徳ある人ではないでしょう．また貝原の場合，習慣づけを「予めする」ことなしに悪に染まりきった子どもに対して，校則のようなルールを無理やり守らせるようなことに意味を見出さないでしょう.

　逆に言えば，なぜそのような校則があるかを理解したうえで守っている状態は，道徳的に発達したことを示すかもしれません．ただし，それは校則が正しい規範を示しているという仮定のもとでの話です．あまりにも多くの児童生徒が疑問に思うような校則は，そもそも誤った規範を示している可能性があります．たとえば，校則の意義について確認するため本章第1節で参照した生徒指導提要には次のような文章もあります.

　　校則を制定してから一定の期間が経過し，学校や地域の状況，社会の変化等を踏まえて，その意義を適切に説明できないような校則については，改めて学校の教育目的に照らして適切な内容か，現状に合う内容に変更する必要がないか，また，本当に必要なものか，絶えず見直しを行うことが求められます．さらに，校則によって，教育的意義に照らしても不要に行動が制限されるなど，マイナスの影響を受けている児童生徒がいないか，いる場合にはどのような点に配慮が必要であるか，検証・見直しを図ることも重要です．（文部科学省 2022c: 102）

私たちはここで，2017年9月の「黒髪染髪訴訟」を思い出すかもしれません．これは「大阪府の公立高校に通う女子生徒が生まれつき茶色の髪を黒く染めるよう何度も強要され精神的苦痛を受けたとして，大阪府を相手に損害賠償訴訟を起こしたもの」です（内田，山本 2022: 180）[12]．この訴訟をきっかけにいわゆる「ブラック校則」問題が日本でも大きく取り上げられました[13]．

　校則は絶対的なものではありませんし，道徳的発達のための唯一の方法でも

---

12) この訴訟に関連することの詳細については内田，山本 (2022) の第8章をご覧ください.

ありません．そもそも校則のような規範を軸として道徳的発達について考える
ということは，ギリガンの批判するような「正義の倫理」に私たちが捉えられ
ているからだと言えるかもしれません．そのような観点のみから見ると校則を
守っていないだけの児童生徒であっても，そこには当人たちにとっての合理的
な理由が存在するかもしれないのです．たとえば，いわゆる「勘違い」から一
方的に学校や教員から断罪された生徒は，校則のような規範を守ろうとは思わ
なくなるでしょう．そのように「人間関係の亀裂」が生じている生徒には，正
義の倫理ではなく「ケアの倫理」の観点からアプローチすることが有効かもし
れないのです[14]．ですから私たちは，校則の存在を仮に認めるとしてもそれをケ
アの倫理でどう補っていくか，あるいはそもそも規範的校則そのものの中にケ
アの視点をどう組み込むかを考えていく必要があるでしょう[15]．

取り組んでみよう！

①皆さんの通っていた学校にはどのような校則がありましたか．また，その校
　則の存在は妥当なものだと思いますか．考え，話し合ってみましょう．

②人間であれば誰しも「無抑制」な状態に陥るものだと思います．自分の経験
　から，その具体例を示してみてください．

③道徳的発達について学んだ本章では「発達」という言葉を当たり前のように
　使用していました．しかし，そもそも「発達」とは何でしょうか．発達心理
　学のテキストや辞典を活用して調べてみましょう．

---

13)「ブラック校則」という名称は「黒人差別を連想させる」ため現在では用いられてい
　ません（内田，山本 2022: 215, n. 2）．そのような理由から，私も本文中で「いわゆる」
　と但し書きを付しています．
14) ケアの倫理については，ビジネス倫理学との関係を論じた谷（2015）を参照してみて
　ください．ケアの倫理に関する知見が広がると思います．
15) 校則の問題を考える際には，内田，山本（2022）に加えて，日本の戦後教育において
　校則等で管理を強化することがどのような惨状を招いたかを示す小国（2023）の第7章
　が参考になるでしょう．

第9章
場としての学校

9-1　いじめや不登校はなくならない？

　私たちが「学校の問題」と聞いてまず思い浮かべるのはいじめや不登校でしょう．本章ではこの問題を手がかりに，学校という場そのものについて考えていきます．

　まずはデータの確認から始めましょう．文部科学省ホームページ内「児童生徒の問題行動・不登校等生徒指導上の諸課題に関する調査」[1]では，教育に関する様々なデータを閲覧することができます．そこで公開されている「令和4年度 児童生徒の問題行動・不登校等生徒指導上の諸課題に関する調査結果について」から，「いじめの認知（発生）率の推移（1000人当たりの認知件数）のグラフ」と「不登校児童生徒の割合（1000人当たりの不登校児童生徒数）の推移のグラフ」という2つのグラフを引用します（図2はp. 22，図3はp. 70からの引用です）．

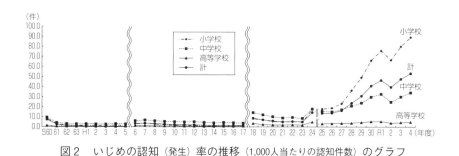

図2　いじめの認知（発生）率の推移（1,000人当たりの認知件数）のグラフ

---

1 ）https://www.mext.go.jp/a_menu/shotou/seitoshidou/1302902.htm （最終閲覧日2024年2月4日）

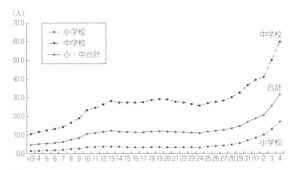

図3 不登校児童生徒の割合（1,000人当たりの不登校児童生
徒数）の推移のグラフ

データの取り扱いや解釈には十分注意しなければならないとはいえ，いじめと
不登校のいずれのパーセンテージも増加傾向にあることがわかります．状況改
善へ向けた様々な取り組みが存在するにもかかわらず，学校という場ではこの
ような問題が続いています．

　いじめを受けたり不登校の状態になっている子どもたちにとって，(断言する
ことはできませんが) 学校という場は不快なものとなっていることが予想されま
す．それどころか，いじめがその後の人生に及ぼす影響を考えれば，学校は子
どもたちの人生を破壊するきっかけになっていると言うこともできるかもしれ
ません．

　しかし，このような問題を抱えつつも，学校という制度は解体されず現代に
も残っています．学校における問題を適切な仕方で考えていくためには，学校

---

2 ）たとえば，「いじめの認知（発生）率の推移（1000人当たりの認知件数）のグラフ」
　　の「いじめの認知（発生）率」という言葉に注意してください．このグラフでは昭和後
　　期から平成中期にかけてのいじめの比率は低いように感じられます．しかし，いじめが
　　「発生」していることと，それが「認知」されることは異なるでしょう．ですからこの
　　グラフだけから，「今に比べて昔の方がいじめは少なかった」と簡単に結論づけること
　　はできません（ちなみに，グラフ内の波線部分はいじめの定義が変わった時期です）．
　　このようなデータの取り扱い方については，たとえば山田，林（2011）の第7章などを
　　参照してください．
3 ）「いじめ」について考えるには，社会学者たちの議論が参考になります．まずは内藤
　　（2009）や森田（2010）を参照してください．

制度（あるいは公教育）が何のために存在するのか，学校という場がいかなるものであるべきかを知っておく必要があるでしょう．次節では，アリストテレス，ジョン・デューイ，イヴァン・イリイチという3人の教育思想家を取り上げます．

9-2 教育思想史における場としての学校

○余暇のための公教育──アリストテレス

前章に引き続き，またもやアリストテレスから話がスタートします．彼は，『政治学』という著作の第7巻と第8巻で，「最善の国制」について論じますが，その国制に必要な教育についても考察しています．

> 生活の全体も仕事と余暇，戦争と平和に区分され，行為も必要不可欠で有益なことを目指すものと美しいことを目指すものとに区分される．それらについても，魂の各部分とその活動においてなされる選択と同じ選択をしなければならない．すなわち，戦争は平和のために，仕事は余暇のために，必要不可欠で有益なことは美しいことのために選択しなければならない．したがって，政治家は，それらすべてに目をやり，さらにそれらのより善きものと目的とに目を向け，魂の各部分とその行為の全体を考慮に入れて，立法しなければならない．そして，様々な生活と諸行為の選択に関しても，同様のやり方を取らなければならない．なぜなら，仕事も戦いもできなければならないが，それ以上に平和に暮らし，余暇を過ごすべきであり，必要不可欠で有益なことをなさねばならないが，それ以上に美しいことをなすべきであるから．したがって，まだ子どものときも，教育が必要とされる限りのその他の年齢の間も，そのような目標に向けて教育すべきである．
> （アリストテレス 2018: 398–399）

この箇所の直前でアリストテレスは，「劣ったものは常に，より優れたもののために存在する」と述べることで，魂の非理性的部分が理性的部分のために存在すると主張します（アリストテレス 2018: 398）．その関係が他の事柄にも当てはまりますが，ここで特に重要なのが「仕事と余暇」です．「仕事は余暇のために［……］選択しなければならない」ということですので，余暇は仕事よりも優れたものとされています．ですから，政治家は余暇のために立法しなければならないし，余暇のために子どもを教育しなければなりません（ちなみに，余暇

の原語である古典ギリシア語「スコレー」はschoolの語源です）．

　教育の目的は余暇であることが分かりましたが，その教育はどのようなもの
なのでしょうか．アリストテレスは同書第8巻で公教育が重要であると主張し
ます．家庭教育では「各個人が自分の子どもを個人的に世話し，自分がよいと
思う独自の教科を教える」ことになるかもしれませんが，国の目的のために教
育するのでしたら「すべての市民」が同じ教育を受けねばならないからです（ア
リストテレス 2018: 416）．当時の一般的な教育では「読み書き」「体育」「音楽」，
そして「図画」の4つが教えられていましたが（アリストテレス 2018: 418-419），
アリストテレスはこのうちの音楽に注目します．

　　　この［余暇において時を過ごすための教育という］理由から，先人たちは音楽を
　　　教育に組み入れたのであり，必要不可欠なものとしてではなく（なぜなら，
　　　それはそういう性格を持つものではない），役立つものとしてでもない——ちょ
　　　うど読み書きが金儲けや家政や学習や国家の数多くの活動のために役立
　　　ち，また，おそらく図画が技術の関わる仕事をよりうまく判断するために，
　　　さらにまた，体育が健康と武勇のために役立つようには（なぜなら，われわ
　　　れが見ての通り，音楽からはそれらのいずれも生じないから）．そこで残る理由は
　　　余暇を過ごすためであり，明らかにまさにそのためにこそ先人たちは音楽
　　　を導入したのである．すなわち，彼らは音楽を自由人にふさわしい時の過
　　　ごし方として位置づけたのである．（アリストテレス 2018: 420-421）

アリストテレスは，「先人たち」が他の3つの科目と異なり「必要不可欠なもの」
でも「役立つもの」でもない音楽を教育内容の1つとしたのは，それが「余暇
を過ごすため」に必要だからだと考えます．ここで注意すべきは，音楽（活動）
で余暇を過ごすことが述べられているのではなく，余暇を過ごすために音楽教
育が必要だと述べられているということです．そのような教育が，生活のため
に働く必要のない「自由人にふさわしい時の過ごし方」であると述べられてい
ます．

　それではなぜ，音楽教育をすることが余暇を過ごすという目的のためになる
のでしょうか．ここで私たちは『ニコマコス倫理学』第10巻から以下の文章を
参照しなければなりません．

　　　［……］知性の活動は，観想的な活動であるがゆえに，その真剣さにおいて

抜きん出ていて，それ自身以外のいかなる目的のために目指されることも
なく，しかも完全で自身に固有の快楽を備えているように思われ（この快
楽は，活動を活発にするのである），こうして人間に許される限りの「自足性」「ゆ
とり」「倦み疲れることのなさ」，そして至福の者に恵まれるその他の特性
が，すべてこの観想的な活動の上に認められるとするならば，人間の完全
な幸福とは，この観想的な活動であるということになろう．ただし，その
場合，人生の長さも完全なものであることを要する．なぜなら，幸福に関
わる事柄において，不完全なものは何もないからである．（アリストテレス
2014: 423-424）

それ自体が目的であることと快楽を有することという2つの特徴を持つ観想活
動（→7-2）が，「人間の完全な幸福」とされています．そこで音楽に目を転
じれば，それは，先に示したように何か他の目的のために役立つものではない
だけでなく，『政治学』第8巻で「最も快いものの1つ」とか「自然本性的な
快楽を持つ」とも述べられています（アリストテレス 2018: 427-428）．音楽は観想
活動と2つの特徴を共有する点で類似したものなのです．アリストテレスの考
えは，そのような音楽教育を受けた人が，将来の観想活動に向けて適切に準備
されることになるということだと思われます[4]．

　アリストテレスは，教育が余暇という目的に向けて行われなければならない
と考えました．それは，人間が幸福になるためには，余暇において哲学を代表
とする観想活動を行う必要があると考えていたからです（アリストテレス 2014:
421-422）[5]．そしてその際には，家庭教育ではなく公教育において，観想活動と
特徴を共有する音楽教育が行われる必要があります．学校組織がまだほとんど
存在しなかった時代に，アリストテレスは彼独自の目的のもとで，その源泉と
なるような教育思想を構築していたのです．

　4）これまでの議論は酒井（2022）の内容を圧縮したものです．この論文では，『政治学』
　　でのアリストテレスの意図が「音楽活動で余暇を過ごすこと」だとする先行研究の解釈
　　に対して丁寧に反論しています．
　5）ヘルバルトは『一般教育学』で，学校が閑暇（余暇）を意味することに言及したうえ
　　で，それが「思弁，趣味および宗教にとって共有財産である」と主張します（ヘルバル
　　ト 1960: 142）．

○進歩主義教育──ジョン・デューイ

6-2ではデューイの経験主義的教育論を見ました．そこでは教師の役割が強調されていたので，その教師が勤務する学校についても彼が重視していることが予想されます．ここでは彼の学校論を見ていきましょう．

デューイは『学校と社会』において，学校が生活や経験から切り離されていることに注意します（デューイ 1957: 29-31）．それは，教育そのものにも問題を生じさせています．

> 私は旧教育の類型的な諸点，すなわち，旧教育は子どもたちの態度を受動的にすること，子どもたちを機械的に集団化すること，カリキュラムと教育方法が画一的であることを明らかにするために，いくぶん誇張して述べてきたかもしれない．旧教育は，これを要約すれば，重力の中心が子どもたち以外にあるという一言につきる．重力の中心が，教師・教科書，その他どこであろうとよいが，とにかく子ども自身の直接の本能と活動以外のところにある．それでゆくなら，子どもの生活はあまり問題にはならない．子どもの学習については多くのことが語られるかもしれない．しかし，学校はそこで子どもが生活する場所ではない．いまやわれわれの教育に到来しつつある変革は，重力の中心の移動である．それはコペルニクスによって天体の中心が地球から太陽に移されたときと同様の変革であり革命である．このたびは子どもが太陽となり，その周囲を教育の諸々の営みが回転する．子どもが中心であり，この中心の周りに諸々の営みが組織される．（デューイ 1957: 49-50）

デューイが言うところの「旧教育」では，子どもが「受動的」で「機械的に集団化」され，「カリキュラムと教育方法が画一的」だという問題点があります[6]．つまりそこでは，「重力の中心が子どもたち以外にある」ので，子どもは「教師」なり「教科書」なりに動かされる存在になってしまいます．しかしデューイによれば，学校とは「子どもが生活する場所」であるべきです．彼は天動説から地動説への「変革」になぞらえ，学校においても「天体の中心」が変えられな

6）この旧教育の「典型」とされたのがヘルバルトやヘルバルト主義の教育思想であり（→ 4-2），「若い頃のデューイは，ヘルバルト主義の論者とも活発に交流していた」ことが分かっています（上野 2022: 23-31）．

ければならないと述べます．そして，「このたびは子どもが太陽となり，その周囲を教育の諸々の営みが回転する．子どもが中心であり，この中心の周りに諸々の営みが組織される」という有名な主張を行うことになります．

　それでは，そのような学校における教育目的はどのようなものなのでしょうか．デューイは『経験と教育』において，学校で学んだことがその後どのような役に立つのかという，今でもよく聞かれる批判について次のように答えます．

　　ほとんど誰もが自分の学校時代を顧みて，在学中に蓄積したはずの知識が，現在はどうなってしまったのかと疑っている．また，学校で習得した技術的な熟達を，現在の自分に大いに役立たせようとするならば，なぜそれをもう一度変わったかたちで学び直さなければならないのか．そのような疑問は誰にでも生じるのである．実際，進歩するために，知的に前進するために，学校で学んだ多くのことをさらに学ぶ必要があることに気づかない人は，まことに幸せなひとである．これらの問題は，教科が少なくともその試験にさえ合格すればよいというように学ばせられてきたので，教科は真に学習されたのではなかったといって，片づけられてよいというわけにはいかない．そこにみられる難点は，問題の教科が孤立したかたちで学ばれたということである．それはいわば，防水室で区画されたようなものである．そこで教科は今どうなっているのか，教科は今どこにいってしまったのか，というように問われると，それに対する正しい答えは，教科がもともとあった特別な防水室の中に依然として同じ教科が留まっているというほかはない．もし教科が習得されたときとまったく同じ条件が再生した場合は，その教科もまた再生し役立つであろう．しかし，教科は習得されたときに隔離されていたので，それゆえ教科は残されていた他の経験からも切り離されていたので，生活の現実的な条件のもとでは役に立たないのである．このような教科の習得がどんなに徹底して深くしみ込んでいたとしても，この種の学習が将来への真の準備をすべきであるというのであれば，それは経験の法則に背反することになる．（デューイ 2004: 71-72）

学校が役に立つことを教えるはずなら，そこで「習得した技術的な熟達」はそのまま役に立つものではないのか，という「疑問」が紹介されています．しかしデューイに言わせれば，学校で学ぶことが学習のすべてというわけではありません．つまり，「進歩するために，知的に前進するために，学校で学んだ多

くのことをさらに学ぶ必要がある」ということに気づかなければならないのです．ただし，そのような疑問は学校教育の大きな問題を示唆してもいます．それは，学校の「教科」が「生活の現実的な条件」から守る「特別な防水室」で学ばれているということです．ですから，進歩ないし知的な前進のためには，そもそも学校教育の段階で，生活と結び付けられた学習が遂行されなければならないのです．

　学校卒業後も進歩する必要があるというデューイの主張は，「成長」についての彼の考えに依拠しています．デューイは『民主主義と教育』において，青年期と比較して児童期を「欠如態」とみなす見解を参照したうえで，次のように述べます（デューイ 1975a: 75）．

> 未成熟の可能性を消極的なものと仮定することの危険性は，それが静的な目的を理想や基準として設定することを考えるとき，明白になる．成長の完遂は，完成された成長，すなわち不成長，もはや成長することのなくなった何ものかを意味するものと考えられるのである．この仮定の空疎さは次のような事実の中に見られる．すなわち，大人は誰でも，もはやそれ以上成長する可能性がないと決めつけられることを不快に思うし，また，自分に成長の可能性がなくなっていることに気づいた場合には，自分が成し遂げたことを自分の力の十分な現れとしてそれに安らぎを求めることなく，かえってその事実を自分が力を失ったことの証拠として嘆き悲しむのである．どうして，子どもと大人とに異なった尺度を使うのであろうか．（デューイ 1975a: 75-76）

成長が完了したということは，「もはや成長することのなくなった何ものかを意味する」でしょう．デューイはこのような状態を想定することが「空疎」だと主張します．彼にとっては，依存性（dependence）と可塑性（plasticity）を両輪として成長していく子どもと同じように，大人も成長し続けていくものなのです．ですからデューイにとっては，未成熟であることは「消極的」ではなく

7）「学校で教えられる知は，子どもの日常生活を超えた知だからこそ重要」であり，「多くの子どもたちに『勉強がつまらない』というふうに映るのは，学校の知の本質」だという立場もあります（広田 2022: 87, 100）．また，この「勉強」という事柄についてより原理的に考えてみたい人は，ぜひ千葉（2020）を読んでみてください．

積極的な意義を有するのです.

　デューイにとって学校とは,　子どもを中心とし,　生活と結びついた教科を教育することによって,　卒業後にも進歩を続けることを確保するための場所ということになります.

○脱学校論――イヴァン・イリイチ

> **イヴァン・イリイチ (1926-2002)**
>
> ウィーンに生まれ,　ザルツブルグ大学で歴史学博士号を取得する.　その思想形成には,　ニューヨークでカトリック聖職者として宗教活動を行っていた際のプエルトリコ系住民との交流が大きな影響を与えた.　近代産業社会の批判者として有名.　主著に『脱学校の社会』(1971) などがある.[9]

　アリストテレスやデューイの議論は,　公教育や学校教育の有益性を示すものでした.　しかし現代では,　学校教育そのものが原理的な問題を抱えていると述べられることがあります（ここでの学校教育とは,　近代国民国家の形成に伴い制度化された公教育を示します.　次章も参照してください）.　ここでは,　そのような議論のきっかけの1つとなった,　イヴァン・イリイチの『脱学校の社会』を取り上げることにします.

　本書の第1章は次のような文章で始まります.

> 　多くの生徒たち,　特に貧困な生徒たちは,　学校が彼らに対してどういう働きをするかを直観的に見抜いている.　彼らを学校に入れるのは,　彼らに目的を実現する過程と目的とを混同させるためである.　過程と目的の区別が曖昧になると,　新しい論理が取られる.　手をかければかけるほど,　よい結果が得られるとか,　段階的に増やしていけばいつか成功するとかいった論理である.　このような論理で「学校化」(schooled) されると,　生徒は教授されることと学習することとを混同するようになり,　同じように,　進級することはそれだけ教育を受けたこと,　免状をもらえばそれだけ能力があること,　よどみなく話せれば何か新しいことを言う能力があることだと取り

8）デューイは,　依存性を「弱さよりむしろ力を意味する」ものと,　可塑性を「可変的で新たな制御様式を獲得する能力」と説明します（デューイ 1975a: 78, 81）.

9）教育思想史学会（2017）の「イリイチ」の項目を参照して作成しました.

違えるようになる．彼の想像力も「学校化」されて，価値の代わりに制度
によるサービスを受け入れるようになる．医者から治療を受けさえすれば
健康に注意しているかのように誤解し，同じようにして，社会福祉事業が
社会生活の改善であるかのように，警察の保護が安全であるかのように，
武力の均衡が国の安全であるかのように，あくせく働くこと自体が生産活
動であるかのように誤解してしまう．健康，学習，威厳，独立，創造といっ
た価値は，これらの価値の実現に奉仕すると主張する制度の活動とほとん
ど同じことのように誤解されてしまう．そして，健康，学習等が増進され
るか否かは，病院，学校，およびその他の施設の運営に，より多くの賃金
や人員を割り当てるかどうかにかかっているかのように誤解されてしま
う．（イリッチ 1977: 13-14）

イリイチは，学校が生徒たちに「目的を実現する過程と目的とを混同させ」る
ことを問題視します．これは「手をかければかけるほど，よい結果が得られる
とか，段階的に増やしていけばいつか成功するとかいった論理」を生み出し，
それが，彼の言う「学校化」という概念に繋がります．つまり，生徒の目的は
「学習すること」であり「教授されること」はその目的を実現する過程であっ
たはずなのに，両者が混同され，結果として，過程である教授されることの方
を目的よりも偏重するようになります．これは学校内で行われる他の事柄にも
適用されますが，さらにイリイチは，目的を「価値」，目的を実現する過程を「制
度によるサービス」と言い換えたうえで，「健康」と「医者から治療を受け」
ることや「安全」と「警察の保護」のように，「価値は，これらの価値の実現
に奉仕すると主張する制度の活動とほとんど同じことのように誤解されてしま
う」と主張します．教授されることが学習に優先されるように，制度の活動が
価値に優先するように考えられてしまうのです．つまり，学校化された人々は
「制度に依存」するようになるのです（イリッチ 1977: 15）．

　さて，このような「学校化」について確認したうえで，イリイチはそれが「物
質的な環境汚染，社会の分極化，および人々の心理的不能化をもたらす」ため，
「地球の破壊と現代的な意味での不幸をもたらす」と述べます（イリッチ 1977:
14）．そして，学校化から抜け出すことで，つまり「脱学校化」を行うことで，
これらの不幸から逃れられるというのがイリイチの主張です．本節では彼のこ
の壮大な議論のすべてをフォローすることはできませんので，第Ⅲ部がテーマ

としている「学校」での子どもの学習に絞って，イリイチの見解を見てみることにします．

　そもそもイリイチは，「たいていの人々は，知識の大部分を学校の外で身につける」ので「ほとんどの学習は偶然に起こる」と考えています（イリッチ 1977: 32-33）．そして脱学校化はその学習と関わっています．

　　社会を脱学校化するということは，学習の本質に 2 つの側面があることを認めることを意味している．技能の反復的練習（skill drill）だけを主張するならば不幸を招くであろう．学習の他の側面にも同じように重点を置かなければならない．しかし，もしも学校が技能を学ぶにふさわしくない場所であるならば，教育（education）を受けるにはもっとふさわしくない場所なのである．現在の学校はそのどちらの任務もうまくやっていない．その理由の一部分は，学校がその両者を区別しないことにある．学校は技能を教授すること（skill instruction）において効率が悪いが，その特別な理由は，学校がすべての教科をカリキュラムとして結びつけることにある．ほとんどの学校で，1 つの技能を向上させようとする計画は，いつも関連のない他の課業と連鎖的に結びつけられている．たとえば数学をもっと先に進むためには歴史の勉強をしてからとか，校庭を使用する権利は出席の回数によって左右されるとかいうように．／私は習得した技能の開放的かつ探究的使用を奨励するような環境の整備を「自由教育」（liberal education）と呼ぶことにする．学校はこの自由教育に関してはさらに効率が悪いのである．その主な理由は学校が義務制であり，学校教育のための学校教育となることである．つまり学校に通うことを義務づけることは子どもたちを教師集団の中に強制的に収容することであり，その結果は疑わしい特権を持ったもっと多くのそのような集団を生み出すことになるのである．ちょうど技能を教授することがカリキュラムの束縛から解放されなければならないように，自由教育は学校に通う義務から解放されなければならない．たしかに技能の学習も，発明的創造的行動を育てる教育も，どちらも制度を変えることによってよりよいものにすることができるが，両者は本質的に異なり，しばしば対立する性質のものなのである．（イリッチ 1977: 40-41）

イリイチは「学習の本質」として，「技能の反復的練習」と「教育」ないし「自由教育」という「2 つの側面」を区別します．彼が主張したいのは，そもそも

２種類の学習を区別しない学校という場がどちらの学習にとっても効率が悪く，とりわけ自由教育のための場ではないということです．ある技能を向上ないし習得するためにはその反復練習に集中する必要があるでしょうが，学校では教科同士が密接に結びつきすぎているため，１つのことへの集中ができません．これは，子どもたちを「カリキュラムの束縛から解放」することで対応可能かもしれません．しかし，「習得した技能の開放的かつ探究的使用」のために「発明的創造的行動」の育成を目指す自由教育は，学校の「子どもたちを教師集団の中に強制的に収容する」「義務制」と相反するものです．ですから自由教育のためには，子どもたちが「学校に通う義務から解放され」る必要があります．これは学校制度の根幹を否定するものでしょう．

したがって，人が学習をするためには脱学校化されねばならないというのがイリイチの主張です．彼が学校制度の代わりに提唱するのは，「個々人にとって人生の各瞬間を，学習し，知識・技能・経験を分かち合い，世話し合う瞬間に変える可能性を高めるような教育の『ネットワーク』」です（イリッチ 1977: 2）．

9-3　様々な機能を持ちうる学校

「学校」と聞いて，私たちは様々なイメージを持つと思います．本章で取り上げた３人の教育思想家たちも，学校（公教育）についてかなり異なった議論を展開していました．

アリストテレスの公教育論は，「学校で学ぶのは将来の仕事のためだ」という価値観を持つ人々への一種のカウンターとなるものでした．仕事を頑張っている人に対して，しばしば「休むのも仕事のうちだよ」と休息を勧める声が聞かれます．この背景には，余暇を仕事のためのものだと考える思想が隠れているように思われます．しかしアリストテレスによれば，むしろ仕事が余暇のために存在するのであり，公教育はその本来の目的である余暇を適切に過ごすために実施されるべきもの[10]．

また，デューイの進歩主義教育は，その主役たる子どもの生活により密着した学校が必要であることを主張するものでした．もちろん，彼の主張の眼目は

---

10) 余暇の問題について考える際には，「ブルシット・ジョブ（クソどうでもいい仕事）」という概念を一躍有名にした，グレーバー（2020）をぜひご一読ください．

生活と密着したカリキュラムの構築にあります．しかし，そもそも学校が子ど
もたちにとっての生活の場でもあるということを認識しておかねばなりませ
ん．子どもたちは学校で勉強をするだけでなく，給食やお弁当で食事をとった
り，教室やその他の施設の掃除をしたり，様々な場所で遊んだりします．これ
らの行為のいずれも，主体となる子どもにとって重要なものです．

　さらに，イリイチの議論は学校そのものの存在価値に関する疑念を抱かせる
ものでした．たしかに，よくよく考えてみると，学校教育はそのすべてが必ず
しも良い結果を生むわけではありません．本章の第 1 節で見たように，そもそ
もいじめや不登校問題は増加し続けています．そうすると，そのような問題を
生み出し続けている学校制度そのものに致命的な欠陥があるようにも思われま
す．イリイチ自身も用いる言葉ですが，現代の学校では「隠れたカリキュラム
（潜在的カリキュラム）」の問題がつとに指摘されます（イリッチ 1977: 15）．これは「教
師に教えたつもりがなくても大半の児童・生徒によって学ばれてしまう内容」
と規定されるものです（山田 2018: 22）．たとえばそれは，「共学の中学・高校に
おける男女別の名簿」で「たいていの場合には男子の名前が先で女子の名前が
後に載っている」ことで男性中心社会へのバイアス（先入観，偏見）を強化した
り[11]，「典型的なジェンダー・ステレオタイプの基準に照らして「イケてる」男
女を序列の上位に置き，そうでない「地味」な生徒たちを下位に位置づける」
ような「スクールカースト」として機能します（加藤 2017: 108-109）[12]．そこで学
ぶ子どもたちを幸福にしないものであれば，やはり学校制度は廃止されるべき
ではないでしょうか[13]．

　しかしそのイリイチすら，『コンヴィヴィアリティのための道具』（1973）に

---

11) 私たちが思考する際の障害となりうるバイアスという概念については，ひとまず戸田
　山（2020b）の第 5 章で学んでください．
12) 生物学的性差としてのセックスと対比されて社会的性差と捉えられることの多いジェ
　ンダーについては，それをどう定義するかも含めて多くの関連する問題が存在します．
　教育について論じる場合，この問題は非常に重要であり決して切り離すことはできませ
　ん．まずは加藤，石田，海老原（2005）で学びつつ，加藤（2017）等へ学習を進めてく
　ださい．また，ジェンダーと関係するフェミニズムについては，清水（2022）が良い導
　き手になると思います．さらに「スクールカースト」という概念については，児童・生
　徒や教員へのインタビューも含む鈴木（2012）を参照してください．
13) 学校教育には他にも様々な問題点が指摘されています．その一例として，内田（2015）
　を参照してください．

おいて，「各人の間の自立的で創造的な交わり」を意味する「自立共生」とい^{コンヴィヴィアリティ}う概念を提唱したうえで（イリイチ 2015: 39），「［……］自立共生的な社会はあらゆる学校を排除するわけではない．それは，落伍者には特権を与えない強制的な道具へと歪められた学校制度を排除するのである」（イリイチ 2015: 65）と述べます．つまり，学校制度のすべてが否定されるべきものではないということです（cf. 中澤 2021: 237-241）．

　私たちは学校という「場」そのものについて考え続けなければなりません．そしてそのためには，現代の学校制度が，保護者や地域住民，塾などの教育産業や自治体等の様々なステークホルダー（利害関係者）との関係のもとで成立していることを認識する必要があります．学校が持ちうる様々な機能は，そこで学ぶ子どもと教える教員のためだけのものではないのです[14]．

取り組んでみよう！

①公教育の定義について調べてみてください．

②アリストテレスによれば，公教育は余暇のためにあるのでした．あなたは，余暇は何をして過ごすべきだと思いますか．また，そのような余暇の過ごし方のためには公教育で何が学ばれねばならないと思いますか．考え，議論してみましょう．

③あなたが在籍している（あるいは在籍していた）「学校」は，地域や社会の中でどのような役割を担っていますか（担っていましたか）．考えてみてください．

14）現代の学校には，学級担任を務める教員以外にも様々な教職員が存在します．たとえば，栄養教諭，司書教諭，養護教諭，事務職員，学校用務員，学校医および学校歯科医，学校薬剤師等の人々です（汐見，伊東，髙田，東，増田 2011: 76-77）．

第IV部　社会

われわれは社会の利益，社会秩序，公共その他それに類することについて語る．しかし社会とはわれわれを抜きにしたものではない．社会とはまず第一に人間どうしの結びつきである．社会とは，われわれが他の人たちと共有する価値のすべてにたいする名前である．

——カレル・チャペック「政治について」

(チャペック 1995: 251)

第Ⅳ部では，子どもと教師と学校がそこに含まれる「社会」について考えます．第10章では「国と教育」，第11章では「宗教と教育」，第12章では「メリトクラシー」を論じます．

第10章

国 と 教 育

10-1　道徳を教科書で教える？

　皆さんは，学校で使われる「教科書」が略語であることを知っているでしょうか．これは，正確には「教科用図書」といいます．各教科の指導のための図書という意味です．学校教育でこれを用いなければならないことは法律で定められています．

> 学校教育法第34条第1項
> 小学校においては，文部科学大臣の検定を経た教科用図書又は文部科学省が著作の名義を有する教科用図書を使用しなければならない．

この条文は，同法第49条で中学校に，第62条で高等学校に「準用」すると述べられますので，大学より前の学校教育では教科用図書を使用することが義務づけられているのです（以下では，略語であることを踏まえつつ，教科用図書ではなく「教科書」という言葉を用います）．

　ここで，もしよろしければ，皆さんが使っていた教科書をぜひ一度見てみてください（家の中になければ，図書館等で実際に見てみてください）．どの教科書にも「文部科学省検定済教科書」という文言が印字されているはずです．これは，その教科書の使用が文部科学省に許可されていることを示します．先の条文では教科用図書について，それが「文部科学大臣の検定を経た」あるいは「文部科学省が著作の名義を有する」ものでなければならないと述べられていました．つまり，文部科学省が作成したものでなければ，民間で作成されたものは文部科学大臣の検定を受けたうえで教科書として使用されることが許可されます．これが教科書検定制度と呼ばれるものです．

　教科書についてだいぶ詳しくなってきたと思います．問題はここからです．

2023年現在，道徳が特別の教科として小中学校で教えられています．以前は「道徳の時間」と呼ばれていましたが，学習指導要領の改訂に伴い，2018年に小学校で，2019年に中学校で（「特別の」という言葉が付いてはいますが）教科としての指導が始まりました．そして教科化されたということは，指導の際に教科書を用いなければなりません．現在ではいくつかの出版社から道徳の教科書が出版されています．

　さて，道徳が教科化されることには根強い反対意見がありました[1]．その理由の１つがまさに教科書問題です．すぐ前で見たように，教科指導では教科書を使わなければならず，道徳にもすでに教科書が存在します．しかし教科書は，文部科学大臣，すなわち国の検定を受けたものである必要があります．そうすると，国が教育内容に介入していることになります．「だからなんだと言うんだ．その理屈だったら国語や算数（数学）の内容にも国が介入していることになるが，それは問題にならないじゃないか」と言う人がいるかもしれません．

　他の教科と道徳の最も大きな違いは，道徳が「心」に直接関係するということです．以下の文章をご覧ください．

　　小学校学習指導要領第１章総則 第１小学校教育の基本と教育課程の役割
　　道徳教育や体験活動，多様な表現や鑑賞の活動等を通して，豊かな心や創
　　造性の涵養を目指した教育の充実に努めること．／学校における道徳教育
　　は，特別の教科である道徳（以下「道徳科」という．）を要として学校の教育
　　活動全体を通じて行うものであり，道徳科はもとより，各教科，外国語活
　　動，総合的な学習の時間及び特別活動のそれぞれの特質に応じて，児童の[2]

1）たとえば本田（2020: 188-195）を参照してください．
2）この特別活動については，小学校では学級活動，児童会活動，クラブ活動，学校行事
　の４活動から（文部科学省 2017b: 183-187），中学校や高等学校では学級活動あるいは
　ホームルーム活動，生徒会活動，学校行事の３活動から構成されています（文部科学省
　2017c: 162-165, 文部科学省 2018: 478-480）．特別活動の意義については，汐見，伊東，高
　田，東，増田（2011: 156-157）を参照してください．また，「教育課程外の学校教育活動」
　であり，「生徒の自主的，自発的な参加により行われる」ものとされている部活動は特
　別活動に含まれません（文部科学省 2017c: 27, 文部科学省 2018: 32）．特に運動部活動と
　教育の関係を論じたものとして，中澤（2014）と神谷（2015）は示唆に富みます．さら
　に，運動部活動について学問的に考える際に避けて通れないスポーツ倫理学については，
　林，伊吹，KEITO（2021）から学習を始めてください．

　発達の段階を考慮して，適切な指導を行うこと．（文部科学省 2017b: 17）

実は日本の公教育において，道徳教育＝道徳科の授業というわけではありません．道徳教育は「学校の教育活動全体を通じて行うもの」と定められており，道徳科はその「要」となっています．ただし，道徳教育がその他の活動と共同して「豊かな心や創造性の涵養」を目指していること，道徳科における指導がその中で必ず行われることを踏まえれば，やはり，道徳科で心が教育されることになります（また，以前は道徳の時間に用いる補助教材として『心のノート』というものが配布されていたことをご存じの方もいるでしょう[3]）．そうであれば，国は教科と教科書を経由して，国民の心に介入していることになります[4]．

　国が国民の心に介入することは許されるのでしょうか．そもそも，国と教育の適切な関係はいかなるものなのでしょうか．本章では，プラトン，福沢諭吉，エミール・デュルケームの教育思想を手がかりにこの問題を考えてみましょう．

10-2　教育思想史における国と教育

○トップダウン型の教育──プラトン

　すでに参照したように，『ポリテイア』におけるプラトンの教育カリキュラムは，哲人王たちの育成を目的としていました（→7-2）．その哲人王たちが理想国を支配するわけですが，そもそもなぜ哲学者に国の支配を任せなければならないのでしょうか．同書第5巻のソクラテスの発言をご覧ください．

　3）『心のノート』は2002年に，その後継である『私たちの道徳』は2014年に配布が開始されました．これらは文部科学省の発行物ですので，検定教科書以上に，国や政府の思想がダイレクトに反映されていたことが予想されます．『心のノート』の問題点については，高橋（2004: 116-120）や岸本（2022: 238-241）を参照してください．

　4）また，教科化されることで道徳科の学習過程・成果が「評価」されることになります．この点についても様々な議論が行われています．有意義な議論を行うためには，少なくとも以下の2点を踏まえる必要があるでしょう．第一に，現行の学習指導要領では，小中学校ともに，道徳科については「数値などによる評価は行わないものとする」と定められています（文部科学省 2017b: 172, 文部科学省 2017c: 158）．第二に，そもそも評価という概念自体が混乱した仕方で用いられていることが指摘されています（道徳教育学フロンティア研究会 2021: 265-280, 道徳教育学フロンティア研究会 2022: 275-282）．また，教育評価という領域について学ぶ際には，田中（2021）が優れた導き手となります．

　「哲学者たちが国々において王となって統治するのでないかぎり」とぼく［ソクラテス］は言った，「あるいは，現在王と呼ばれ，権力者と呼ばれている人たちが，真実にかつ十分に哲学するのでないかぎり，すなわち，政治的権力と哲学的精神とが一体化されて，多くの人々の素質が，現在のようにこの２つのどちらかの方向へ別々に進むのを強制的に禁止されるのでないかぎり，親愛なるグラウコンよ，国々にとって不幸のやむときはないし，また人類にとっても同様だとぼくは思う．さらに，われわれが議論のうえで述べてきたような国制のあり方にしても，このことが果たされないうちは，可能なかぎり実現されて日の光を見るということは，決してないだろう．／さあ，これがずっと前から，口にするのをぼくにためらわせていたことなのだ．世にも常識外れなことが語られることになるだろうと，目に見えていたのでね．実際，国家のあり方としては，こうする以外には，個人生活においても公共の生活においても，幸福をもたらす途（みち）はありえないということを洞察するのは，難しいことだからね」（プラトン 1979a: 405）

　「世にも常識外れなこと」と受け取られるのを覚悟して，ソクラテスは，哲人王思想を開陳します．それは，哲学者が王になるか王が哲学者になってそのような人が統治しなければ，「国々にとって不幸のやむときはないし，また人類にとっても同様」であるというものです．また，私たちが第7章ですでに参照した教育カリキュラムを持つ理想国自体も，哲人王がいなければ実現できません．つまり，ソクラテスは「政治的権力と哲学的精神とが一体化され」ることを望んでいるのです．

　現代社会で「哲学者」という言葉を聞けば，現実のことに疎い浮世離れした人を想像するかもしれません．ましてやそのような人が国を統治するという提案を聞けば，一笑に付されるのが関の山でしょう．その事情が古代ギリシア社会でも変わらなかったのは，ソクラテスの「世にも常識外れなこと」という言葉から分かります．では，プラトンの描くソクラテスは，なぜそれほど哲学者に期待を寄せているのでしょうか．『ポリテイア』第6巻冒頭近くでは次のように述べられます．

　「哲学者とは，常に恒常不変のあり方を保つものに触れることのできる人々のことであり，他方，そうすることができずに，様々に変転する雑多な事物の中にさまよう人々は哲学者ではない，ということであれば，いったい

どちらの種類の人々が，国の指導者とならなければならぬだろうか？」／
［……］／「それでは，これから述べるような人々は，盲人といささかでも
違ったところがあると思うかね——すなわち，それぞれの真実在の認識を
まったく欠いていて，魂の中に何一つ明確な範型というものを持っていな
い人々，そしてちょうど画家がするように，最も真実なものへと目を向け
て，常にそれと関連させ，できるだけ正確にそれを観るというやり方で，美・
正・善についてのこの世の法も，制定する必要があれば制定し，あるいは
現存の法を守護し保全する，ということができないような人々は？」／
［……］／「では，われわれとしては，そういう人々［哲学者でない人々］の
方を，他方の人々よりも優先的に国の守護者に立てるべきだろうか？　そ
れとも，それぞれの真実在を確実に認識していて，しかも経験において先
の人々に少しも劣ることのない，さらにその他の徳性のどれをとってみて
もひけをとらないような，そういう人々の方だろうか？」（プラトン 1979b:
16-18）

これはすべて，対話相手のグラウコンに向けたソクラテスの問いかけです．哲
学者以外の人々は「様々に変転する雑多な事物の中にさまよう」一方で，哲学
者は「常に恒常不変のあり方を保つものに触れることのできる」とされていま
す．つまり，哲学者はその時々でコロコロ変わることがない，本当に存在する
ものである「真実在の認識」ができるのであり，その認識に基づいて新しい法
律を制定したり現存の良い法律を保全します．法律は国にとって重要なもので
すから，そのようなことが可能な哲学者こそ「国の守護者」つまり王にならな
ければなりません．
　さて，ソクラテスはこの後，哲学者が「学ばなければならない最大のもの」
があると議論を進めます（プラトン 1979b: 71）．その内容は彼によって次のよう
に説明されます．

　　「さあ，君もまた尋ねたまえ．どっちみち君は，たしかにそれを一度なら
　　ず聞いたことがあるのだが，今はそれに気づかないのか，あるいは，また
　　しても，しつこくつかまえてぼくを困らせてやろうという魂胆なのか，ど
　　ちらかなのだ．ぼくの思うには，きっと後者の方だろう．現に君は，〈善〉
　　の実相（イデア）こそは学ぶべき最大のものであるということは，何度も
　　聞いているはずだからね——この〈善〉の実相が付け加わってはじめて，

　　正しい事柄もその他の事柄も，有用・有益なものとなるのだ，と．／今も
　君は，ぼくがそのことを言おうとしているということを，だいたい承知し
　ているに違いないのだ——またそれに加えて，われわれはこの〈善〉の実
　相を十分に知ってはいないのだと，ぼくが言うはずだということもね．し
　かるに，もしわれわれがそれを知っていないとしたら，それなしに他の事
　柄をたとえどれほどよく知っていたとしても，君も承知の通り，それはわ
　れわれにとってまったく何の役にも立たないことになるのであって，それ
　はちょうど，何かあるものを所有していても，善いことがなければ何の足
　しにもならないのと同じことなのだ．——それともどうかね，ありとあら
　ゆるものを所有していても，しかしその所有が善い所有でないとしたら，
　何かの足しになると君は思うかね？　あるいは，善を抜かして他のすべて
　の事柄に知恵を持ちながら，美しいもの・善いものについては何の知恵も
　ないとしたら？」（プラトン 1979b: 72）

ここでのソクラテスの主張は，「正しい事柄」を含むあらゆるものは善いもの
であってはじめて有益だということです．ですから，色々な事柄の真実在をい
くら知っていても，それだけでは「われわれにとってまったく何の役にも立た
ないことにな」ります．そして，その善さの根拠となるのが，「〈善〉の実相（イ
デア）」と呼ばれるものです．この善のイデアを倫理的・道徳的なものと安易
に断定することはできませんが，少なくともそういう価値の根拠であるという
特性を持つことは間違いないでしょう[5]．つまり，理想国を統治する哲学者（哲
人王）は，倫理や道徳の根拠を知っている存在なのです．

　さて，この哲人王は理想国の教育にも介入します．その目的は「常に絶えず
他の人々を自分と同じような人間に教育」することです（プラトン 1979b: 163）.
そのようにして次代の哲人王たちが育成されることで，理想国は維持されます.
つまりここには，最も優れた人々が国の統治者となってシステムを作り，それ
に基づいて教育が行われるというトップダウン型の教育体制が存在します．

　5）善のイデアについては中畑（2021）の第7章を参照してください．

○ボトムアップ型の教育――福沢諭吉

福沢諭吉（1834-1901）

幕末から明治期の日本の思想家．中津藩出身．蘭学を学ぶが，その限界に気づき英学に転向してそれを独学する．慶應義塾大学の創設者として有名．主著として，大ベストセラーとなった『学問のすゝめ』(1872-1876) がある[6]．

福沢諭吉の教育思想を見ていくために，岩波書店から出版されている『福沢諭吉教育論集』(福沢 1991) に所収のいくつかの論考を参照しましょう．

福沢は「中津留別の書」(1870) において人間が「自由独立」であることの重要性を指摘したうえで，「一身独立して一家独立し，一家独立して一国独立し，一国独立して天下も独立すべし」と述べます (福沢 1991: 10-11)．ここからは彼のボトムアップ型の思想を読み取れるでしょう．つまり，国とは究極的には個人の自由独立に依存するものなのです．

それでは，そのような福沢にとって教育とはいかなるものだったのでしょうか．彼は「教育の目的」(1879) において，教育の普遍的な目的が「高尚なる心身」に基づく「平安」であると述べます (福沢 1991: 23-26)．そして「学問の独立」(1883) では，この教育を行うために必要なことが次のように示されます．

> 学問と政治と分離すること，国のためにはたして大切なるものなりとせば，我が輩は，今の日本の政治より今の日本の学問を分離せしめんことを祈る者なり．すなわち文部省及び工部省直轄の学校を，本省より離別することなり．そもそも維新の初には百事皆創業にかかり，これは官に支配すべき事，それは私に属すべきものと，明らかに分界を論ずる者さえなくして，新規の事業は一切政府に帰し，工商の細事にいたるまでも政府より手を出だすの有様なれば，学校の政府に属すべきはむろんにして，すなわち文部・工部にも学校を設立したるゆえんなれども，今や16年間の政事，次第に整頓するの日にあたりて，内外の事情を照し合せ，欧米文明国の事実を参考すれば，我が日本国において，政府がただちに学校を開設して生徒を集め，行政の官省にてただちにこれを支配して，その官省の吏人たる学者がこれを教授するとは，外国の例にもはなはだ稀にして，今日の時勢に少しく不

　　都合なるが如し．（福沢 1991: 90-91）

明治維新後に様々な制度が設けられた際，あらゆることが国の取り仕切ること
となりました．すでにそれから「16年間」が経過しているのだから，今こそ「こ
れは官に支配すべき事，それは私に属すべきもの」ということを定めるべきで
す．そこで福沢が主張するのが「学問と政治と分離すること」こそ「国のため
にはたして大切なるもの」だということです．彼によれば，「欧米文明国」の
ような諸外国において日本と同じような政府主導の学校制度はほとんど見られ
ません．さらに福沢はそこに続く箇所で，官立学校を私立学校に変更したうえ
で，文部省は「行政官」として機能すべきだと提言します（福沢 1991: 101-103）

　学校制度について触れられているとはいえ（そして学校教育を行うためには学問
が必要であることが予測できるとはいえ），「学問の独立」の議論はあくまでも教育
ではなく学問が政治から切り離されるべきだというものです．そこで，より直
接的なタイトルの「政事と教育と分離すべし」（1884）を参照してみましょう．
そこでは冒頭で「政治は人の肉体を制するものにして，教育はその心を養うも
のなり．ゆえに政治の働は急劇にして，教育の効は緩慢なり」と述べられたう
えで（福沢 1991: 120），その両者について次のように説明されます．

　　すなわち政治固有の性質にして，その働の急劇なるは事実の要用において
　　まぬかるべからざるものなり．その細目にいたりては，1年農作の飢餓に
　　あえば，これを救うの術を施し，一時，商況の不景気を見れば，その回復
　　の法をはかり，敵国外患の警を聞けばただちに兵を足し，事，平和に帰す
　　れば，また財政を脩むる等，左顧右視，臨機応変，1日片時も怠慢に附す
　　べからず，1小事件も容易に看過すべからず．政治の働，活潑なりという
　　べし．（福沢 1991: 120）

これに反して教育は人の心を養うものにして，心の運動変化は，はなはだ
遅々たるを常とす．ことに智育有形の実学を離れて，道徳無形の精神にい
たりては，ひとたびその体を成して終身変化する能わざるもの多し．けだ
し人生の教育は生れて家風に教えられ，少しく長じて学校に教えられ，始
めて心の体を成すは20歳前後にあるものの如し．この20年の間に教育の名
を専にするものは，ただ学校のみにして，凡俗また，ただ学校の教育を信
じて疑わざる者多しといえども，その実際は家にあるとき家風の教を第一

として，長じて交わる所の朋友を第二とし，なおこれよりも広くして有力
なるは社会全般の気風にして，天下武を尚ぶときは家風武を尚び，朋友武
人となり学校また武ならざるをえず．文を重んずるもまた然り，芸を好む
もまた然り．（福沢 1991: 121-122)

政治は緊急事態に迅速に対応しなければなりません．飢饉や不景気，侵略など
が生じれば，それぞれの対応をすぐさま行う必要があります．それが「政治の
働，活溌なりというべし」とまとめられています．他方，教育には時間がかか
ります．「智育有形の実学」でもそうですが，「道徳無形の精神」に至っては，様々
な側面からの教育の結果としてその精神が「始めて心の体を成すは20歳前後」
と述べられます．これは，「教育は人の心を養うものにして，心の運動変化は，
はなはだ遅々たるを常とす」るからです．ですから，そもそも性質が異なるも
のである政治と教育を一体化することなどできないでしょう．

　さて，福沢は道徳教育を非常に重視していました．ただしこれまで参照して
きた彼の議論から推測されるように，その道徳教育論は国の介入を認めるもの
ではありません．ここで，文部省の倫理教科書について意見を求められた際
（1887年）に，当時の文部大臣だった森有礼（1847-1889）へ向けて福沢が記した「読
倫理教科書」（1890）を参照してみましょう．[7]

　　そもそも本書［倫理教科書］全面の立言は，人生戸外の公徳を主として，家
　　内私徳の事には深く論及するところを見ず．然るに鄙見はまったくこれに
　　反し，人間の徳行を公私の二様に区別して，戸外公徳の本源を家内の私徳
　　に求め，またその私徳の発生は夫婦の倫理に原因するを信ずるものなり．
　　本来，社会生々の本は夫婦にあり．夫婦の倫，紊れずして，親子の親あり，
　　兄弟姉妹の友愛あり．すなわち人間の家（ホーム）を成すものにして，こ
　　れを私徳の美という．内に私徳の修まるあれば，外に発して朋友の信とな
　　り，治者被治者の義となり，社会の交際法となるべし．（福沢 1991: 129)

倫理教科書では，「公徳」が重視され，「家内私徳」が軽視されていました．福
沢の意見は真逆であり，公徳は家内私徳から，家内私徳は「夫婦の倫理」から

　7）森は日本の学校制度の基盤となる諸学校令（1886）を制定しました．この森と福沢の
　　思想の対比については，今井（2009: 240-241）を参照してください．

生じるというものです．先ほど見たように，彼は「中津留別の書」において「一身独立して一家独立し，一家独立して一国独立し，一国独立して天下も独立すべし」と述べていました．また，その直後で「人倫の大本は夫婦なり」(福沢 1991: 11) とも主張しています．「読倫理教科書」における夫婦の倫理の重視は，「中津留別の書」の主張と軌を一にするものです．

　また，「読倫理教科書」では次のようにも述べられます．

> 　然るに今，倫理教科書は文部省撰とあり．省中何人の手になりしや．その人は果して完全高徳の人物にして，私徳公徳に欠くるところなく，もって天下衆人の尊信を博するに足るべきや．諭吉においては，文部省中にかかる人物あるべきを信ぜざるのみならず，日本国中にその有無を疑う者なり．
> (福沢 1991: 130)

倫理や道徳について子どもたちが皆それで学ぶような「教科書」を作ろうと思ったら，それを作成するのは「完全高徳の人物にして，私徳公徳に欠くるところなく，もって天下衆人の尊信を博するに足る」人でなければなりません．しかし，その教科書の作成元である文部省の中にはそのような人物はいないでしょうし，そもそも日本国内すべてを探しても見つかるわけがない，と福沢は主張します．ですから，国は道徳教育に介入すべきではないのです．どうしても教科書を作りたいのであれば，「教科書の編纂検定」(1897) にて述べられている通り，教科書の編纂は民間に任せて文部省は検定だけを行うべきです (福沢 1991: 149)[8]．

　個人の自由独立を重視し，国の教育への干渉を最大限排除することで，福沢は道徳教育についてもボトムアップ型の議論を展開したのです[9]．

8）ただし福沢はこのように述べるにあたって，その検定にしても「ただその有害を認めたるものを排斥するにとどめて，いやしくも無毒のものは一切不問に付すべきのみ」と注意することを忘れません (福沢 1991: 149).

9）しかし『文明論之概略』(1875) においては「今の日本国人を文明に進むるは，この国の独立を保たんがためのみ．故に，国の独立は目的なり，国民の文明はこの目的に達するの術なり」と述べられていることから (福沢 1995: 297)，福沢の思想を常にボトムアップ型のものとして解するのは困難であることがわかります．彼の思想が受けてきた評価の変遷については小川原 (2023) を参照してください．

○社会と個人──エミール・デュルケーム

┌─ **エミール・デュルケーム**（1858-1917）──────────────

フランスを代表する社会学者，ボルドー大学を経て，ソルボンヌ大学の社会学・教育学教授となる．教育社会学の創始者として有名．社会学では『社会分業論』（1893）や『社会学的方法の基準』（1895），教育学では『道徳教育論』（1925）や『フランス教育思想史』（1938）などの著作がある．
└────────────────────────────────────

デュルケームは『道徳教育論』において，社会ごとに教育が異なるという事実から，「全人類に対して妥当する普遍的教育などというものは，まったく存在しなかった」と主張します（デュルケム 2010: 16-17）．そして，自身が求める教育学とは「技術と科学の中間にある」ものであり，「理論であ」りながら「直接に行為を指導することを目標と」するものなので，「実践ではない」にもかかわらず「実践を導くことができる」ものであると考えるのです（デュルケム 2010: 45-46）．ですから，本書の目的である道徳教育について論じる際も，そのような性格を持つ道徳教育論が求められることが予測されます．

デュルケームの道徳教育論を理解するためには，まず，彼が社会をどう捉えているかを見ておく必要があります．デュルケームは「個人のほかにあるものといえば，諸個人の結合によって形成される集団，すなわち社会をおいて外にはない」と述べたうえで，「道徳の領域は，社会の領域が始まるところから始まる」という「基本的原理」を示します（デュルケム 2010: 127）．ここで，個人と社会の関係が問題となります．

> それゆえ，個人と社会との間には，多くの理論家たちがいとも簡単に認めるような，対立関係があるのでは決してない．それどころか，われわれの内部には，われわれ自身とは別個のもの，すなわち社会を，われわれに表現するところの，多数の精神状態が存在するのである．いわば，それらは，われわれの内部に生きて活動している社会そのものである．たしかに，社会はわれわれの個人的存在に比べれば，はるかに広大で，これを超越したものではあるが，それはまた，同時に，いたるところからわれわれの内部に浸透してくるのである．社会は，外部にあって，われわれを包含するものであるが，それは同時にわれわれの内部に存在するのであって，われわれは，本性のいたるところにおいて，社会と混ざり合っている．肉体組織

が体外より栄養を摂取するように，精神組織もまた，社会からもたらされる観念や，感情や，生活習慣によって自らを養っている．われわれは，自己自身の最も重要な部分を社会に負うているのである．（デュルケム 2010: 142-143）

デュルケームは，個人と社会が対立するという見解に異議を唱えます．彼の見解は，「われわれを包含するものであるが，それは同時にわれわれの内部に存在するのであって，われわれは，本性のいたるところにおいて，社会と混ざり合っている」というものです．先ほど見たように，社会はひとまず「諸個人の結合によって形成される集団」なのでした．そうであれば，個人がいなければ社会はありませんが，その社会はそれぞれの個人の重要な要素でもあります．このようにデュルケームは個人と社会が相互に関係していると述べますが，どちらかといえば，社会が「われわれの内部に浸透してくる」という，社会から個人への影響を重視したいようです．

　さて，いよいよ道徳の話に入ります．デュルケームは，私たちの道徳性には３つの要素が存在すると主張します．まず，そのうちの２つについて以下の引用をご覧ください．

　　［……］実際，いかなるモラリストといえども，通常，善と義務という言葉で呼ばれているところの，二種のまったく相異なったものを，道徳の中に認めない者は，まずいないといってよい．義務は命令するものとしての道徳であり，われわれが従わねばならぬ──まさにそれが権威であるがゆえに──権威として捉えられた道徳である．これに対して善は，われわれの意志を引きつけ，自発的な欲求を惹起するところの，良きものとしての道徳である．ところで，容易に理解できるように，義務とは，われわれの本性に限界を定め，規則を課するものとしての社会であり，他方，善とは，われわれよりも豊かな実在で，われわれがそれに愛着すれば，必ずやわれわれ自身の存在も豊かなものにならずにはいないものとしての，社会である．それゆえ，いずれにおいても，表現されているのは同じ感情であって，換言すれば，道徳は二重の相のもとに示されると言える．すなわち道徳は，一方では，われわれに全面的服従を要求する絶対法として，他方では，われわれの感性が自発的に希求する見事な理想として，示されるのである．
（デュルケム 2010: 178-179）

デュルケームは道徳が「義務」および「善」という「二種のまったく相異なったもの」を含むと考えます．というのも，道徳は「権威」として私たちに「命令するもの」でもあれば，「良きもの」として私たちの「意志を引きつけ，自発的な欲求を惹起する」ものでもあるからです．そして，この義務も善も社会であるので，道徳とは，異なる仕方で「二重」に示される社会のことなのです．

さらにデュルケームは，「道徳性の第三の要素」について次のように述べます．

> 道徳的に振る舞うためには，規律を尊び，社会集団に愛着するだけでは十分ではない．それに加えて，規則を敬うにせよ，あるいは，集合的理想に献身するにせよ，われわれは自己の行為の理由についてできるかぎり明確で，かつ完全な意識を持たねばならない．なぜなら，この明確な意識こそ，今後公衆の意識が，真に，そして完全に道徳的なすべての存在に対して等しく要求する自律性を，われわれの行為の上に付与してくれるものだからである．それゆえわれわれは，道徳の第三要素とは，道徳を理解する知性（l'intelligence de la morale）だと言うことができよう．もはや道徳性は，単にある一定の行為を全うすること——たとえそれが意図的なものにせよ——にあるのではない．さらに，この行為を命令する行為が自由意志によって求められること，つまり自由意志によって受け容れられることが必要なのである．そして，この自由意志による受容は，事実を踏まえた受容以外の何物でもない．おそらく，現代人の道徳意識が示す，最も重要な新局面は，ここにあると言えよう．すなわち，知性が徐々に道徳の一要素になってきており，しかも，ますますそうなりつつあるのである．（デュルケム 2010: 214-215）

義務が「規律を尊」ぶこと，善が「社会集団に愛着する」こととされます．そして，「道徳を理解する知性」つまり「自律性」が「道徳の第三要素」として提出されるのです．いくら規律を尊重し社会集団への愛着を持ったとしても，自分がなぜその行為を行っているかをしっかりと認識していない人は道徳的とは言えないでしょう．そしてこの道徳の第三要素は，「現代人の道徳意識が示す，最も重要な新局面」と評価されています．

デュルケームは，個人と社会が切り離しえないので，道徳教育においても社会を重視する必要があると考えました[10]．そして，道徳とは，規律の尊重，集団への愛着，そして自律性であることを示したのです．社会と個人の両者が適切

に機能することで，道徳性が育っていくことになります．

10-3 考え，議論する道徳の必要性

本章の最初で道徳の教科化に伴う教科書使用の問題点について触れました．しかしそもそも，道徳教育との関係以前に教科書検定制度そのものが問題とされたことがあります．有名な，家永教科書裁判（1965-1997）です．この裁判における家永三郎（1913-2002）の主張は，「教科書検定制度は憲法21条（検閲の禁止），23条（学問の自由），26条（教育を受ける権利），および「教育に対する不当な支配」を禁じた旧教育基本法10条に違反する」というものでした（勝野，床井 2022: 84-85）．この主張自体は認められませんでしたが，教科書検定制度に関する議論があったことは重要でしょう[11]．

そもそも教科書とは何のためにあるのでしょう．おそらく，「教育の機会均等の実現と全国的な一定水準の確保」のためにあると考えるのが妥当でしょう（勝野，床井 2022: 85）．場所によって異なる教科書が採択される可能性はありますが，少なくとも，同じ教科書で学ぶ子どもたちには同じ内容の学習が最低限担保されます．また教員側にとっても，教材が統一されているということは重要

---

10) デュルケームは「学級での道徳の授業が，道徳教育のうちにそれなりの位置を占めるにしても，あくまでもそれは，道徳教育全体のうちの1つの要素であるにすぎない．道徳教育は道徳の時間だけに固苦しく局限できるものではない．道徳教育は，一定の時間に限ってなされるのではなく，時につけ折にふれてたゆみなく施されるべきものである」と述べます（デュルケム 2010: 222）．ここからは，彼が「学級での道徳の授業」自体は認めていること，それが道徳教育そのものと同義ではないと考えていたことが読み取れます．そして，彼にとっては学級がそこに含まれる学校もまた「家族と国家を媒介する」社会です（デュルケム 2010: 380）．

11) 教科書検定制度に関係するものとして，教育課程の基準である学習指導要領があります．当初は「教育課程を研究するための「手引き」」とされていた学習指導要領は，時代が下るにつれ，徐々にその法的拘束力が強調されるようになっていきました．その後，「旭川全国学力テスト事件の最高裁判決（1976年5月21日）」において，「「党派的な政治的観念や利害によって支配されるべきでない教育」に対する国家的介入はできるだけ抑制的であることが要請される」という条件付きで，「教育の一定水準の確保と機会均等の実現という正当な理由にもとづいて，国が教育内容を決定する権限」が認められました（勝野，床井 2022: 83）．この問題については，汐見，伊東，高田，東，増田（2011: 114-117）も参照してください．

であるように思われます．各教員の持つ専門的知識や技能に差があることは容易に想像がつくでしょう．とりわけ，経験の浅い教員や授業にそれほど自信がない教員にとって，教育のために用いる教材が統一されていることには意味があるように思われます．

さて，話を道徳教育へ進めましょう．教科書を用いることに一定の合理性があるとはいえ，やはり個々人の心に関わることを教育するための教科書の存在に違和感を覚える人は少なくありません[12]．ただしここで，国や政府が教育に介入することを可能な限り避けるボトムアップ型の教育を提唱していた福沢ですら，教科書検定制度を一応認めていたことを思い出すべきです．また，デュルケームが明らかにしたように，社会（や国）は個人の中に浸透します．社会の中に生きている以上，私たちは社会的価値観から逃れて生きることはできません．そうすると，教科書を用いて教育を行うという前提のもとでは，そこに共同体の価値観が一定程度反映されるのはやむを得ないことかもしれません．しかし，世の中に無謬（むびゅう）のものは存在しないのですから，その価値観を絶対的なものとして受け入れることも避けねばならないでしょう．

ですから，教科書を教材として使いつつ，それと一定の距離を取るということが道徳教育には特に重要です[13]．そのための手がかりとなるのが，現在の道徳教育の「考え，議論する道徳」というスローガンではないでしょうか．これは普通，教科書の内容に基づいて，つまりその内容を正しいものとして「考え，議論する」と受け取られるものでしょう．しかし私は，このスローガンを拡大解釈し，道徳科の授業の中で教科書の内容それ自体について「考え，議論する」ことが必要だと主張します．そのような取り組みを行っていけば，その過程の中で，国や政府をはじめとする共同体と個人の関係についても問い直すことができるかもしれません[14]（もちろん，そのようなことについて「考え，議論する」ためには，クラスや部活と個人の関係のように，卑近で生活に密着した事例から話を始める必要があるでしょう）[15]．

---

12) この大きな原因の１つは，教育勅語（教育ニ関スル勅語）に基づく修身科教育の歴史でしょう．修身科教育については，貝塚（2020）の第７章—第８章および岸本（2022）の第７章—第８章を参照してください．

13) そしてそのためには，道徳の基礎となるべき哲学や倫理学についての一定の知識がどうしても必要とされます．そのような学習は古川（2018）などで行うことができます．

　しかし，このような道徳科の授業を展開すれば，「価値観は人それぞれなんだから議論しても無駄だ」という反応が必ず生じてきます．プラトンの議論はそこでこそ生きると思います．本章では彼の理想国に関する主張をトップダウン型の教育論として提示しましたが，これはむしろ，価値観の多様性を前提に思考や議論を拒否する人々へのカウンターとして用いるべきです．実際，プラトンの教育論のポイントは，国が述べることを教育に反映させろというような単純なことではなく，その背後に，諸々の価値の絶対確実な根拠が存在するということの洞察にあります．彼のその洞察が正しいかどうかはさておき，私たちは譲れる価値観だけでなく，たとえば「人を殺してはいけない」のような譲れない価値観も持っているでしょう．そのような譲れない価値観があるという事実は，「考え，議論する」際の「価値観は人それぞれ」という障害物を乗り越えるために必要なことだと思います．

取り組んでみよう！

①小中学校の学習指導要領および学習指導要領解説における特別の教科道徳についての記述を参照し，どのような価値観がいかなる理由のもとで教育されるべきだと定められているか確認しましょう（ウェブ上でPDF版を閲覧することができます）．

②「考え，議論する」道徳のために，Ｐ４Ｃ（Philosophy for Children：子どものための哲学）という取り組みが注目されています．YouTubeやNHK for School等のサイトでその取り組みについての動画を鑑賞してください．そのうえで，道徳の授業にＰ４Ｃを導入すべきかどうかを考えてみてください．

③「人を殺してはいけない」の他に，譲れない価値観はあるでしょうか．話し合っ

14）本章では学校教育に関する共同体として国をクローズアップしましたが，都道府県や市町村などの地方公共団体も学校教育に関係します．その代表的なものが，「① 政治的中立性の確保，② 安定性・継続性の確保，③ 地域住民の意向の反映」を意義として持つ教育委員会制度です（村上，橋野 2023：193）．

15）このような取り組みのためには，たとえば河野（2011）が参考になります．

てみましょう.

第11章
宗教と教育

11-1　宗教は教育にどう関係する？

　「無宗教」が多いと言われながらも，日本人がクリスマスやお正月などの宗教的行事を好んでいることはしばしば指摘されます[1]．本書で私たちは教育について考察を行っているわけですが，教育と宗教もやはり関係します．まず，いわゆる「ミッション系」の学校の存在が挙げられます．幼稚園から大学まで幅広く存在し，そのような学校の出身者（あるいは在学者）も少なくないことでしょう．また，法律でも両者の関係が以下のように述べられています．

> 教育基本法第15条
> 第1項　宗教に関する寛容の態度，宗教に関する一般的な教養及び宗教の社会生活における地位は，教育上尊重されなければならない．
> 第2項　国及び地方公共団体が設置する学校は，特定の宗教のための宗教教育その他宗教的活動をしてはならない．

第2項で，「特定の宗教のための宗教教育その他宗教的活動」が禁止されています．ただし，それが禁止されるのは「国及び地方公共団体が設置する学校」に限られます．つまり国公立学校です．先ほど言及したミッション系学校は私立学校ですので，宗教教育を行うことが認められているのです．他方，第1項の記述は，国公立学校だけでなく，ミッション系私立を含むすべての学校に当てはまるものです．そこでは，「宗教に関する寛容の態度，宗教に関する一般的な教養及び宗教の社会生活における地位は，教育上尊重されなければならな

　1）「無宗教」という言葉の持つ問題も含めて，阿満（1996）や伊原木，竹内，古荘（2023）の序章を参照してください．

い」と述べられます．特定の宗教のための宗教教育は認められないが，宗教に関係する事柄は教育を行う際に尊重せよという趣旨です．これが理由で，国公立の学校に通う児童や生徒たちが授業で用いる教科書に，宗教に関する記述が存在するわけです．[2]

このように日本においても宗教と教育は関係していますので，本章では両者の関係について考えてみようと思います．そのために本章が取り上げるのはキリスト教です[3]．これは，世界で最大の信者数を誇るのがキリスト教だということに加え，本書で取り上げてきた教育思想家のほとんどが西洋の人々だったということもあります．西洋の人々の思想はキリスト教と切り離すことができません．本章でこれから取り上げる，アウレリウス・アウグスティヌス，トマス・アクィナス，マルティン・ルターの3名は，キリスト教に基づく教育論を展開した教育思想家としてとりわけ有名な存在です．

11-2　教育思想史における宗教と教育

○真の教師キリスト——アウレリウス・アウグスティヌス

アウレリウス・アウグスティヌス（354-430）

ローマ帝国末期の教父（教会の父）の中で最大の神学者であり哲学者．当初はマニ教を信じていたが，386年にキリスト教へ回心する．ヒッポの司教を務めた．主著として，『告白』（397-400）や『三位一体論』（400-419），『神の国』（413-426）がある．

アウグスティヌスの『教師論』（389）は，彼とその息子アデオダトゥスとの対話という形式を取る著作です．そこでアウグスティヌスは，教師がいかなる存在であるかを問います．人間の教師は言葉を用いて生徒を教育しますが，それについて彼は次のように述べます．

2）ただし，公教育で用いられる教科書の宗教に関する記述については価値中立性等の問題点も指摘されています．藤原（2011）を参照してください．

3）キリスト教について基本的な知識を得たい人は，さしあたり富田（2007）と山本（2021）から読み始めるといいと思います．

4）2010年において，世界人口約68億9589万人のうち，キリスト教の信者数はその「31.5%」を占める「約21億7220万人」です（伊原木，竹内，古荘 2023: 73）．

> [……] そこで，いま私ができればまずお前に確信させたいと努力している
> のは，「言葉」と呼ばれるあの種の記号によっては，われわれは何一つ学
> ばないということなのだ．すでに述べたように，われわれは言葉の意味，
> すなわち音の内に隠れている意味を，このような［声による］表示によっ
> て学ぶのではなく，むしろ表示された事物そのものを知ることによって学
> ぶのだ．（アウグスティヌス 1981: 73）

たとえば，マイクを見たことがない子どもにそれを言葉だけで説明する場面を
想像してください．機能だけでなくその形や構造などをある程度伝えようとす
ると，骨が折れるのではないでしょうか．しかし，カラオケに連れて行って実
物を見せたり，スマートフォンでマイクを使っている人の動画を見せたりする
と，子どもはすぐに，「マイク」という言葉（記号）が何を意味するかを，その
記号によって「表示された事物そのもの」（実物のマイク）から学びます．先の
引用から少し離れた続く箇所での「なぜなら，私は事物そのものを学んだとき，
他人の言葉を信じたのではなく，私の目を信じたから学んだのだ」というアウ
グスティヌスの発言は，このような事態をよく示しています（アウグスティヌス
1981: 74）．ここまでは，信仰を持たない人にとっても比較的わかりやすい話だ
と思います．
　さて，教師の言葉ではなくそれが示す事物そのものから学ぶとしたら，その
とき生徒の中では何が起こっているのでしょうか．

> しかし，われわれが理解しうる一切の事柄に関しては，外部で音声を響か
> せる者に尋ねる（consulere）のではなく，むしろ内部にあって精神そのも
> のを支配する真理に尋ねる．おそらく，言葉はこの真理に尋ねるように勧
> めることであろう．そして教え給うのは，われわれが指導を仰ぐ（consulere）
> あの方，すなわちキリストなのであって，彼は人間の内面に住み給うもの，
> 変わることなき神の力，また永遠の知恵であり給う方なのだ．たしかに，
> いかなる理性的な魂も，この永遠の知恵に指導を仰ぐ．しかし，この知恵
> は，人々がそれぞれ持つところの善き意志もしくは悪しき意志に応じてこ
> れを理解し得る限りにおいて明らかにされる．そして，仮に彼が欺かれた
> としても，それは彼が助言を求めた真理の欠陥によって生ずるのではない．
> そのことは，あたかも肉眼がしばしば欺かれるとしても，それは外部にあ
> る光の欠陥によるものでないのと同様である．したがって，われわれは，

　可視的事物についてはこの光に助言を求める，そして，かくすることによっ
　て知覚可能な限りわれわれに示されるものと考える．（アゥグスティヌス
　1981: 77-78）

　ここが少し分かりづらいところです．私たちはふつう，何かを学習するときに
は「外部で音声を響かせる者」つまり教師のような人に質問するでしょう．し
かし，『教師論』において教師は「言葉によって説明する」人であるとされて
います（アゥグスティヌス 1981: 88）．先ほど見たように，私たちはその言葉によっ
ては学習しないのでした．そうすると，別のものによって学ぶ必要があります．
ここでアゥグスティヌスが主張するのは，私たちは「内部にあって精神そのも
のを支配する真理」に質問するのだということです．そしてその真理，すなわ
ち「人間の内面に住み給うもの，変わることなき神の力，また永遠の知恵であ」
る「キリスト」が，私たちに教えると言われています．これがさらに光の比喩
によって説明されています．暗い場所では，私たちは識別に失敗することがあ
ります．暗がりの中で，自分の息子だと思ったら別の男の子だった，というこ
とはありえるでしょう．そこで，何らかの手段でそこを明るくすると，つまり
「光に助言を求める」と本当のことが分かります．私たちが暗がりの中で識別
することに失敗したとしても，それは光そのもののせいではなく，私たちが光
なしには識別できないせいでしょう．学習も同じです．私たちは「内部にあっ
て精神そのものを支配する真理」としての「キリスト」に助けを求めなければ，
正しいことを認識できません．しかし，仮にその結果として私たちが正しく学
習できなかったとしても，それは「助言を求めた真理の欠陥」ではなく，正し
く理解できなかった私たちに責任があります．
　ですからアゥグスティヌスにとって，人間の教師は実は教師ではありません．
真の教師はキリスト，すなわち神なのです．しかし以下のような理由から，人
間の教師こそが教師であると誤解されてしまいます．

　しかし，人々は自らを欺いて教師ではまったくない者を「教師」と呼んで
　いる．それというのも，一般に話す時点と認識する時点との間に，いかな
　る間隙も入らないからなのだ．したがって，彼らは話し手が勧告（admonitio）
　を与えるやいなや間髪をいれずに内的に学びとるのだから，あたかもこの
　勧告を与えた者によって外から学んだかのように考えるのだ．（アゥグスティ
　ヌス 1981: 88）

私たちの学習は，人間の教師から言葉によって何かを聞き，それの正しさを自身の内面で神に尋ね，それを適切に認識するというプロセスを取ることがあります．アウグスティヌスによれば，実は人間の教師から言葉で聞くことと，生徒が神から教えられたことを適切に認識することの間には「いかなる間隙も入らない」，つまりこの２つはほぼ同時に完了します．そのような理由から，人間の教師こそが生徒に物を教えていると勘違いしてしまうのです．

　それでは，アウグスティヌスの思想では人間の教師はまったく必要のない存在なのでしょうか．最後に以下の文章を参照してみましょう．

> というのは，次のようなことがしばしば起こるではないか．すなわち，ある人が質問された事柄について，これを否認するのだが，その他の様々な質問を受けるうちにこれを認めざるをえなくなることがある．これは，見る人が事柄全体についてあの光に尋ねることができないという弱点に基づいて起こる．彼はあの全体——それを，そのとき，全体として見ることができなかったのだが——を構成しているところの部分について問われる場合には，その１つひとつを尋ねるように促される．たとえその際，彼が質問者の言葉によってこのように導かれるとしても，それは教えるところの言葉によるのではない．むしろ，問われた人が内面において十分に学ぶことができるように問う人の問い方によるのだ．［……］（アウグスティヌス 1981: 81）

「ある人が質問された事柄について，これを否認するのだが，その他の様々な質問を受けるうちにこれを認めざるをえなくなることがある」ということは，ソクラテス的な対話を私たちに思い出させます．ソクラテスの対話相手は，彼との対話を通じて，最初は認めていなかったことを認めるようになったり，あるいはその逆の結果に陥ることが珍しくありません．また，『教師論』でアウグスティヌスは「想起」という言葉を用いることがありますが（e.g. アウグスティヌス 1981: 10），これもソクラテスの想起説を連想させます（→6-2）．このようにアウグスティヌスとソクラテスの議論は類似しているように見えますが，少なくとも，想起に関する両者の見解は異なっています[5]．話を戻すと，アウグスティヌスはここで，質問された側が当初の意見を撤回するという事態の原因は，その人が，神から教えられたことの全体ではなく部分しか認識していなかったことにあると述べます．そこから全体の認識へと向かうことができるのですが，

その際，人間の教師のような「質問者」は，生徒を「言葉」ではなく「問い方」によって，「内面において十分に学ぶことができる」ようにします．またこの引用の後では，「だから私は，お前が自分の能力に応じて自らあの「内なる教師」に聴くために次のように質問しなければなるまい」と述べられます（アウグスティヌス 1981: 81）．人間の教師は，生徒の能力を踏まえ問い方を工夫することによってその学習のきっかけとなることができるのです[6]．

　アウグスティヌスは，キリスト教思想に基づき，人間ではなく神こそが真の教師であると考えました．その思想では，人間の教師は神による真の教育のきっかけを与えるにすぎないものとなります．

○人間の教師の役割——トマス・アクィナス

> **トマス・アクィナス**（1225頃–1274）
>
> スコラ学最大の哲学者であり神学者．ドミニコ会修道士であり「天使的博士」と呼ばれる．パリ大学神学部教授も務める．アリストテレスの著作の註解作業を通じて，その影響を強く受ける．主著として『神学大全』（1265–1273）がある．

　アウグスティヌスの議論にソクラテス（プラトン）的な用語が含まれる一方，トマス・アクィナスの議論にはアリストテレスの影響が見られます．実際，『真理論』（1256–1259）という大部の著作の第11問題「教師について」第1項「人間は教えることができて教師と呼ばれうるか，あるいはそうしたことは神のみに可能なことか」で，トマスは聖書やアウグスティヌスと並んで，アリストテレスの著作から多くの引用を行います．

　トマスは「教師について」第1項で，「神のみが教え，教師と呼ばれるべきだ」という主張の理由を18点，それに反対する主張の理由を6点挙げ，その後に自分の主張を提示します．そこから，「神のみが教え，教師と呼ばれるべきだ」という主張が退けられ，18点の理由それぞれにトマスによるコメントが付され

5）この問題については，『教師論』の訳者の1人である石井次郎による「付録 アウグスティヌスの「教師論」について」の当該箇所を参照してください（アウグスティヌス 1981: 137–138）．

6）『教師論』における人間の教師の役割については，石井の「付録 アウグスティヌスの「教師論」について」から教えられました（アウグスティヌス 1981: 141–143）．ただし彼は私と異なり，人間の教師が「きっかけ」よりも大きな役割を持っていると考えています．

ます．これが本書で問題にする箇所の全体的な構造です[7]．

　ここでは，トマス自身の主張について見ていきましょう．彼は「アリストテレスの教説」を参照するのですが，それは可能態と現実態についての議論です（トマス 2018: 777）．たとえば，折り紙はツルや兜や様々なものになる可能性を秘めています．この折り紙が可能態であり，ツルや兜が現実態です．トマスの場合，私たちはこの折り紙のようなものを認識のための可能態としてたくさん保有しており，それが「一種の種子的原理」となり，「帰結してくるすべてのことは［……］これら普遍的原理の内に含まれている」ため，その折り紙のそれぞれからツルや兜やその他のものが「現実的に認識するよう引き出される」ことが知を獲得することだと述べられます（トマス 2018: 777-778）．

　トマスが，人の認識モデルをアリストテレスの概念を用いて理解していることが分かりました．さて，先ほど登場した「可能態」の身分が重要であり，トマスは教育と学習について説明する際に次のような見解を示します．

> ［……］それゆえ，知は学習者において純粋に受動的ではなく，能動的な可能態の内に先在しているのである．さもないと，人は自分自身では知を獲得することはできないことになろう．それゆえ，ある人は二様の仕方で癒やされ，1つは自然本性の働きによってのみ癒やされ，もう1つは薬に助けられつつ自然本性によって癒やされるように，知の獲得の仕方もまた二様にあるのである．1つは，自然理性がそれ自体によって未知の事柄の認識に至る場合である．この仕方は発見と言われる．もう1つは，自然理性にある人が外部から支援される場合である．この仕方は教導による学習と言われる．（トマス 2018: 778）

トマスによれば，学習者の知は「純粋に受動的ではなく，能動的な可能態の内に先在している」ものです．純粋に受動的な可能態とは，外部からの働きかけがなければ現実化しないものです．トマスはそれを，空気中で自然に火が燃えることはなく，そのためには何らかの外部からの働きかけが必要であるという例で説明します（トマス 2018: 778）．他方，能動的な可能態が，健康と治療の例

7）稲垣良典によれば，『真理論』という著作は，「「問題提起」に続いて最初に論者自身の立場とは反対の「異論」が導入され」，「それに続く「反対異論」では「自説と合致する内容」が展開されるという構造を持っています（トマス 2018: 14）．

で説明されます．風邪を引いた人が健康になるとき，自然に治癒することもあれば，医者や「薬に助けられつつ」治癒することもあります．ただ，医者や薬の助けを借りるときも，それが治癒に繋がるのは，人間の肉体が病気から健康に回復するような「自然本性」を有しているからです．「知の獲得」つまり学習についても事情は同様であり，学習者の中には学習を可能にする「自然理性」があり，「未知の事柄の認識」がその働きだけで達成される場合には「発見」と呼ばれ，「外部から支援される」ことで達成される場合は「教導による学習」と呼ばれます．つまり人間は，自分ひとりで学習できる場合もあれば，人の助けを借りて学習する場合もあるのです．

　それでは，教育と学習はどのような方法によって達成されるのでしょうか．トマスの議論をさらに参照してみましょう．

　　ところで，発見によって未知の事柄の認識へと到達する理性の過程は，それ自体で知られる共通的な原理を特定の事柄に適用し，そこから個別的な結論へと進んでゆき，しかもこれらの結論から他の結論へと進んでゆくことである．それゆえ，以上の次第によれば，ある人が別の人を教えると言われるのは，彼自身が自らの自然理性によって進んでゆく理性の推論を他の人に，記号によって明らかにするという限りにおいてである．すなわち，学徒の自然理性は自らに提示されたものを一種の道具として，それらによって未知の事柄の認識に至るのである．それゆえ，医者が自然の働きによって病人の内に健康を生ぜしめると言われるように，人間もまた知を他の人の内にその人の自然理性の働きによって生ぜしめると言われるのである．そして，このことが教えることである．それゆえ，ある人は別の人を教え，別の人の教師と言われる．こうしたわけで，哲学者［アリストテレス］は『分析論後書』第1巻において「論証は人を認識させる推論である」と語るのである．［……］（トマス 2018: 779）

トマスは，私たちの認識過程を推論過程と捉えているようです．推論とは前提から結論を導くことですので，前提である「それ自体で知られる共通的な原理」から「個別的な結論」に至り，それを前提としてさらなる「他の結論」に到達するという仕方で，私たちの理性は「発見によって未知の事柄の認識へと到達」します．そうすると，教師がこの推論過程を「他の人に，記号によって明らかにする」ことで，生徒は自分自身でも推論し「未知の事柄の認識に至る」こと

ができるようになります．そこから，アリストテレスという権威（『分析論後書』）の助けも借りつつ，トマスは「ある人は別の人を教え，別の人の教師と言われる」と述べることで，人間もまた教師でありうることを認めるのです．ただし彼は，原理を知るための「理性の光」が「神からわれわれに賦与されている」と述べることで，「神だけが内的にかつ第一義的に教える者」だと指摘することを忘れません（トマス 2018: 779-780）．

　トマスにとっては，あくまでも「神にふさわしい仕方で人間を教師と呼ぶこと」が禁止されているだけだということになります（トマス 2018: 780）．外的で二義的ではあるでしょうが，人間も教師たりうるのです．彼はアウグスティヌスの見解に一定程度依拠しつつ，それに加えてアリストテレスの理論を積極的に取り入れます．ですからトマスにとって，人間の教師は，推論という手段を用いて，教育を受けている者のうちに可能態としてあるものを現実態にできる存在です．おそらく，アウグスティヌスとトマスの距離はそれほど遠くありません．両者とも，人間自らの探究や発見を重視します．しかしそこで，どれほど人間の「教師」の力を認めるか，という点はやはり異なります．先ほども述べたようにアウグスティヌスにとって人間の教師の教育はきっかけに近いものでしょうが，トマスの場合は人間の教師の役割をより積極的に認めているように思われます．

○宗教改革に伴う教育改革——マルティン・ルター

マルティン・ルター（1483–1546）

16世紀ドイツの宗教改革者．アウグスティヌス隠修士会修道院に入ったことからも分かるように，アウグスティヌスの思想から大きな影響を受ける．1513年以降はヴィッテンベルク大学神学部教授も務めた．主著として『キリスト者の自由について』（1520）がある．

　ルターは宗教改革者として有名な人物です．贖宥状（免罪符）についての話

8）アリストテレスの『分析論後書』は知識や方法，学問といったテーマについての重要な古典です．詳しくは拙著（酒井 2020a）をご覧ください．

9）茂泉（1982）が私と同じような解釈をしています．アウグスティヌスとトマスの議論の関係についてより詳細に考察したい人は，この論文も参照してください．

はよくご存じの方が多いでしょう．しかし教育思想史において，彼は教育改革
に重要な役割を果たしました．ここでは主に「ドイツ全市の参事会員にあてて，
キリスト教的学校を設立し，維持すべきこと」(1524) という文書から，ルター
の教育思想を示したいと思います．

　訳者である徳善義和の「解説」によれば，ルターの「ドイツ全市の参事会員
にあてて，キリスト教的学校を設立し，維持すべきこと」は，「教会のメンバー
である世俗当局に向けて，牧師ルターが語っている」文書です (ルター 1967:
417)．つまり彼は，宗教的な枠組みの中で公教育について語っていることにな
ります．ルターによれば，「若者たちを助け，忠告することは，キリストと全
世界とに多く関わる重要な大問題である」ので，他の公共事業よりも教育への
投資が優先されねばなりません (ルター 1967: 423)．しかし，本来このような教
育を行わなければならない当時の「修道院や教会諸施設」はそれを行っていな
かったため，ルターは，「市参事会および当局」がその役割を担うことで，「町
が素晴らしい，学識ある，賢い，名誉ある，よく教育された市民をたくさん有
していること」を目指すべきだと提言します (ルター 1967: 427–429)．

　もちろんこのような目的を果たすためには，若者たちが学校で学ぶ必要があ
ります．しかし，そのような取り組みに反対する人々がいるかもしれません．

　　「めいめいが自分の娘や息子を自分で教えたり，あるいはしつけをもって
　　育てればよいであろう」とあなたは言う．答え．そのように教え，しつけ
　　てもどうなるか，よく見てみるがよい．しつけが最高度に行われ，成功し
　　ても，せいぜい，強制された外的な礼儀作法が少しできるにすぎない．他
　　の点では彼らは相変わらずでくの棒であって，あれについてもこれについ
　　ても，語るべきことを知らず，誰に助言を与えることも助けることもでき
　　ない．しかし，学識あり，訓練を受けた男女の教師がいて，言語や他の教
　　養や歴史を教えてくれる学校や，あるいは他の場所で少年少女を教え，躾
　　けるならば，彼らは全世界の事件と話とを聞いて，この町，この国，この
　　君侯，この男，この女がどうなったかということを知り，かくて短期間の
　　うちにたちまち，はじめから全世界の事物や生活や忠告や提案や成功や失
　　敗を鏡の中に見るごとくに思い浮かべることができるようになり，そこか
　　ら自分の考えを引き出し，この世にあって神を恐れつつ方向を定めること
　　ができるようになる．さらに，この外的な生活において何を求め，何を避

けるべきかを，この歴史から学んで賢明かつ聡明となり，それに従って他
人にも助言を与え，他人をも治めることができるようになる．しかし，学
校なしに家庭で行われるしつけは，私たちを自分の経験によって賢くしよ
うとする．しかし，そうなる前に，私たちは百度も死んでしまうことであ
ろうし，一生の間，すべて無思慮に事を運んでしまうことになろう．なぜ
なら，自分の経験には，たくさんの時が必要だからである．（ルター 1967:
443)

　学校教育ではなく家庭教育で十分であるという意見について，ルターは次のよ
うに答えます．仮に家庭で素晴らしい躾が行われたとしても，子どもたちは「強
制された外的な礼儀作法が少しできる」ようになるだけです．また，そこでの
躾はそれぞれの両親の「自分の経験」に頼って行われるものにすぎません．他
方，「学識あり，訓練を受けた男女の教師」に「言語や他の教養や歴史を教え
てくれる学校」で教育を受ければ，そのような狭い経験を超えた一般的な学識
をすぐに獲得できるようになります．そうすることで，信仰心に基づいて自律
的な行動を取れるようにも，他人に適切な対応を取れるようにもなります．
　ただしルターは，現代の私たちが「学校」という言葉から想像するように，
朝から夕方まで子どもたちが学ぶべきだとは考えていませんでした．

　　［……］私の考えは，少年を毎日1時間あるいは2時間，そうした学校に行
　　かせ，他の時間は前より少ないだけ家で働かせ，商売を学ばせ，あるいは
　　何でもさせたいことをさせるというのである．彼らが若く，かつ，熱心に
　　それに当たれるうちに，両者を並行させよう．さもなければ，彼らはまさ
　　に十倍もの時間を球打ちや球遊びやかけっこやふざけっこに使ってしまう
　　のである．／同じように，少女も，1日1時間学校へ行って，しかも自分
　　の仕事を家で十分するだけの時間をたしかに持つことができる．（ルター
　　1967: 444-445)

ルターは学校での学習時間を制限することで，家での労働と両立させようとし
ています．また，彼は男女ともに教育を受ける必要があると考えていました（cf.
ルター 1967: 442)．男女の学習時間に差をつけているのは残念ですが，当時とし
てはとても先進的な人であったことが分かります．
　さて，最後に，「ドイツ全市の参事会員にあてて，キリスト教的学校を設立し，

維持すべきこと」と並んでルターの教育学的業績として有名な,「人々は子ど
もたちを学校へやるべきであるという説教」(1530) から引用します.

> [……] 私の言っているのは [「牧師, 説教者, 学校長になる必要」がなく,「君侯
> や偉い人々の子ども」でもない] 一般の人々のことである. 彼らは以前には封
> 土のために子どもたちに教育を受けさせていたが, 今では糧のためだけを
> 考えて, 教育から遠ざけている. 彼らは後継ぎを必要としないのだけれど
> も, 子どもたちがこの務めにふさわしい者であり, 能力のある者であるこ
> とも, 自分たちがそうすることによってなんらの困難も障害もなく神に仕
> えることができるということも考えずに子どもたちを学校から遠ざけてい
> るのである. このような能力のある少年たち, 特に貧しい人々の子どもた
> ちを教育すべきである. なぜなら, 教会諸施設も修道院も封土も税も, す
> べてはこのことのために定められているからである. この他にも, それほ
> どの能力のない子どもたちも学ぶべきであって, 少なくともラテン語を理
> 解し, 読み書きすべきである. なぜなら, 聖書に関しての学殖高い博士,
> 修士たちばかりが必要なのではなく, 福音と教理問答を若い人々や無知の
> 人々に教え, 洗礼を施し, 聖礼典 [聖餐] を執行する普通の牧師たちも必
> 要だからである. このような牧師たちが異端との戦いをすることができる
> かどうかはあまり大したことではない. よい建物にも [きれいに仕上げた表
> に出る] 部材ばかりでなく, [後ろに詰める] 石も必要であるが, 同じように,
> 説教の務めと神の言葉に仕え, これを助ける会堂守とか, その他の人々も
> 必要なわけである. ／こうしたひとりの少年がこのようにラテン語を学ん
> だ後で, ある手仕事を学んで, 市民になるとすれば, 人々はこの少年を,
> 牧師とか, その他の務めに用いる必要のある場合に備えての控えとしてお
> く. (ルター 1973: 204-205)

ルターは, 身分の高い人々ではない「一般の人々」が目先の利益にとらわれて
「子どもたちを学校から遠ざけている」ことを批判します. 彼によれば, 多く
の制度の存在理由は「能力のある少年たち, 特に貧しい人々の子どもたち」の
教育にあります. また,「それほどの能力のない子どもたち」であっても, 当
時の学問上の共通言語であったラテン語を「少なくとも [……] 理解し, 読み
書きすべきである」と主張します. この言語の難解さを考えれば過度な要求に
見えますが, ルターがそのようなことを述べるのには理由があります. という

のも，能力の高い人々を「聖書に関しての学殖高い博士，修士たち」に育てるだけでなく，その下支えをするような人々の育成も必要だと彼は考えていたからです．仮に普通の市民になることをその人々が選択したとしても，ラテン語能力を有していればいざという時の「控え」として計算することができます．いずれにせよ，ルターによる公教育の推進はキリスト教のためであることが理解されるでしょう．

　最後に，「人々は子どもたちを学校へやるべきであるという説教」からもう1箇所だけ引用しましょう．

　　それだから，あなたの息子を安心して学ばせるがよい．たとえ彼がしばらくの間はパンを乞うて歩かねばならなくても，あなたは私たちの主なる神に素晴らしい木片を差し出して，神があなたのために［そこから］素晴らしい主君を彫り出してくださることができるようにするのである．［……］
　　（ルター 1973: 228）

金子晴勇によれば，ルターのこの主張からは，「育成する主体は教師を道具として働く神のわざであることが最後に明白に語られて」おり，「教育の可能性は人間の手のうちにはない．創造主なる神の全能の中に教育の最後の拠り所がある」ことが読み取れます（金子 2006: 127-128）．ルターも，アウグスティヌスやトマスと同じく，本当の教師は神であると考えていたのでしょう（cf. 眞壁 2020: 73）．

　ルターは，トマスのように教師の重要性を認めるのみならず，学校における公教育も推奨しました．7-2で参照したコメニウスはルターのこのような取り組みを称賛し，自分の時代においてもまだその実現がなされていないことを嘆いています（コメニウス 2022: 91-95）．ルターはこのように，宗教改革者としてだけでなく，教育改革者としても偉大な人物なのです[10]．

---

10) ただし，「ルターは民衆教育と並んで国家と教会に役立つエリート教育をも強調し，今日のドイツにいたるまでもち越され，絶えず問題となった複線型学校制度に至る道を準備したのであるから，教育の機会均等を原則とする教育制度を創設したとは必ずしも言えない」という現代的観点からの批判もあります（金子 2006: 294）．

11-3　人間と教育の限界への視線

　本章の議論から，キリスト教と教育の関係を考察するためには神と人間の関係を問わねばならないことが理解されたと思います．そこから見えてくるのは，「人間の限界」というテーマです．

　アウグスティヌスの場合，本当の教師は人間ではなく神でした．人間は言葉で教えることしかできませんが，神はそうではありません．人間の教師には言葉に頼らざるをえないという限界があります．その一方で，生徒の方にも当然限界はあります．生徒はその内面の神に頼らなければ物事を理解することはできません．またトマスの場合は，神だけでなく人間も教師たりえます．実際，彼の理論では，人間の教師は推論を示すことで生徒の可能態としての知を現実化させることができます．しかし人間による教育は，あくまでも神に与えられた「理性の光」に依存しているので，そこに人間の教師と生徒の限界があります．さらにルターの場合は，学校を設立しそこで人間の教師が教育を行うことを提案しているのですから，人間の教育し学習する力を信じているように見えます．たしかにそうなのですが，その一方で，彼もやはり本当の教師は人間ではなく神と考えていたのでした．そもそもルターは神への信仰なしには人間は自由でないことを強調しますので（ルター 1955），ここでも人間は神に対して限界づけられていることが分かります．

　得てして，教育の力を信じている人ほど教育万能論に陥りやすいものです．しかし教育には限界があります．そもそも，時代や環境によって受けられる教育は変化します．誰もが十分な教育を受けることはできません．また，仮にす

11）キリスト教の神について関心を持った人は，稲垣（2019）で学んでください．

12）「人間の限界」についての私の主張は，「人智を超えた「大いなるもの」に対する畏敬の念」を育む「宗教的情操の涵養」を示すものではありません（高橋 2004: 122）．この後に本文中で見るように，教育万能論へのカウンターとなることを意図しています．

13）ちなみにキリスト教と学校の関係については，学校は，カトリシズムでは「家庭と張り合い，家庭を脅かして取って代わろうとする権力と権威の中心」であり，プロテスタンティズムでは「家庭の欠乏を補うか，家庭の代替物より，学校は家庭と協調して役割を果たす」ものであったという見解もあります（カニンガム 2013: 81-82）．

14）教育の限界について考える際には，広田（2003）をまず参照してください．

べての人に十分な教育ができるような状況になったとしても，当然のことなが
ら学習速度や到達点には差があるでしょう．このように考えを進めたとき，教
育無用論に誘惑される人も出てくるかもしれません．

　しかしここで，真の教師は神であると主張したアウグスティヌスですら，人
間の教師が不要だとまでは述べなかったことに注目すべきです．絶対的な神に
比べれば限界はありつつも，人間にも相応の役割があります．アウグスティヌ
スのようにそれに可能な限り制限をかけるか，トマスやルターのようにその制
限を緩めるかの違いはありますが，人間の教育がまったくの無駄というわけで
はありません．重要なのは，教育万能論と教育無用論のどちらにも振り切れな
いことです．これが，宗教と教育の関係について考察することから得られる「教
訓」であると思われます．[15]

　　取り組んでみよう！

①あなたの身の回りには，ミッション系の学校はどれほどあるでしょうか．調
　べてみましょう．

②11-1で参照したように，教育基本法第15条第1項には「宗教に関する寛容の
　態度，宗教に関する一般的な教養及び宗教の社会生活における地位は，教育
　上尊重されなければならない」とあります．この目的を達成するためには，

---

15) 本章では扱いませんでしたが，宗教と教育については他にも考えなければいけないこ
　とが存在します．たとえば道徳教育と宗教教育の関係です．まず現在の日本では，学校
　教育法施行規則第50条第2項で「私立の小学校の教育課程を編成する場合は，前項の規
　定にかかわらず，宗教を加えることができる．この場合においては，宗教をもつて前項
　の特別の教科である道徳に代えることができる」と述べられていることが重要でしょう．
　ここからは，宗教は道徳科の「代わり」になることができるという発想を読み取ること
　ができます．また歴史的には，フンボルトは「徳性の形成に関する宗教と詩文の連関に
　ついて」（1824 ?）で，宗教教育と道徳教育が同一であるという強い主張を行なってい
　ます（フンボルト 1989: 112）．他方，ケイは「現在の教育のうちで最も非道徳なものは，
　キリスト教の授業である」と述べ，当時のキリスト教教育へ厳しい態度を取っています
　（ケイ 1979: 247）．さらに倫理学の立場からは，レイチェルズ（2003）の第4章が示す
　ように，倫理学を行うためには倫理（道徳）と宗教を切り離して考察せねばならないと
　いう立場もあります．

学校教育で宗教に関する知識を一定程度学習する必要があるでしょう（知らないものに寛容になったり，それを尊重したりすることは一般的に困難です）．そうだとすると，どの程度，どの範囲まで宗教的知識を学ぶべきなのでしょうか．議論してみましょう．

③あなたは「教育の限界」を感じたことがあるでしょうか．また，そのような経験がある人は，今でもその考えは変わっていませんか．思い出してみましょう．

第12章
メリトクラシー

12-1 「親ガチャ」をどう考えるべき?

　もう「賞味期限」が切れているかもしれませんが，数年前に「親ガチャ」という言葉が流行りました．「ガチャポン」で出てくる景品と同じく，生まれてくる子どもは親を選べないということを意味します．それだけで考えれば大したことのない（多少不快かもしれない）言葉でしかありませんが，ガチャポンの景品と異なり，どのような親のもとに生まれるかはその後の人生を大きく左右します．それが特に問題となるのが教育の場面です．現代では半ば常識のようになりましたが，親が大卒かどうかは子の最終学歴に大きく関係します（松岡 2019: 34-35）．この最終学歴を「教育格差」という言葉で捉えれば（松岡 2019: 15），親ガチャが教育格差を生み出していると言えそうです．

　「そんな考え方は甘えだ．厳しい環境で生まれ育った人の中でも立派になった人はいくらでもいる！」という（ややうるさい）声が聞こえてきそうです．もちろんそれはその通りでしょう．とても多くの人間がこの地球上で生きているのですから，そのようなケースが身近に存在した人はいくらでもいるはずです．しかし，本書では教育を学問的に考察しています（→1-1）．ですから，ごく一部の経験に基づく見解をもとに「教育格差は努力次第で乗り越えられる！」とか「教育格差という問題を問うこと自体がおかしい！」という態度を取ることはできません．親の学歴が子の最終学歴に関係しているというデータが実際

1）この言葉を用いる人の中には，特に「遺伝」の問題が気になる人も多いと思います．遺伝子ですべてが決まっているなら，どのような教育を受けても（あるいはどのような教育をしても）無駄なのではないでしょうか．そのように考える方はぜひ安藤（2023）をご覧ください．

に存在する以上，それを教育の問題として捉えて学問的に考察していく姿勢が大切だと思います．もちろんその結果として教育格差は努力で乗り越えられるという結論が導かれるかもしれませんが，考察を経てそのような主張を行うことと最初から考察を拒否してそう主張することの間には大きな隔たりがあります．そして今のところ，教育社会学者たちによる研究成果は生まれの差が教育格差の基盤であることを学問的に示しているように思われます（cf. 松岡 2019）．

　さて，本章では，教育格差の生み出す問題を考えるために「メリトクラシー」という概念に着目します．先に説明しておくと，メリトクラシーとはメリット（功績）を重視する立場（功績主義）を意味します[2]．比較的新しいこの概念について考えるため，マイケル・ヤングとマイケル・サンデルという2人の思想家の議論を参照します．また，その概念の古代ギリシアにおける起源を考察するため，第Ⅳ部の末尾を飾る本章では，プラトン，イソクラテス，アリストテレスという古代ギリシアの3人の思想家にも最後にもう一度だけ登場してもらいます．

12-2　教育思想史におけるメリトクラシー

　○無差別な平等は不平等──プラトン，イソクラテス，アリストテレス
　「平等」とは皆さんにとってどのようなものでしょうか．みんなが同じ量のものを獲得することはその候補の1つになると思います．たとえば，あなたと友達Aがいるところに，別の友達Bが小さなホールケーキをお土産に持ってきたと考えてください．普通に考えれば，ちょうど三等分して食べれば「平等」で丸く収まります．しかし実はこの集まりが，あなたと友達Bが友達Aに勉強を教えてもらうためのものだったと考えたらどうでしょうか．（本当はそのような提案をするのが嫌だったとしても）あなたは友達Aが少し多めにケーキを取るように勧めるのではないでしょうか．つまりそのような集まりにおいて，友達A

2）本田由紀の主張に従い，私は「メリット（merit）」を能力ではなく功績と，「メリトクラシー（meritocracy）」を能力主義ではなく功績主義と訳すことにします（サンデル 2021: 332）．彼女自身が示唆するように，能力や能力主義という訳語の問題については本田（2020）を参照してください．また，次節で参照するヤングはメリットが「知能に努力を加えたもの」であると説明しています（ヤング 2021: 120）．

とそれ以外の２人は対等ではなく，その場合，友達Ａがより多くの分け前を
もらうことこそ「平等」ということになるのではないでしょうか．

　あまりにも日常的な例だったかもしれませんが，２種類の平等が存在するこ
とは，それこそ古代ギリシアの昔から認識されていました．ここでは，プラト
ンの『法律』第６巻，イソクラテスの『アレイオス・パゴス会演説』，そして
アリストテレスの『ニコマコス倫理学』第５巻から，それぞれの関連する箇所
を続けて引用します．

　　アテナイからの客人「[……] というのは，２種類の平等があって，それら
　　は名前は同じだが,実際は多くの点でほとんど正反対のものだからである．
　　一方の平等は，どんな国家，どんな立法者でも，栄誉を与える際に，それ
　　を容易に導入することができる．これは尺度，重さ，数による平等で，分
　　配に籤（くじ）を用いることによって，その平等を調整することができる．しかし
　　最も真実な，最もよき平等は，誰にでも容易に見分けられるというもので
　　はない．なぜなら，この最もよき平等は，ゼウスの判定するものであって，
　　それが人間に与えられるのは，いつもわずかだからである．しかし，国家
　　なり個人なりにとって，それが与えられる限り，その平等はすべての善き
　　ものを，そこから生み出す．なぜなら，それは，より大きなものにはより
　　多くを，より小さなものにはより少なくと，双方にその本性に応じて適
　　当なものを分け与え，特に栄誉については，徳においてより大いなるもの
　　には，常により大いなる栄誉を，徳と教養とにおいて反対の状態にあるも
　　のには，それにふさわしいものを，その都度比例的に分け与えるからであ
　　る．実際，政治というものは，われわれにとっていつも，まさにこの正義
　　そのものである．今もわれわれは，クレイニアス，この正義を目指し，こ
　　の平等に眼を向けて，現在誕生しつつある国家を建設しなければならない．
　　そしてもし誰かが，いつか他の国家を建設することがあれば，この同じも
　　のを目標にして，立法すべきである．少数の，あるいは１人の僭主（せんしゅ）なり，
　　あるいは民衆の支配なりをではなく，常に正義を目指すべきであり，この
　　正義とは，いま述べられたもの，すなわち不等なるものに，そのときどき
　　に，その本性に応じて与えられる平等のことである．」（プラトン 1993a: 339-
　　340）

　　だが，彼ら［往時のアテナイ民主政の統治者たち］の優れた国家統治に貢献し

た最大のものは，2種類の平等が存在し，一方は同一の配当をすべての人に及ぼすのに対し，もう一方は各人にふさわしいものを配分するものであることを彼らが認め，どちらが有用であるかを知っていたことである．平等といっても，優れた人と劣った人を区別せずに同じ権利を主張するものは非とし，それぞれ長短に応じて名誉と懲罰を与える平等を是として，それを通して国家を治めた．官職を全員からいきなり籤引きで割り当てるのではなく，それぞれの任務に最も優れた適材を予選してから抽籤したのである．というのは，選ばれなかった人々もこれによって，政務を監督することになった人々に倣うだろうと期待されたからである．／さらに，彼らはこのような決定の方が，抽籤だけによるよりも民主的だとみなした．籤引きでは偶然が審判者となって，しばしば寡頭主義者が官職に就くことが起こるのに対し，適任者を予選するという方法によれば，現体制を最も大切にする人々を選ぶ権利が，民衆の手に保持されると考えたのである．（イソクラテス 1998: 203）

そして，この2人の人と2つのものの間に成り立つ平等は，同じものである．なぜなら，後者の2つのものの関係は，前者の2人の関係に対応しているからである．実際，2人の人が平等［つまり，対等］でなければ，平等なものを手にすることはないだろうし，そこから平等な人が不平等なものを，逆に不平等な人が平等なものを，それぞれ手に入れたり配分されたりする場合に，争いや不平が生じるからである．（アリストテレス 2014: 192）

プラトンもイソクラテスも，籤による偶然に基づく無際限な平等ではなく，各人にふさわしいものをふさわしい程度に配分すべきだと述べています．アリストテレスからの引用のみ少し分かりづらいと思いますが，ここで彼は，人①：人②＝もの①：もの②という比例関係に基づいて同様のことを述べています．その比例関係は，人①と人②が対等であればもの①ともの②の関係も対等なものとなり，人①と人②が対等でなければもの①ともの②の関係も対等なものでなくなる，ということを示します．これは一般的に「配分的正義」と呼ばれる考え方ですが，プラトンやイソクラテスと同じくアリストテレスも，すべての人が無条件に平等な配分を得ることを否定しているのです．

　古代ギリシアの思想家3人が揃って無際限な平等を批判しているのは，もちろん偶然ではありません．これは当時のアテナイの状況を反映しているととも

に，配分的正義という考え方が人間の本性にとって重要なものであったことを示します．「各人にふさわしいものをふさわしい程度に配分すべき」ということは，それぞれの人の功績を重視するメリトクラシーの基盤となりました．

○メリトクラシーの勃興——マイケル・ヤング

マイケル・ヤング（1915-2002）

イギリスの社会学者．ロンドン大学で学位を取得後，ベスナル・グリーンで地域研究所長として研究活動を始める．その後，教育相談センターや国民公開大学，国際公開大学等を開設し，放送大学と社会科学研究協会の初代の理事長も務めた．『ロンドン郊外における家族と階級』（1960，ピーター・ウイルモットとの共著）や『教育の革新と研究』（1965）などの著書がある[3]．

ヤングの『メリトクラシー』（1958）は，虚実が織り交ぜられた警告の書です．この著作は，ある架空の研究者によって書かれた論文という体を取っています．そしてその「論文の意図は，5月の蜂起事件となって爆発した憤懣の歴史的原因のいくつかを取り上げて論ずることである」（ヤング 2021: 12）ということが述べられたうえで，ある年に生じた紛争の原因がメリトクラシーの支配にあるということが分析されます．この思想がいかに危険なものであるかを読者に理解させることが，著者であるヤングの狙いです．

まず，論文の著者である研究者はメリトクラシーについて次のように述べます．

［……］今日，エリートはその頭脳の明敏さに応じて選び出され，その資質にふさわしい教育を受け，科学および社会学という二大S（Science & Sociology）はもちろん，哲学と，行政管理の基礎的教養を与えられるのである．前の時代の文官制度における行政管理者階級もまた頭脳力で選抜され，職業教育の枠をはるかに越えながらも（古代ローマの制度と同様．また，一方もう1つの例，かの中国の偉大な文官制度とは異なって），社会に出てから果たすことを要求される課題に関連を持つ教育を授けられた．今日，デモク

3）『メリトクラシー』の「訳者あとがき」を参照して作成しました（ヤング 2021: 271-272）．

ラシーは切なる念願であるにすぎず，一般民衆ではなく，最も優秀な人々
による支配でしかないことを私たちは率直に認める．それは生まれつきの
貴族の支配でも，富豪たちの寡頭政治でもなく，才能ある人々による真の
メリトクラシーの支配なのである．［……］（ヤング 2021: 22）

この引用の最後に登場する「メリトクラシー」には，「この不愉快な名称は，「機
会均等」と同様，いまだにその起源がはっきり分からない」（ヤング 2021: 43. n. 2）
という注が付いています．しかし，これはヤング自身による造語です（ヤング
2021: 271）．ともあれ，そのメリトクラシーが完全に浸透した社会は，身分や富
ではなく，優れた能力に基づき素晴らしい功績をあげた「エリート」が支配す
るものになります．そのような社会では，たしかに「デモクラシーは切なる念
願であるにすぎ」ないことになるでしょう．
　さて，そのような理想社会でも問題が起きます．それが先にも述べた「5月
の蜂起事件」です．次の引用は傑作です．

　しかしながら，私たちは自然科学の分野で，一部の学者がついうっかり陥
る自己満足を深く慨嘆しているが，ここで私たちが進歩の犠牲者を無視す
るならば，人間関係の領域において，自分たちがその自己満足の犠牲者に
なり果てるであろう．社会科学的に均衡の取れた見地からすれば，私たち
は，成功者も落伍者も等しく考慮しなければならない．ひとりが選ばれる
たびに，多くの者が排除されることになる．私たちは，排除された者たち
の気持ちを察することができなかったことを率直に認めて，彼らに必要な
補正策を構ずるようにしよう．昨年の事件の衝撃以来，わが国に定着して
いる危険は，高等教育の門が自分たちに対して閉ざされていることに抗議
する群衆が，自分たちを悲境に追い込んだ元凶だと思い込んでいる社会秩
序に対して，反撃するだろうということである．大衆は能力に欠けている
にもかかわらず，時として，人間としての尊厳を傷つけられたかのように
振る舞うこともあるのではないだろうか．彼らは自分自身を，必ずしも私
たちが彼らを見る通りに見るとは限らないのではないか．人間が来たるべ
き幾世紀に，それにふさわしい願望の実現をとげることを望みえる道は，
十分に訓練された想像力と，整然と組織された知能とを自由自在に発揮さ
せること以外にはないことは明らかなのだ．現在の不当な境遇に不満を持
つ人々は，自分たちの発言がある種の真実を語っていると思っているのだ

　ということを認め，また，私たちからみて馬鹿げてはいても，それが，ど
　うして彼らからすれば筋が通っているのかを理解するよう努めようではな
　いか．（ヤング 2021: 14-15）

ここでは，メリトクラシーに支配された社会にはその「進歩の犠牲者」が存在
することが認識されています．この論文の著者も含めた「成功者」は，「落伍者」
の「気持ちを察」してあげなければなりません．なぜなら，そのような「大衆
は能力に欠けているにもかかわらず，時として，人間としての尊厳を傷つけら
れたかのように振る舞うこともある」からです．それはメリトクラシーの勝者
たるエリートたちにとって「馬鹿げ」た反応ではありますが，敗者たちが自分
の境遇への不満を言い募る理由を「理解するよう努め」なければなりません．
この引用文は，この「論文」の書き手とされている人物が持つ，研究者として
の殊勝な心がけとメリトクラシーに染まりきった醜悪な態度が高度に混ぜ合わ
されたものであり，本当の書き手であるヤングの才能を如実に示していると思
います．しかしこれは単なるフィクションではなく，メリトクラシー社会の勝
者の心情を，ひょっとすると適切に描き出しているのかもしれないのです．
　先に述べたように，『メリトクラシー』の議論は，勝者が敗者の思考とその
原因を分析するという体で進んでいきます．その結論は，「論文」の著者（ヤン
グ）による絶望的な予言で終わります．

　　［……］下層階級は知恵がなくて烏合の衆以上の脅威にはならないし，とき
　　どきすねてみたり，はしゃいだりしても，まだ将来を予言するところまで
　　いっていない．昔の異端者の希望が実現されて，下層階級出身の頭のよい
　　子どもたちがそのまま残っていて大衆を教え，激励し，組織していたら，
　　私は別の物語を書かなければならなかったであろう．今このような急進的
　　な手段を提唱する少数の人たちは，100年遅かったのだ．（ヤング 2021: 239）

勝者と敗者の分断が完了したメリトクラシー社会では，敗者がいくら反乱を起
こしても無意味だと述べられます．私たちがそのような社会の到来を望まない
のであれば，早めに対策を打つしかありません．しかし，どのような対策があ

　4）ここでは引用しませんが，ヤング（2021: 156）にも同じように「素晴らしい」記述が
　　あります．興味を持った方はぜひ『メリトクラシー』を手に取ってください．

りえるのでしょうか.

　このように, ヤングの『メリトクラシー』は現代社会への警告の書でした. それが真に傾聴に値する警告だったことを私たちはすでに知っています. 次に参照するサンデルの議論で, その点を詳しく押さえることにしましょう.

○最後の差別の源泉としてのメリトクラシー──マイケル・サンデル

> **マイケル・サンデル (1953-)**
>
> アメリカの政治哲学者. ハーバード大学教授. 大統領生命倫理評議会委員も務めた (2002-2005). NHK教育テレビ (現Eテレ) で放映された『ハーバード白熱教室』で, 日本でも有名となる.『これからの「正義」の話をしよう──いまを生き延びるための哲学』(2009) などの著作がある.[5]

　サンデルの『実力も運のうち』(2020) は, その冒頭近くで, 2016年のアメリカ大統領選挙に触れています. 彼は, 共和党のドナルド・トランプが民主党のヒラリー・クリントンを破ったことに, ヤングが警告したメリトクラシーの敗者による「反乱」を見たのです (サンデル 2021: 11-16).

　まずサンデルは, 仮にメリトクラシー社会が完全な機会均等を実現したとしても, そこには次のような道徳的問題が存在すると指摘します.

> 　道徳的な観点からすると, 才能ある人々が, 市場主導型の社会が成功者に惜しみなく与えてくれる巨額の報酬を受けるに値する理由は, はっきりしない. 能力主義の倫理を支える論拠の中心には, 自分で制御できない要素に基づいて報酬を受ける, あるいはお預けにされるのはおかしいという考え方がある. だが, ある才能を持っていること(あるいは持っていないこと)は, 本当にわれわれ自身の手柄(あるいは落ち度)だろうか. そうでないとすれば, 次の点を理解するのは難しい. 自分の才能のおかげで成功を収める人々が, 同じように努力していながら, 市場がたまたま高く評価してくれる才能に恵まれていない人々よりも多くの報酬を受けるに値するのはなぜだろうか?／能力主義の理想を称賛し, 自らの政治的プロジェクトの中心に置く人々は, こうした道徳的問題を見過ごしている. 彼らはまた, 政治的によ

---

　5) サンデル (2021) のカバーにある「著者紹介」を参照して作成しました.

り重要な部分を無視してもいる．勝者の間でも敗者の間でも，能力主義の倫理が促進する道徳的に魅力のない姿勢のことだ．能力主義の倫理は，勝者の間には驕りを，敗者の間には屈辱と怒りを生み出す．こうした道徳的感情は，エリートに対するポピュリストの反乱の核心をなすものだ．ポピュリストの不満は，移民や外部委託（アウトソーシング）への抗議以上に，能力の専制に関わっている．こうした不満にはもっともな理由があるのだ．（サンデル 2021: 39-40）

サンデルが「能力主義（メリトクラシー）」に向ける最大の批判は，「ある才能を持っていること（あるいは持っていないこと）は，本当にわれわれ自身の手柄（あるいは落ち度）だろうか」という問いかけによくあらわれています．どのような才能を持って生まれてきたのかということや，その才能が高く評価される社会で生きているということは，偶然の結果にすぎません．偶然の結果にすぎないものに，なぜ「多くの報酬」が与えられなければいけないのでしょうか．これがメリトクラシーの「道徳的問題」であり，それは，「勝者の間には驕りを，敗者の間には屈辱と怒りを生み出す」ことで，メリトクラシーの勝者と敗者の分断という政治的問題を引き起こします．そして，そのような不満が爆発することで，トランプの勝利のような結果に繋がるのです．

　サンデルは，ヤングが能力主義を「社会的軋轢（あつれき）を招く原因」とみていた，と評価します（サンデル 2021: 48）．しかし，勝者が驕（おご）るのはヤングの創作したフィクションの中でだけではないでしょうか．現代のメリトクラシーは学歴社会と深く結びついているのであり，高等教育を受けることで素晴らしい知識や技能を持つことになった人々が，そのように「敗者」を見下すことなどありえるのでしょうか．そのような態度は学歴のある人にふさわしくないように思われますが，サンデルは残酷な事実を私たちに突きつけます．

　　[……] 調査研究によって，労働者階級の有権者の多くが感じていたことが事実だと証明されている．つまり，人種差別や性差別が嫌われている（廃絶されないまでも不信を抱かれている）時代にあって，学歴偏重主義は容認されている最後の偏見なのだ．欧米では，学歴が低い人々への蔑視は，その他の恵まれない状況にある集団への偏見と比較して非常に目立つか，少なくとも容易に認められるのである．／イギリス，オランダ，ベルギーで行われた一連の調査で，社会心理学者のあるチームがこんな発見をした．大学教育を受けた回答者は，教育水準の低い人々に対する偏見が，その他の

　　不利な立場にある集団への偏見よりも大きいというのだ．この研究者チー
　　ムは，高学歴のヨーロッパ人が，差別の被害者になりやすい様々な人々
　　──イスラム教徒，西欧に暮らすトルコ系住民，貧しい，太っている，目
　　が不自由，低学歴といった人々──にどんな態度を取るかを調べた．する
　　と，教育水準の低い人々がとりわけ嫌われていることが分かったのだ．（サ
　　ンデル 2021: 141-142）

　私たちは，差別や偏見をなくすための手段として「教育」に望みをかけること
があります．ここで参照されている社会心理学者たちの調査研究は，そのよう
な見解が正しくもあり間違ってもいることを示しています．「大学教育を受け
た回答者」はたしかに多くの偏見から自由になるでしょう．しかしそのような
人々は「教育水準の低い人々」を嫌うのです．サンデルは，「学歴偏重主義は
容認されている最後の偏見なのだ」と述べています．高い教育を受けた人々が
この調子であれば，メリトクラシーの問題は機会均等を達成したところでどう
にもならないことがお分かりいただけると思います．
　さて，サンデルはヤングと異なり，メリトクラシーへの具体的な対抗策も示
します．メリトクラシーに基づいた学歴社会における子育てが子どもを大きく
傷つけることに言及した後に（サンデル 2021: 256-262），彼は次のような案をその
対抗策の1つとして提示します．

　　［……］4万人超の出願者のうち，ハーバード大学やスタンフォード大学で
　　は伸びない生徒，勉強についていく資質がなく，仲間の学生の教育に貢献
　　できない生徒を除外する．そうすると，入試委員会の手元に適格な受験者
　　として残るのは3万人，あるいは2万5000人か2万人というところだろう．
　　そのうちの誰が抜きん出て優秀かを予測するという極度に困難かつ不確実
　　な課題に取り組むのはやめて，入学者をくじ引きで決めるのだ．言い換え
　　れば，適格な出願者の書類を階段の上からばらまき，そのなかから2000人
　　を選んで，それで決まりということにする．（サンデル 2021: 266）

ハーバードやスタンフォードのような超一流大学の入試が例として挙げられて
います．サンデルは，その入試において必要最小限の足切りを行った後に，残
りの受験生からくじ引きで合格者を決めるという案を示すのです．メリトクラ
シー社会で子どもが傷つく最大の原因は，終わりなき受験競争です．そこで，

一定以上の学力さえあれば他の受験生と同じ土俵に立つことができ，後は運によってすべてが決まるという受験システムを作り出すことで，サンデルは受験競争に歯止めをかけようとします[6]．

　2016年のアメリカ大統領選挙を手がかりの１つとして，サンデルはメリトクラシーの倫理が持つ問題を適切に描き出しました．彼の個々の主張に賛同するかはさておき，私たちは，ヤングの危惧が現実のものであったこととそれの有する意義を，サンデルの議論から知ることができます[7]．

12-3　教育格差とメリトクラシー

　教育格差それ自体が改善・解決すべき問題ですが，それがメリトクラシー（ひいては配分的正義）と組み合わさるとき，さらに厄介な問題を生み出します．つまり，より優れた人やより努力した人に多くの配分を与えるという際の，優位性や努力の根拠として働くのが大学の学位になったとき，ということです．そのような社会では教育格差が人生すべてに関わる問題を生み出します（さらに，教育格差の基盤が「親ガチャ」のような偶然的なものであることもあわせて考えてみてください）．ですから，教育格差について真剣に考えようとすれば，メリトクラシーという思想を無視することはできないのです．

　ここで少し視点を変えてみましょう．これまで，メリトクラシーの望ましく

6）前節で引用した『法律』第6巻の文章の直後で，アテナイからの客人は次のように述べます．「しかしながら，国家全体としては，もし国内のどこかの部分に内紛が生じるのを避けようとするならば，これらの言葉を，時には少し緩めた意味に使うこともやむをえない――「緩めた意味に」というのは，ご承知のように，公正さや情状酌量は，もしそれが行われるなら，正しい意味での正義から外れ，完全な厳密さを損なうものであるから――そういうわけで，大衆の不満を避けるために，籤による平等も用いざるをえないが，その場合にも，籤を最も正しい方向に導きたもうよう，神と幸運とに祈らなければならない．こうして，やむなく2種類の平等を用いなければならないが，一方，つまり幸運を必要とする方の平等は，できるだけこれを用いることを少なくすべきである」（プラトン 1993a: 340）．プラトンはメリトクラシーという思想の持つ問題を一定程度認識していたようです．

7）ただし広田照幸のように，ヤングが発明した「仮想的な社会体制」を意味するメリトクラシーと，能力主義や業績主義（功績主義）は異なると考える研究者もいます（宮寺 2011: 247-272）．

ない点ばかりを挙げてきました．ヤングやサンデルの議論はそれを暴き出していましたし，メリトクラシーのそのような側面に着目すれば，その考え方の基盤となった古代ギリシアの思想家たちの配分的正義の議論は負の遺産以外に見えないかもしれません．しかし，それでは私たちはメリトクラシーという考え方を放棄すべきなのでしょうか．私は，そのような態度は正しいものとは言えないと思います．[8] メリトクラシーの代替物となりえる思想がそう簡単に見つかるわけもないでしょうし（現代において，アリストクラシー（貴族主義）のような身分制度に基づいた思想は許されません），生まれの運に基づく割合が大きいとはいえ，努力した結果が認められる可能性がない社会は望ましくないと考えるからです．実際，以下の2つの条文は，現代日本でメリトクラシーが公に認められていることの証拠ともなりえます．

　　日本国憲法第26条第1項
　　すべて国民は，法律の定めるところにより，その能力に応じて，ひとしく教育を受ける権利を有する．

　　教育基本法第4条第1項
　　すべて国民は，ひとしく，その能力に応じた教育を受ける機会を与えられなければならず，人種，信条，性別，社会的身分，経済的地位又は門地によって，教育上差別されない．

教育を受ける権利や機会はすべての日本国民に与えられていますが，そこには「その能力に応じ」という但し書きがつきます．日本国憲法も教育基本法も，メリトクラシーという思想を前提としているように思われます．[9]

　そうすると，メリトクラシーという考えは残しつつ，より多元的な価値観で評価するような社会を求めることが「現実的」な態度かもしれません．それは，「メリット（功績）」の中に，（現代のメリットの代表格である）学歴以外の功績を学歴と同等程度に評価されるものとして組み込むことかもしれません．あるいは，

8）本田由紀が『実力も運のうち』の「解説」で述べる通り，サンデルにしろ「メリトクラシーに対して批判的ではあるが，その全廃を主張しているわけでは」ありません（サンデル 2021: 331）．

9）これらの条文とメリトクラシーの問題については，本田（2020）の第4章をぜひ参照してください．

メリトクラシーと共存できるような○○クラシーという思想を提案し実行するという手段も考えられます．筆者である私自身にも確たる考えがあるわけではありませんので，これは私と皆さんに共通の「宿題」にしたいと思います．

取り組んでみよう！

①教育格差を解消するための取り組みとしてどのようなものがありえるでしょうか．考え，議論してみてください．

②メリトクラシーの具体例を考えてみてください．

③あなたが今持っている知識や能力は，どこまでが自分の努力の成果で，どこまでが運の産物でしょうか．じっくりと考えてみてください．

終　章
「教育とは何か」再考

13-1　教育思想の構築

　4つの教育原理を巡る旅がひとまず終わりました．ここまで歩んできた皆さんであれば，過去の教育思想家たちの教育思想が，教育原理について考察する際に不可欠のものであることが実感できたと思います．教育思想についての歴史は「教育思想史」と言いますが，これに関する研究は，過去考えられたことをただ知るという目的だけで行われているものではありません．本書の歩みは，それぞれの教育原理に含まれる様々なテーマを考察するため，多くの問いに答えるものでした．現代で問題となっているそれらの問いをより一般化して考えたとき，私たちは次のことに気づきます．その一般化された問いとは，過去の教育思想家たちがそもそもその人々の生きた時代の枠組みの中で定式化したものであったり，それに対する応答を懸命に行おうとしてきたものなのです．そして，一般化された問いに一般的な（学問的な）仕方で答えることはテーマそのものの考察に，テーマそのものの考察は原理それ自体の理解に繋がります．つまり，本書の全4部における探究は，現代的な問い → 一般化された問い → 原理に含まれる諸テーマ → 原理そのものという構造を持ったものなのです．

　さて，ここまで歩んできた皆さんが最後にやることは，自分自身の教育思想を構築することで，「教育とは何か」という問いに答えることです．非常に簡単なものですが，まったく正反対の2つの教育思想を例として作成してみました．次のページをご覧ください．

　全体として，表4は自由を，表5は規律を中心としています．表4から見ていきましょう．まず，こちらでは子どもは自由な存在であるとされています．そのような子どもを教育する教員は自由を阻害するような存在であってはなりませんし，子どもの自然な発達を目指すのであれば学校は居心地の良い場であ

表4　自由中心の教育思想

【教育思想】教育とは，政府が介入せず，居心地の良い場である学校で，子どもの発達援助を主要な仕事とする教員によって，子どもの自然な発達を促すものである．	
【教育原理①：子ども】 子どもにとって習慣づけは毒であるから，可能な限り自由に育てるべきだ．	【教育原理②：教師】 教員の役割は子どもの発達を手助けすることであり，管理や訓練などすべきではない．
【教育原理③：学校】 学校は規律化を目指す場ではなく，居心地の良い生活の場であるべきだ．	【教育原理④：社会】 政府は教育になるべく介入せず，ボトムアップ型の教育が目指されるべきである．

表5　規律中心の教育思想

【教育思想】教育とは，政府が介入し，規律遵守のための訓練を目的とする学校で，子どもを管理する教員によって，子どもの社会性を養うものである．	
【教育原理①：子ども】 子どもは自然のままではダメであり，規律によって発達していく存在である．	【教育原理②：教師】 教員の役割は子どもの管理にある．
【教育原理③：学校】 学校は単なる生活の場ではなく，集団生活における規律の遵守を訓練する場である．	【教育原理④：社会】 政府は教育に介入し，トップダウン型の教育が目指されるべきである．

ることが第一に求められるでしょう．そしてこの教育を行うのであれば，トップダウン型の教育を招くであろう政府の介入は最小限に抑える必要があります．表5の方は逆であり，そちらでは子どもが自然のままではならないことが強調されます．そうすると，教員は子どもを管理する存在であり，学校は規律遵守を目的とした集団生活のための場であることが望ましいでしょう．政府にも，トップダウン型で教育に介入してくることが求められます．

　ここで，4つの原理の内容がバラバラに示されているわけではないことに注意してください．表4では子どもが自由な存在であることが，表5では子どもが規律づけられるべき存在であることが起点となり，その子ども理解と整合的であるように他の3原理についての思考とその内容の確定が進んでいます．今はたまたま子どもを起点にしましたが，学校が規律を押し付ける場所でないという思考からスタートしても，他の原理について同じような理解に至るかもしれません[1]．

　いずれにせよ，読者の皆さんもそれぞれの教育原理についての理解から，自分の教育思想を構築してみましょう！

13-2　教育思想の変化

　……と，ここで終われば学習とは簡単なものです．ここまで歩みを共にして
くださった皆さんであれば，教育思想の構築がそれほど容易なものではないこ
とに気づいてもらえるでしょう．

　いったん構築した教育思想は変化します．大きな理由は２つあり，① 理論
的学習の進展と② 実践からの影響です．これらによってそれぞれの教育原理
についての理解が変化すると，教育思想そのものも変容する可能性があります．
順に見ていきましょう．

　① 理論的学習の進展とは，皆さんのこれからの，大学や日常の中での継続
的学習に関係します．本書では様々な教育思想家を参照しましたが，もちろん，
歴史上にはより多くの教育思想家たちが存在します．自身の関心に応じて，他
の教育思想家たちについても調べ，その思想を学習してみてください（このよ
うな学習の基礎になりえるような，重要な教育思想家たちを本書では扱ったつもりです）．
また，参照された教育思想家たちにしても，その思想内容のすべてが本書で論
じられたわけでもありません．皆さんは，教育思想家たちの引用元の著作やそ
の原著，また，それらについての解説書や研究書などを自分で読み進めていく
ことができます．そうすることで，本書で学んだことをさらに深めたり，ある
いは本書の「誤り」を指摘しようと思うかもしれません[2]．

　また，本書で扱った事柄が多くの学問と関わっていることにも気づかれてい
ると思います．哲学や倫理学はもちろんですが，教育心理学，教育社会学，教
育カリキュラム学，教育方法学，教育行政学，道徳教育学，保育学，宗教学等
の研究成果が適宜参照されてきました．本書が対象とするような「教育の理念

---

1 ）また，この２つの表はあくまでも一例ですので，たとえば子どもが自由な存在であっ
　たとしても，だからこそ，教員はバランスを取るためにも管理を熱心に行わなければな
　らないかもしれません．原理同士の関係は一様ではありません．

2 ）授業で用いるテキストとして執筆された本書では，「間違ったこと」を可能な限り述
　べないよう心がけました．しかし，世の中に無謬のものはありません．初学者の段階で
　はほぼ全幅の信頼を置かざるをえませんが，いかなるテキストについても，徐々に批判
　的に読めるようになってほしいと思います．それは，先行研究の批判的考察を重要な構
　成要素として含む「研究」という営みにも繋がることです（→第７章）．

並びに教育に関する歴史及び思想」に関する授業は，教職課程の初年次もしく
は2年次で受講することが多いと思います．皆さんは今後，本書でその中身を
垣間見た様々な学問について，それらに関連する授業を通じてより専門的な学
習を進めていくことでしょう．そこで学んだことは教育原理についての理解に
影響を及ぼすことになります．

　②実践からの影響とは，皆さんが持っている教育思想がこれからの人生にお
ける教育実践に関わる事柄すべてから影響を受けるということです．たとえば
教職課程の中では，教育実習に必ず行くことになります．また，教員免許状取
得と教員採用試験合格を経て，実際に教壇に立った後には実践の日々が続きま
す．教職に就かない人であっても，職場での仕事や子どもの育児の中で「教育」
は常に顔を出します．そのような実践を経て，自分の考えがまったく変わらな
い人はいません．たとえば，子どもは自由であるべきだという考えから，子ど
もには規律による統制が何よりも必要だという考えに変わる人もいるかもしれ
ません（もちろん逆に，規律による統制が必要だと思っていた人が，子どもにとって自由
であることが本質的だと考えをあらためることもありえます）．

　ですから，皆さんが現段階で組み上げた教育思想は，いずれ必ず変化する運
命にあります．そもそも皆さんは，日常的なレベルであっても思考内容の変化
をよく味わうはずです．噂を聞いて料理が美味しそうだと思っていた定食屋に
ついて，ネットでレビューを見たり実際に足を運んで食事をしてみることで，
そこの料理の質があまり良くないと考えを改めるかもしれません．もちろん学
習や実践が思考内容を変化させないこともありえますが，それは単に運が良い
だけでしょう．

13-3　理論と実践の相補性

　皆さんはこう思うかもしれません．「教育思想をせっかく作り上げても，変
わり続けるのなら意味がない．教育のようなアクティブな営みでは，理論じゃ
なくて実践の方がやはり大事だ！」と．

　ここで注意してほしいのは，「変わる」ためには，変わる前の何かをすでに持っ
ている必要があるということです．これは単なる言葉遊びではありません．先
ほどの定食屋の例でも，「あの定食屋の料理は美味しそうだ」という考えをあ
らかじめ持っていたからこそ，その考えは「あの定食屋の料理はあまり美味し

くない」という考えに変化することができたのです．定食屋やその料理につい
て何の考えも持っていない状態からスタートすれば，そこからの学習や実践の
結果は，何らかの考えを新たに生み出すということになるでしょう．変化する
ことと新しく生じることは違います．

　次のような声も聞こえてきます．「教育学の究極目的は教育という実践なん
だから，実践経験を積むことで教育思想を生み出すことの何が悪いのか分から
ない．どうせ変わるんだったら，理論のような机上の空論を学ぶ時間は無駄な
んじゃないか？」．分かりました．こうなったらとことん考えてみましょう．

　まず，その領域における理論がまったく存在しないような状態では，たしか
に実践を通して理論を構築していくしかないでしょう．オープンしたばかり
だったりレビューがまったく見当たらない定食屋であれば，そこで実際に食事
をしないと自身の考えを作り出すことはできません．しかし，実際の口コミや
ネット上でのレビューが存在するのであれば，私たちは少なくともそれを参考
にするのではないでしょうか[3]．教育学も同じであり，過去の教育思想家たちの
おかげで，私たちの手元にはアクセスできる大量の理論があります．それらを
あらかじめ参考にするのが賢明な判断であるように思われます．

　またここでも，序章で用いた医行為とのアナロジーは有効かもしれません．
皆さんが病院でお世話になる医師や看護師のような医療従事者たちが，理論を
ほとんど知らず，実践経験だけが豊富であるような状況を想像してください．
「私は勉強が得意ではなく理論的なことをあまり知らないのですが，実践経験
は豊富です．独自のメソッドを持っているので安心してください！」．そう言
われて安心できる人はほとんどいないと思います．これはもちろん，国家試験
の存在を無視した架空の事例です．しかし教育については，（この架空の事例ほど
ひどいはずはありませんが）理論をそれほど知らなくとも実践経験豊富な教員に，
私たちが信頼を寄せる可能性は存在するのではないでしょうか．教育が医行為
と同じくそれを受ける人の人生に大きな影響を与えるのであれば，そのような

3）下手に情報を収集するのではなく，街をぶらついてふと目に止まった定食屋に入る，
　ということを好む人もいると思います．私はそのような実践の価値を否定する者ではあ
　りませんし，自分でも時たまそのようなことをする場合があります．しかしこれは，仮
　にふらっと入った定食屋のご飯が美味しくなくとも，被害を被るのは自分ひとりだから
　できることです．たとえば自分の大切な人と食事をする際，それほど無鉄砲な行動をと
　ることができるでしょうか．

態度は慎むべきであるようにも思われます.

　さらに，理論を学んでいてこそ，私たちは良い実践を行うことができるのではないでしょうか．ここで，第4章で参照したヘルバルトに再登場してもらいましょう．そこでは彼の教育理論を学びましたが，彼にとっては，当然のことながら実践もまた重要なものでした．それが，『一般教育学』において「教育的技術にとって最高の宝である」と述べられる「教育的タクト」という概念にあらわれています（ヘルバルト 1960: 69）．それは「最初の教育学講義」（1802）という別の論考で「素早い判断と決定」として示されたうえで，「実践の直接の統治者」であり，「実践に携わっている間にはじめて作り上げられる」と述べられるものです（ヘルバルト 1972: 98-99）．「なんだ，やはり偉大な教育思想家だって，実践に関わることは実践から学ばれると考えているんじゃないか！」というせっかちな声が聞こえてきますが，もちろん，話はそれほど単純ではありません．

> したがって，――これが私の結論なのであるが――技術への準備は学問によって行われる．この準備とは仕事に携わる以前の悟性と心情の準備である．われわれが仕事に従事する中でだけ得ることができる経験は，右のような準備が行われることによって，何よりもまず，われわれにとって教訓的となる．行為そのものの中でだけ技術は学ばれるし，タクトや熟練や敏速さや器用さが身につけられる．しかしながら，行為そのものの中で技術を学ぶのは，前もって思考によって学問を学び，これをわがものとし，これによって自身の情調を整え，――そのようにして，経験が彼の心に彫みつけるはずの将来の印象をあらかじめ規定することのできるような人間だけに限られる．（ヘルバルト 1972: 100）

多くを説明する必要はないと思います．教師にとってとりわけ必要な教育的タクトは，たしかに「行為そのものの中でだけ」「身につけられる」ものです．しかしそれには「悟性と心情の準備」が必要であり，その準備を行うためには「前もって思考によって学問を学」ぶことが求められているのです．ですから，良い実践を行うためにも，まずは理論を学習しなければなりません．

　このように，理論を学習することは無駄ではなく，その後の実践の役に立つものです．もちろん，教育学のような実践的性格の強い学問については，完全に正しい理論は存在しないと思われます．そうすると，理論を盲信して実践を

軽視することも同様に危険であることが分かるでしょう．それは現実を歪めて見るバイアスに繋がるかもしれません（→9-3）．理論は必要ですが，それは実践に活かされて初めて意味を持ちます．

　ですから理論と実践は，どちらもなくてはならないものだと考えるのが健全な態度です．4つの「教育原理」を総合して「教育思想」を構築してもらうことで，本書ではその理論面を学習しました．しかし，理論なくして良い実践はなく，実践なくして理論は役立ちません．このような理論と実践の相補性を胸に，さらに理論学習を進め，実践経験も積んでいってください！

取り組んでみよう！

①13-1で例に出した表を参考にしながら，あなたの現段階での教育思想を構築してみてください．

②本書では多くの教育思想家たちについて学んできました．興味を惹かれた教育思想家の著作を実際に読んでみましょう．

③13-3では実践よりも理論が重視されるべきだと論じられました．この主張への反論を考えてみてください．第1章の「取り組んでみよう！」ですでに紹介した，野矢（2018）の第8章と香西（1995）をここでも参照してください．

あとがき

　「言い訳」に見えることは覚悟のうえで，読者の皆さんには次のことをお伝えしておきます．筆者である私の専門は古代ギリシア哲学です．本書で扱う教育思想家たちのほぼ全員について，私は専門的に研究しているわけではありません．ですので，それぞれの教育思想家を専門的に研究している方々から見れば，当然言及すべきことに言及していないこともありえると思います．そのような危険を覚悟のうえで，私は，多くの教育思想家とその思想を参照するという方針を定め，それを１人で実現するというスタイルを選択しました．

　慧眼な読者の皆さんにはすでに見抜かれているかもしれません．このような蛮勇を奮ったのは，私もまた，自身の教育思想を構築したかったからです．

　私は大学教員ですので，勤務先で毎日のように教育に携わっています．教育文化学部の出身とはいえ途中で哲学に「浮気」して大学院進学に進路を変更したので，教員免許を取得していないのは当然ながら，教職科目もほとんど受講しませんでした（ということは，私の出身大学である当時の宮崎大学の教育文化学部は教職科目のほとんどが卒業必修科目ではなかったということになります．現在では「教育学部」と名称が変更されていますので，事情も異なるかもしれません）．しかし，研究者の道を歩み始めるとすぐに，TA（ティーチング・アシスタント）やRA（リサーチ・アシスタント）の業務を行う過程で，後輩たちの指導を行うようになりました．博士後期課程に進学後は家庭教師のアルバイトも（その他の人たちに比べて）相当多く経験しました．さらに，運よく大学非常勤講師の職をご紹介いただいたので，そこから私の大学教員としての「教歴」がスタートしました．このいずれの段階でも，私には教育に関する確固たる思想はありませんでした．そのような人間に教わっていた方々には申し訳ない気持ちしかないのですが，まさに私自身が，終章で触れたような「理論なしで経験だけでなんとかしている」教師だったのです．教育思想構築への欲求はここで生まれました．

　ここまでは本書の成り立ち以前の話です．本書の芽となるものが出てきたのは，これまた運よく，現在の勤務先である環太平洋大学に着任したことでした．「教育の思想と原理」という科目を分担で担当することになったのですが，これまでの記述から察していただけるように，当時の私は教育思想史や教育原理

に関する知識をほとんど持っていない状態でした．急いで今井（2009）を（何の前情報もなしに）読んだのですが，この選択がさらに運よく大正解でした．この本は西洋だけでなく日本の教育思想史にも目を配る大変な名著だったのです．

ただ，私の担当科目は「教育の思想と原理」ですので，教育思想史と教育原理の両方を教える必要がありました．最初はこの科目のうちの教育思想史の部分だけを担当していたのでまだよかったのですが，2021年度からこの科目を単独で担当することになりました．そこであらためて教育思想史と教育原理の両方をカバーする本を探し，勝野，庄井（2022）の改定前の書籍（勝野正章，庄井良信（2015）『問いからはじめる教育学』有斐閣）が第一候補となりました．この本も名著ですが，もう少し教育思想史の割合が多いテキストが欲しくなりました．

そこで，「子ども」「教師」「学校」「社会」を4つの教育原理として設定し，教育思想家たちの議論を手がかりにこのそれぞれをトピックベースで学習することで，最終的に「教育とは何か」という問いに一人ひとりの答えを出す，という授業を一から構成することにしました．この内容で半年間15コマの授業をしてみたのですが，そのうちテキストとして出版できたほうが便利だと思いはじめてSNSで授業シラバスを公開していたところ，いつもお世話になっている川瀬和也さん（宮崎公立大学）が晃洋書房の丸井清泰さんに紹介してくださいました．その後，晃洋書房から出版していただくことが無事に決定しました．

「授業資料があるのだから，それを書籍のかたちにするだけですぐに完成するだろう」と高を括っていたのですが（そしてそのように丸井さんにもお伝えしたのですが），それが楽観的に過ぎた見通しだったことにすぐ気づきました．執筆していくうちに，これまでに参照した資料を再度読み直す必要が出てきましたし，新たに参照しなければいけない資料もどんどん増えていきましたので，それを収集し読みこなす時間も必要となりました．これらを日常業務と家庭生活の合間で行っていくうちに，あれよあれよと時間は過ぎ，結局，まったく余裕のない状態での入稿となってしまいました．この無計画さの煽りを食ったのが，私が入稿前に原稿のチェックとコメントをお願いした以下の方々です．相当な分量の原稿をわずかな時間で読んでいただき，多くの有益なコメントを頂戴しました．以下，敬称を略し五十音順でお名前とご所属を記します．伊住継行（岡山大学），川瀬和也（宮崎公立大学），桑嶋晋平（日本女子大学），住吉燦史郎（九州大学），髙宮正貴（大阪体育大学），中原朋生（環太平洋大学），中谷内悠（福井工業高等専門学校），平松美由紀（環太平洋大学），米本高弘（洛和会音羽病院）．また，この

原稿の草稿の一部については，後藤真理子（九州大学）と丸山望実（九州大学）の両氏にもアドバイスを頂いたうえ，勤務先の環太平洋大学の「ゼミナールI（基礎）」および「ゼミナールII（応用）」で私のゼミ生にも読んでもらいました．想定外のコメントが飛び出すこともあり，大変助かりました．どうもありがとうございます．以上の方々からのコメントは本書の至るところに反映されています．もちろん本書の記述について，その責任のすべては筆者である私にあります．

　最後に，次の方々にも御礼を申し上げます．環太平洋大学学長の大橋節子先生には，常日頃より様々な面で大変お世話になっております．また，晃洋書房編集部の丸井清泰さんと福地成文さんには私の自由な書きぶりを寛大な心で許容していただき（こんなに注が付いている授業用テキストにはなかなかお目にかかれません），執筆の際にも多くのご助言を頂きました．そして，妻の美穂，長男の莞，そして，生まれたばかりの長女の千歳には，いつも生きる勇気をもらっています．本当にありがとうございます．

　　2023年　晩　秋

酒井　健太朗

付記
　本書に関連する研究の一部は，JSPS科研費JP20K02870およびJP21K12837の助成を受けています．

参 考 文 献

※直接引用したものだけでなく，執筆にあたって参考にしたものも含めました．

アウグスティヌス（1981）『アウグスティヌス教師論』（石井次郎，三上茂 訳）明治図書出版．

青木栄一（2021）『文部科学省——揺らぐ日本の教育と学術』中央公論新社．

安彦忠彦 編（1999）『新版 カリキュラム研究入門』勁草書房．

阿満利麿（1996）『日本人はなぜ無宗教なのか』筑摩書房．

フィリップ・アリエス（1980）『〈子供〉の誕生——アンシャン・レジーム期の子供と家族生活』
　　（杉山光信，杉山恵美子 訳）みすず書房．

———（1983）『〈教育〉の誕生』（中内敏夫，森田伸子 編訳）新評論．

アリストテレス（1959）『形而上学（上）』（出隆 訳）岩波書店．

———（2014）『新版アリストテレス全集第15巻　ニコマコス倫理学』（神崎繁 訳）岩波書
　　店．

———（2018）『新版アリストテレス全集第17巻　政治学　家政論』（神崎繁，相澤康隆，瀬
　　口昌久 訳）岩波書店．

安藤寿康（2023）『教育は遺伝に勝てるか？』朝日新聞出版．

池田隆英，楠本恭之，中原朋生 編著（2022）『なぜからはじめる教育原理 [第3版]』建帛社．

石井昭子，岩田陽子（1979）『モンテッソーリ教育（理論と実践）第4巻　算数教育』学習研
　　究社．

イソクラテス（1998）『弁論集1』（小池澄夫 訳）京都大学学術出版会．

———（2002）『弁論集2』（小池澄夫 訳）京都大学学術出版会．

稲垣良典 編（2000）『教養の源泉をたずねて——古典との対話』創文社．

稲垣良典（2019）『神とは何か——哲学としてのキリスト教』講談社．

稲富栄次郎（1979）『稲富栄次郎著作集第5巻　ペスタロッチ ヘルバルトの教育思想』学苑社．

伊原木大祐，竹内綱史，古荘匡義 編（2023）『宗教学』昭和堂．

今井康雄 編（2009）『教育思想史』有斐閣．

イヴァン・イリイチ（1995）『テクストのぶどう畑で』（岡部佳世 訳）法政大学出版局．

———（2015）『コンヴィヴィアリティのための道具』（渡辺京二，渡辺梨佐 訳）筑摩書房．

イヴァン・イリッチ（1977）『脱学校の社会』（東洋，小澤周三 訳）東京創元社．

岩下誠，三時眞貴子，倉石一郎，姉川雄大（2020）『問いからはじめる教育史』有斐閣．

岩田陽子（1978）『モンテッソーリ教育（理論と実践）第3巻　感覚教育』学習研究社．

岩田陽子，南昌子，石井昭子（1977）『モンテッソーリ教育（理論と実践）第2巻　日常生活
　　の練習』学習研究社．

ヴィゴツキー（2001）『新訳版・思考と言語』（柴田義松 訳）新読書社.

上野正道（2022）『ジョン・デューイ──民主主義と教育の哲学』岩波書店.

内田良（2015）『教育という病──子どもと先生を苦しめる「教育リスク」』光文社.

内田良，山本宏樹 編（2022）『だれが校則を決めるのか──民主主義と学校』岩波書店.

小川喜道，杉野昭博 編著（2014）『よくわかる障害学』ミネルヴァ書房.

小川原正道（2023）『福沢諭吉 変貌する肖像──文明の先導者から文化人の象徴へ』筑摩書房.

乙訓稔（2009）『西洋現代幼児教育思想史──デューイからコルチャック』東信堂.

────（2010）『西洋近代幼児教育思想史──コメニウスからフレーベル［第2版］』東信堂.

貝塚茂樹（2020）『新時代の道徳教育──「考え，議論する」ための15章』ミネルヴァ書房.

貝原益軒（1961）『養生訓・和俗童子訓』（石川謙 校訂）岩波書店.

────（1969）『和俗童子訓』（松田道雄 訳），『日本の名著14 貝原益軒』中央公論社.

ロジェ・カイヨワ（1990）『遊びと人間』（多田道太郎，塚崎幹夫 訳）講談社.

勝野正章，庄井良信（2022）『問いからはじめる教育学 改訂版』有斐閣.

加藤秀一（2017）『はじめてのジェンダー論』有斐閣.

加藤秀一，石田仁，海老原暁子（2005）『図解雑学 ジェンダー』ナツメ社.

加藤尚武（2006）『教育の倫理学』丸善.

ヒュー・カニンガム（2013）『概説 子ども観の社会史──ヨーロッパとアメリカにみる教育・福祉・国家』（北本正章 訳）新曜社.

金子晴勇（2006）『教育改革者ルター』教文館.

神谷拓（2015）『運動部活動の教育学入門──歴史とのダイアローグ』大修館書店.

禿美紗子（1981）『モンテッソーリ教育（理論と実践）第5巻　言語教育』学習研究社.

苅谷剛彦（2005）『学校って何だろう──教育の社会学入門』筑摩書房.

川合紀宗，若松昭彦，氏間和仁，林田真志 編著（2023）『特別支援教育総論［第2版］──インクルーシブ時代の理論と実践』北大路書房.

岸本智典 編著（2022）『道徳教育の地図を描く──理論・制度・歴史から方法・実践まで』教育評論社.

教育思想史学会 編（2017）『教育思想事典［増補改訂版］』勁草書房.

教職課程コアカリキュラムの在り方に関する検討会（2017）「教職課程コアカリキュラム」文部科学省ホームページ.

キャロル・ギリガン（2022）『もうひとつの声で──心理学の理論とケアの倫理』（川本隆史，山辺恵理子，米典子 訳）風行社.

────（2023）『抵抗への参加──フェミニストのケアの倫理』（小西真理子，田中壮泰，小田切建太郎 訳）晃洋書房.

ウィリアム・H・キルパトリック（2020）『フレーベルの幼稚園の原理──批判的検討』（乙訓稔，別府愛 監訳）東信堂.

倉田剛（2022）『論証の教室〔入門編〕──インフォーマル・ロジックへの誘い』新曜社.

倉橋惣三（1978）「児童保護の教育原理」，『大正・昭和保育文献集』第8巻，日本らいぶらり.

pp. 3-63.

─── (2008a)『倉橋惣三文庫 1　幼稚園真諦』フレーベル館.

─── (2008b)『倉橋惣三文庫 3　育ての心（上）』フレーベル館.

─── (2008c)『倉橋惣三文庫 4　育ての心（下）』フレーベル館.

デヴィッド・グレーバー（2020）『ブルシット・ジョブ──クソどうでもいい仕事の理論』（酒井隆史, 芳賀達彦, 森田和樹 訳）岩波書店.

桑瀬章二郎 編（2010）『ルソーを学ぶ人のために』世界思想社.

エレン・ケイ（1979）『児童の世紀』（小野寺信, 小野寺百合子 訳）冨山房.

香西秀信（1995）『反論の技術──その意義と訓練方法』明治図書.

厚生労働省『保育所保育指針〈平成29年告示〉』（PDF 版）.

河野哲也（2011）『道徳を問いなおす──リベラリズムと教育のゆくえ』筑摩書房.

ローレンス・コールバーグ（1985）「「である」から「べきである」へ──道徳性の発達研究において, 自然主義的誤謬におちいる方法. またそれを避ける方法.」（内藤俊史, 千田茂博 訳）, 永野重史 編『道徳性の発達と教育──コールバーグ理論の展開』新曜社, pp. 1-123.

小国喜弘（2023）『戦後教育史──貧困・校内暴力・いじめから, 不登校・発達障害問題まで』中央公論新社.

児玉聡, なつたか（2013）『マンガで学ぶ生命倫理──わたしたちに課せられた「いのち」の宿題』化学同人.

小針誠（2018）『アクティブラーニング──学校教育の理想と現実』講談社.

J. A. コメニウス（1995）『世界図絵』（井ノ口淳三 訳）平凡社.

─── (2015)『パンパイデイア──生涯にわたる教育の改善』（太田光一 訳）コメニウスセレクション 2, 東信堂.

─── (2022)『大教授学──すべての人にすべての事を』（太田光一 訳）コメニウスセレクション 6, 東信堂.

三枝孝弘（1982）『ヘルバルト「一般教育学」入門』明治図書.

佐伯胖（2014）『幼児教育へのいざない──円熟した保育者になるために［増補改訂版］』東京大学出版会.

酒井健太朗（2018）「「実践的真理」の布置──アリストテレス『ニコマコス倫理学』における」九州大学哲学会『哲学論文集』54, pp. 19-37.

─── (2019)「規範事例型の実践的推論について──アリストテレス『ニコマコス倫理学』の行為論」日本倫理学会『倫理学年報』68, pp. 97-111.

─── (2020a)『アリストテレスの知識論──『分析論後書』の統一的解釈の試み』九州大学出版会.

─── (2020b)「想起説は「メノンのパラドクス」への応答か──『メノン』におけるプラトンの教育思想」『環太平洋大学研究紀要』17, pp. 11-19.

─── (2021)「「教養」とは何の謂いか──『プロタゴラス』におけるプラトンの教育哲学」

西日本哲学会『西日本哲学年報』29, pp. 1 -19.

────（2022）「余暇のための公教育──アリストテレス『政治学』における音楽教育論に着目して」九州大学哲学会『哲学論文集』58, pp. 17-35.

────（2023）「的確な判断力としての「教養」──アリストテレスの教育哲学」西日本哲学会『西日本哲学年報』31, pp. 1 -18.

相良敦子（1978）『モンテッソーリ教育（理論と実践）第 1 巻　モンテッソーリ教育の理論概説』学習研究社.

佐藤学（1996）『教育方法学』岩波書店.

澤田典子（2010）『アテネ民主政──命をかけた八人の政治家』講談社.

サン＝テグジュペリ（2000）『星の王子さま』（内藤濯 訳）岩波書店.

マイケル・サンデル（2021）『実力も運のうち──能力主義は正義か？』（鬼澤忍 訳）早川書房.

汐見稔幸, 伊東毅, 髙田文子, 東宏行, 増田修治 編著（2011）『よくわかる教育原理』ミネルヴァ書房.

茂泉昭男（1982）「トマス・アクィナスの教育論──2 つの De Magistro を中心として」東北学院大学文経法学会『東北学院大学論集──教會と神學』13, pp. 63-102.

篠澤和久, 松浦明宏, 信太光郎, 文景楠（2020）『はじめての論理学──伝わるロジカル・ライティング入門』有斐閣.

柴田義松（2000）『教育課程──カリキュラム入門』有斐閣.

────（2006）『ヴィゴツキー入門』子どもの未来社.

柴田義松, 山﨑準二 編（2019）『教育の方法と技術 第 3 版』学文社.

清水晶子（2022）『フェミニズムってなんですか？』文藝春秋.

チャールズ・M・シュルツ（2012）『スヌーピー全集 4 』（谷川俊太郎 訳）復刊ドットコム.

ドナルド・ショーン（2001）『専門家の知恵──反省的実践家は行為しながら考える』（佐藤学, 秋田喜代美 訳）ゆみる出版.

鈴木翔（2012）『教室内カースト』光文社.

諏訪義英（2007）『新装新版 日本の幼児教育思想と倉橋惣三』新読書社.

高橋哲哉（2004）『教育と国家』講談社.

田中耕治 編（2018）『よくわかる教育課程 [第 2 版]』ミネルヴァ書房.

────（2021）『よくわかる教育評価 [第 3 版]』ミネルヴァ書房.

田中耕治, 鶴田清司, 橋本美保, 藤井宣之（2019）『新しい時代の教育方法 [改訂版]』有斐閣.

谷俊子（2015）『ワーク・ライフ・バランスとケアの倫理──イクボスの研究』静岡新聞社.

千葉雅也（2020）『勉強の哲学──来たるべきバカのために 増補版』文藝春秋.

カレル・チャペック（1995）『いろいろな人たち──チャペック・エッセイ集』（飯島周 訳）平凡社.

辻本雅史（2021）『江戸の学びと思想家たち』岩波書店.

デューイ（1957）『学校と社会』（宮原誠一 訳）岩波書店.

─────（1975a）『民主主義と教育（上）』（松野安男 訳）岩波書店.

─────（1975b）『民主主義と教育（下）』（松野安男 訳）岩波書店.

ジョン・デューイ（2004）『経験と教育』（市村尚久 訳）講談社.

エミール・デュルケム（2010）『道徳教育論』（麻生誠, 山村健 訳）講談社.

道徳教育学フロンティア研究会 編（2021）『道徳教育はいかにあるべきか──歴史・理論・実践』ミネルヴァ書房.

─────（2022）『続・道徳教育はいかにあるべきか──歴史・理論・実践・展望』ミネルヴァ書房.

徳善義和（2012）『マルティン・ルター──ことばに生きた改革者』岩波書店.

戸田山和久（2020a）『教養の書』筑摩書房.

─────（2020b）『思考の教室──じょうずに考えるレッスン』NHK出版.

トマス・アクィナス（2018）『中世思想原典集成第II期1 トマス・アクィナス 真理論 上』（山本耕平 訳, 上智大学中世思想研究所 編訳・監修）平凡社.

富田正樹（2007）『信じる気持ち──はじめてのキリスト教』日本キリスト教団出版局.

内藤朝雄（2009）『いじめの構造──なぜ人が怪物になるのか』講談社.

中澤篤史（2014）『運動部活動の戦後と現在──なぜスポーツは学校教育に結び付けられるのか』青弓社.

中澤渉（2021）『学校の役割ってなんだろう』筑摩書房.

中畑正志（2021）『はじめてのプラトン──批判と変革の哲学』講談社.

永見文雄（2021）『ルソー エミール』KADOKAWA.

夏目漱石（1987）『夏目漱石全集1』筑摩書房.

フリードリッヒ・ニーチェ（1993）『ニーチェ全集4　反時代的考察』（小倉志祥 訳）筑摩書房.

─────（1994）『ニーチェ全集15　この人を見よ 自伝集』（川原栄峰 訳）筑摩書房.

西村清和（1989）『遊びの現象学』勁草書房.

日本道徳性心理学研究会 編著（1992）『道徳性心理学──道徳教育のための心理学』北大路書房.

納富信留（2017）『哲学の誕生──ソクラテスとは何者か』筑摩書房.

─────（2021）『ギリシア哲学史』筑摩書房.

野矢茂樹（2018）『増補版　大人のための国語ゼミ』筑摩書房.

M. F. バーニェト（1986）「アリストテレスと善き人への学び」（神崎繁 訳）, 井上忠, 山本巍 編訳『ギリシア哲学の最前線 II』東京大学出版会, pp. 86–132.

林芳紀, 伊吹友秀, KEITO（2021）『マンガで学ぶスポーツ倫理──わたしたちはスポーツで何をめざすのか』化学同人.

ヨゼフ・ピーパー（2007）『四枢要徳について──西洋の古典に学ぶ』（松尾雄二 訳）知泉書館.

廣川洋一（1990）『ギリシア人の教育──教養とはなにか』岩波書店.

─────（1999）『プラトンの学園 アカデメイア』講談社.

─────（2005）『イソクラテスの修辞学校』講談社.

広田照幸（2003）『教育には何ができないか──教育神話の解体と再生の試み』春秋社.

─────（2022）『学校はなぜ退屈でなぜ大切なのか』筑摩書房.

サン＝ヴィクトルのフーゴー（1996）『ディダスカリコン（学習論）──読解の研究について』（五百旗頭博治，荒井洋一 訳），上智大学中世思想研究所 編訳・監修『中世思想原典集成9 サン＝ヴィクトル学派』平凡社.

福沢諭吉（1991）『福沢諭吉教育論集』（山住正己 編）岩波書店.

─────（1995）『文明論之概略』（松沢弘陽 校注）岩波書店.

藤原聖子（2011）『教科書の中の宗教──この奇妙な実態』岩波書店.

プラトン（1979a）『国家（上）』（藤沢令夫 訳）岩波書店.

─────（1979b）『国家（下）』（藤沢令夫 訳）岩波書店.

─────（1993a）『法律（上）』（森進一，池田美恵，加来彰俊 訳）岩波書店.

─────（1993b）『法律（下）』（森進一，池田美恵，加来彰俊 訳）岩波書店.

─────（1994）『メノン』（藤沢令夫 訳）岩波書店.

─────（2010）『プロタゴラス──あるソフィストとの対話』（中澤務 訳）光文社.

─────（2012）『ソクラテスの弁明』（納富信留 訳）光文社.

─────（2019）『テアイテトス』（渡辺邦夫 訳）光文社.

古川雄嗣（2018）『大人の道徳──西洋近代思想を問い直す』東洋経済新報社.

フレーベル（1964a）『人間の教育（上）』（荒井武 訳）岩波書店.

─────（1964b）『人間の教育（下）』（荒井武 訳）岩波書店.

─────（1981a）『フレーベル全集第4巻 幼稚園教育学』（荘司雅子 訳）玉川大学出版部.

─────（1981b）『フレーベル全集第5巻 続 幼稚園教育学 母の愛と愛撫の歌』（荘司雅子 訳）玉川大学出版部.

W. V. フンボルト（1989）『人間形成と言語』（クレメンス・メンツェ 編，クラウス・ルーメル，小笠原道雄，江島正子 訳）以文社.

ペスタロッチー（1974a）『ペスタロッチー全集第2版 第8巻』（長田新 編）平凡社.

─────（1974b）『ペスタロッチー全集第2版 第9巻』（長田新 編）平凡社.

ヘルバルト（1960）『一般教育学』（三枝孝弘 訳）明治図書.

─────（1972）『世界の美的表現』（高久清吉 訳）明治図書.

─────（1974）『教育学講義綱要』（是常正美監 訳）協同出版.

─────（1982）『ペスタロッチーの直観のABCの理念』（是常正美 監訳）玉川大学出版部.

ヨハン・ホイジンガ（2018）『ホモ・ルーデンス──文化のもつ遊びの要素についてのある定義づけの試み』（里見元一郎 訳）講談社.

本田由紀（2020）『教育は何を評価してきたのか』岩波書店.

眞壁宏幹 編（2020）『西洋教育思想史［第2版］』慶應義塾大学出版会.

松岡亮二（2019）『教育格差──階層・地域・学歴』筑摩書房.

松岡亮二 編著（2021）『教育論の新常識——格差・学力・政策・未来』中央公論新社.

松下佳代, 京都大学高等教育研究開発推進センター 編著（2015）『ディープ・アクティブラーニング』勁草書房.

松ト佳代, 前田秀樹, 田中孝平（2022）『対話型論証ですすめる探究ワーク』勁草書房.

H. I. マルー（1985）『古代教育文化史』（横尾壮英, 飯尾都人, 岩村清太 訳）岩波書店.

御子柴善之（2020）『カント 純粋理性批判』KADOKAWA.

水谷雅彦, 森下恵（2023）『マンガで学ぶ情報倫理——わたしたちは情報化社会とどうつきあえばよいのか』化学同人.

水原克敏（2017）『学習指導要領は国民形成の設計書——その能力観と人間像の歴史的変遷［増補改訂版］』東北大学出版会.

宮寺晃夫 編（2011）『再検討 教育機会の平等』岩波書店.

村井実（1986）『ペスタロッチーとその時代』玉川大学出版部.

——（1993a）『教育思想（上）発生とその展開』東洋館出版社.

——（1993b）『教育思想（下）近代からの歩み』東洋館出版社.

村上靖彦（2021）『ケアとは何か——看護・福祉で大事なこと』中央公論新社.

村上祐介, 橋野晶寛（2020）『教育政策・行政の考え方』有斐閣.

森田洋司（2010）『いじめとは何か——教室の問題, 社会の問題』中央公論新社.

マリア・モンテッソーリ（2003）『子どもの発見』（中村勇 訳）日本モンテッソーリ教育綜合研究所.

——（2004a）『幼児の秘密』（中村勇 訳）日本モンテッソーリ教育綜合研究所.

——（2004b）『子どもの精神——吸収する精神』（中村勇 訳）日本モンテッソーリ教育綜合研究所.

文部科学省（2017a）『幼稚園教育要領』（PDF版）.

——（2017b）『小学校学習指導要領（平成29年告示）』（PDF版）.

——（2017c）『中学校学習指導要領（平成29年告示）』（PDF版）.

——（2018）『高等学校学習指導要領（平成30年告示）』（PDF版）.

——（2021）『今, 求められる力を高める総合的な学習の時間の展開——未来社会を切り拓く確かな資質・能力の育成に向けた探究的な学習の充実とカリキュラム・マネジメントの実現（小学校編）』（PDF版）.

——（2022a）『今, 求められる力を高める総合的な学習の時間の展開——未来社会を切り拓く確かな資質・能力の育成に向けた探究的な学習の充実とカリキュラム・マネジメントの実現（中学校編）』（PDF版）.

——（2022b）『学制百五十年史』（PDF版）.

——（2022c）『生徒指導提要』（PDF版）.

——（2023）『今, 求められる力を高める総合的な探究の時間の展開——未来社会を切り拓く確かな資質・能力の育成に向けた探究の充実とカリキュラム・マネジメントの実現（高等学校編）』（PDF版）.

山田剛史, 林創 (2011)『大学生のためのリサーチリテラシー入門——研究のための8つの力』ミネルヴァ書房.

山田雅彦 編著 (2018)『教育課程論 第二版』学文社.

山本芳久 (2021)『キリスト教の核心をよむ』NHK出版.

マイケル・ヤング (2021)『メリトクラシー』(窪田鎮夫, 山元卯一郎 訳) 講談社エディトリアル.

吉田文 (2013)『大学と教養教育——戦後日本における模索』岩波書店.

吉永明弘, 寺本剛 編 (2020)『環境倫理学』昭和堂.

ルソー (1962)『エミール (上)』(今野一雄 訳) 岩波書店.

―――― (1963)『エミール (中)』(今野一雄 訳) 岩波書店.

―――― (1964)『エミール (下)』(今野一雄 訳) 岩波書店.

マルティン・ルター (1955)『新訳 キリスト者の自由・聖書への序言』(石原謙 訳) 岩波書店.

―――― (1967)『ルター著作集第1集第5巻』(ルター著作委員会 編) 聖文舎.

―――― (1973)『ルター著作集第1集第9巻』(ルター著作委員会 編) 聖文舎.

ジェームズ・レイチェルズ (2003)『現実をみつめる道徳哲学——安楽死からフェミニズムまで』(古牧徳生, 次田憲和 訳) 晃洋書房.

ロック (1967)『教育に関する考察』(服部知文 訳) 岩波書店.

ジョン・ロック (2007)『ロック政治論集』(マーク・ゴルディ 編, 山田園子, 吉村伸夫 訳) 法政大学出版局.

年　　表

年	本書で言及した事項
前469頃	ソクラテス誕生
前436	イソクラテス誕生
前427	プラトン誕生
前399	ソクラテス死去
前384	アリストテレス誕生
前347	プラトン死去
前338	イソクラテス死去
前322	アリストテレス死去
354	アウグスティヌス誕生
389	アウグスティヌス『教師論』
430	アウグスティヌス死去
1096頃	サン＝ヴィクトルのフーゴー誕生
1123-1124頃	サン＝ヴィクトルのフーゴー『ディダスカリコン』
1141	サン＝ヴィクトルのフーゴー死去
1225頃	トマス・アクィナス誕生
1256-1259	トマス・アクィナス『真理論』
1274	トマス・アクィナス死去
1483	マルティン・ルター誕生
1520	マルティン・ルター『キリスト者の自由について』
1546	マルティン・ルター死去
1592	ヨハネス・アモス・コメニウス誕生
1630	貝原益軒誕生
1632	ジョン・ロック誕生
1657	ヨハネス・アモス・コメニウス『大教授学』
1658	ヨハネス・アモス・コメニウス『世界図絵』
1670	ヨハネス・アモス・コメニウス死去
1693	ジョン・ロック『教育に関する考察』
1697	ジョン・ロック『救貧法論』
1704	ジョン・ロック死去
1710	貝原益軒『和俗童子訓』

1712	ジャン゠ジャック・ルソー誕生
1714	貝原益軒死去
1746	ヨハン・ハインリヒ・ペスタロッチ誕生
1762	ジャン゠ジャック・ルソー『エミール』
1767	ヴィルヘルム・フォン・フンボルト誕生
1776	ヨハン・フリードリヒ・ヘルバルト誕生
1778	ジャン゠ジャック・ルソー死去
1782	フリードリヒ・ヴィルヘルム・アウグスト・フレーベル誕生
1792	ヴィルヘルム・フォン・フンボルト『国家活動の限界』
1801	ヨハン・ハインリヒ・ペスタロッチ『ゲルトルートはいかにしてその子を教えるか』
1806	ヨハン・フリードリヒ・ヘルバルト『一般教育学』
1826	フリードリヒ・ヴィルヘルム・アウグスト・フレーベル『人間の教育』
1827	ヨハン・ハインリヒ・ペスタロッチ死去
1834	福沢諭吉誕生
1835	ヴィルヘルム・フォン・フンボルト死去
1841	ヨハン・フリードリヒ・ヘルバルト死去
1844	フリードリヒ・ニーチェ誕生
1849	エレン・ケイ誕生
1852	フリードリヒ・ヴィルヘルム・アウグスト・フレーベル死去
1858	エミール・デュルケーム誕生
1859	ジョン・デューイ誕生
1870	マリア・モンテッソーリ誕生
1872	ヨハン・ホイジンガ誕生
1875	福沢諭吉『文明論之概略』
1876	フリードリヒ・ニーチェ『反時代的考察』
1882	倉橋惣三誕生
1896	レフ・ヴィゴツキー誕生
1899	ジョン・デューイ『学校と社会』
1900	エレン・ケイ『児童の世紀』
1900	フリードリヒ・ニーチェ死去
1901	福沢諭吉死去
1909	マリア・モンテッソーリ『子どもの発見』
1913	ロジェ・カイヨワ誕生
1914	フィリップ・アリエス誕生

1915	マイケル・ヤング誕生
1916	ジョン・デューイ『民主主義と教育』
1917	エミール・デュルケーム死去
1925	エミール・デュルケーム『道徳教育論』
1926	エレン・ケイ死去
1926	イヴァン・イリイチ誕生
1934	レフ・ヴィゴツキー死去
1934	レフ・ヴィゴツキー『思考と言語』
1936	倉橋惣三『育ての心』
1936	キャロル・ギリガン誕生
1938	ヨハン・ホイジンガ『ホモ・ルーデンス』
1938	ジョン・デューイ『経験と教育』
1945	ヨハン・ホイジンガ死去
1952	ジョン・デューイ死去
1952	マリア・モンテッソーリ死去
1953	マイケル・サンデル誕生
1955	倉橋惣三死去
1958	ロジェ・カイヨワ『遊びと人間』
1958	マイケル・ヤング『メリトクラシー』
1960	フィリップ・アリエス『〈子ども〉の誕生』
1971	イヴァン・イリイチ『脱学校の社会』
1978	ロジェ・カイヨワ死去
1982	キャロル・ギリガン『もうひとつの声で』
1984	フィリップ・アリエス死去
2002	イヴァン・イリイチ死去
2002	マイケル・ヤング死去
2020	マイケル・サンデル『実力も運のうち』

人 名 索 引

事 項 索 引

《著者紹介》

酒井 健太朗（さかい けんたろう）

1987年長崎市生まれ．2010年宮崎大学教育文化学部地域文化課程卒業．2017年九州大学大学院人文科学府人文基礎専攻博士後期課程単位修得退学．博士（文学，九州大学）．

九州大学大学院人文科学研究院助教を経て，現在，環太平洋大学次世代教育学部講師．専門は古代ギリシア哲学．

主要業績

『アリストテレスの知識論──『分析論後書』の統一的解釈の試み』（九州大学出版会，2020年）

マッティ・ハユリュ『人間〈改良〉の倫理学──合理性と遺伝的難問』（共訳，ナカニシヤ出版，2020年）

『続・道徳教育はいかにあるべきか──歴史・理論・実践・展望』（分担執筆，ミネルヴァ書房，2022年）

Aristotle on Recollection in *De Memoria et Reminiscentia*（*Japan Studies in Classical Antiquity* 5，2023）

他

教育の思想と原理
──古典といっしょに現代の問題を考える──

2024年4月20日　初版第1刷発行　　＊定価はカバーに表示してあります

著　者　酒　井　健太朗ⓒ

発行者　萩　原　淳　平

印刷者　河　野　俊一郎

発行所　株式会社　晃　洋　書　房

〒615-0026　京都市右京区西院北矢掛町7番地
電話　075(312)0788番(代)
振替口座　01040-6-32280

装丁　仲川里美(藤原印刷株式会社)　印刷・製本　西濃印刷㈱
ISBN 978-4-7710-3842-4

教養教育研究会 編
現代社会を拓く教養知の探求
A5判 224頁
定価 3,080円(税込)

大坪 哲也 著
キルケゴールとヘーゲル
──デンマーク黄金時代の影響作用史──
A5判 400頁
定価 7,480円(税込)

大津 尚志 著
フランスの道徳・市民教育
A5判 128頁
定価 1,980円(税込)

キャロル・ギリガン 著/小西 真理子・田中 壮泰・小田切 建太郎 訳
抵 抗 へ の 参 加
──フェミニストのケアの倫理──
四六判 260頁
定価 2,530円(税込)

立山 善康 編/中野 啓明・伊藤 博美 編著
ケアリングの視座
──関わりが奏でる育ち・学び・暮らし・生──
A5判 200頁
定価 2,970円(税込)

佐山 圭司 著
いじめを哲学する
──教育現場への提言──
A5判 246頁
定価 2,970円(税込)

渡辺 哲男 編著
ポップカルチャーの教育思想
──アカデミック・ファンが読み解く現代社会──
A5判 188頁
定価 2,530円(税込)

伊藤 邦武・藤本 忠 編著
哲学ワールドの旅
A5判 232頁
定価 2,750円(税込)

探究学習研究会・清水優菜・村松灯・田中智輝・荒井英治郎・
大林正史・松村智史・古田雄一・武井哲郎・柏木智子 編著
「探究学習」とはいうけれど
──学びの「今」に向き合う──
A5判 146頁
定価 1,980円(税込)

中谷 彪 著
学ぶ権利と学習する権利
──人格主義の国民教育権論──
四六判 186頁
定価 2,640円(税込)

前田 麦穂 著
戦後日本の教員採用
──試験はなぜ始まり普及したのか──
A5判 190頁
定価 4,180円(税込)

晃 洋 書 房